영문법 쇼크

Grammar Shock 1

일본식 쓰레기 영문법! 이제는 버려야 한다!!

정형정 | 저

지금 Unit 6, Unit 12, Unit 26, Unit 72를 읽어보세요.
그 누구도 설명 못한 엉터리 공식들을 완벽하게 설명해 놓은 책!
"혁명적이다, 시제가 압권이다"는 찬사가 쏟아지는 책!!
세계 최초로 과거분사 개념을 명확하게 정의한 책!
과거분사를 아는가? 과거분사를 모르면 영어를 모르는 것이다.

중고생! 대학생! 일반인! 영어교사 필독서!!
영문법 베스트셀러! 책 이름 그대로 쇼크받지 않으면 환불하셔도 좋습니다.

쇼크잉글리쉬

영문법 쇼크1

초판 1쇄	2013년 11월 28일
초판 21쇄	2021년 1월 12일
지은이	정형정
영문교정	Cristin
발행인	최영미
발행처	도서출판 쇼크잉글리쉬
등록번호	제347-2012-00028호
주소	대구광역시 달서구 선원로 122
대표전화	070-8778-4077
팩스	053-268-4077
전자우편	shockeng@naver.com
홈페이지	www.telchina.co.kr
가격	16,800원
ISBN	978-89-969877-2-7 14740

ⓒ 정 형정. 2013. Printed in Korea.

- 이 책은 저작권법에 따라 보호받는 저작물이므로 무단전재와 무단복제를 금지하며, 이 책 내용의 전부 또는 일부를 이용하려면 반드시 저작권자와 출판사의 서면 동의를 받아야 합니다.
- 내용 문의, 제휴 및 모든 제반 사항은 메일로 문의해 주시기 바랍니다.
- 구입 문의 및 취급점 문의는 대표전화로 문의해 주시기 바랍니다.
- 파본이나 잘못된 책은 구입처에서 교환해 드립니다.

대한민국은 지금 일본식 쓰레기 영문법이 점령하고 있습니다.
21C를 살아가는 우리가 100년 전에 만든 일본영문법을 그대로 추종하고 있다는
것은 비극입니다. 이 책이 영어 학습혁명이 아니라 영어학습자를 현혹시키는
또 하나의 쓰레기 책이라면 저에게 돌을 던지십시오.

책을 내면서

　우리가 배우는 영문법은 일본학자가 만든 일본영문법을 그대로 번역해서 만든 것입니다. 일본영문법은 메이지유신(1852~1887) 시기에 그 토대가 만들어 졌고, 그것을 바탕으로 동경대 교수가 만든 영문법을 그대로 번역해서 만든 것이 한국영문법의 시작이죠. 그 책이 한국영문법의 바이블이 되었고, 그 책으로 영어를 배운 사람들이 교사가 되고, 강사가 되어 일본영문법을 가르쳐 온 결과 대한민국은 지금 엉터리 일본영문법이 점령하고 있습니다.

　처음부터 잘못 만들어진 일본영문법을 우리가 그대로 베낀 결과 우리는 엉터리 영어를 배우고, 엉터리 영어를 가르치고 있습니다. **오랜 시간이 지난 지금 엉터리 일본영문법을 바로잡는 우리만의 영어문법서가 이미 나왔어야 합니다. 그럼에도 불구하고 모든 영어문법서는 예문이 다르고, 편집만 다를 뿐 일본식 엉터리 영어를 그대로 담고 있습니다.** 개항 후 일본은 앞서있는 선진국을 뒤따라 잡기 위해 혈안이 되어 있었습니다. 선진기술을 빨리 습득하기 위하여 많은 영어원서를 신속하게 번역할 필요가 있었고 그 필요에 의해 만들어진 것이 일본영문법의 출발입니다. 즉 일본영문법은 독해만을 위한 영문법이었던 것입니다. 빠른 원서 번역을 목적으로 영어를 수학처럼 공식화했고, 그 공식에서 벗어나면 예외로 규정했습니다. 100년이 지난 지금 예외의 예외까지 나타나 우리가 배우는 영문법은 쓰레기나 다름없는 누더기 영문법이 되어버렸습니다. 영어에 대한 충분한 연구 없이 만들어진 일본영문법은 일본인과, 그것을 그대로 베낀 한국인에게 영어를 가장 못하는 국민이라는 불명예를 안겨주고 있지요.

　이 책은 영어가 흘러온 역사를 바탕으로 저자가 익힌 영어, 중국어, 일본어, 독일어, 연변어 등 모든 언어적인 지식을 융합하여 15년의 준비기간을 거쳐 완성한 책입니다. 15년이란 오랜 시간이 필요했던 이유는 과거분사 때문이었습니다. 영어의 과거분사는 우리말 문법성분으로 나타나지 않기 때문에 과거분사 개념이 우리에겐 없습니다. 우리말에 없는 과거분사 개념을 잡기 위해 영어와 관련된 수많은 논문들을 파헤치고 제가 배운 여러 언어들의 문법을 상호 비교하여 연구했습니다. 또 중국의 소수민족이 되어 있는 우리 동포 조선족의 언어와 현재의 우리말

과 상호 비교하는 과정에서 언어 변천 역사에 관한 많은 정보를 얻을 수 있었습니다. 무엇보다 많은 시간을 중국에 체류하면서 중국어를 구사하는 과정에서 중국어 문법 속에서 영어의 과거분사 개념을 찾을 수 있었습니다. 과거분사를 명확하게 정의함으로써 비로소 이 책이 완성될 수 있었던 것이죠. 이 책은 일본학자들이 만들어 놓은 모든 엉터리 영어공식들을 완전히 타파한 혁명적인 영어문법서입니다. **이 책을 역사적인 진격(historic run)이라고 자부합니다.**

이 책을 출간하기까지 도움을 주신 많은 분들에게 감사드립니다. 쇼크잉글리쉬에 근무하고 있는 직원들과 원어민 강사님들, 경북 고등학교에 재학 중인 김 진수, 심인 고등학교에 재학 중인 정 도훈, 성지 중학교에 재학 중인 정 재상에게 감사드립니다. 위의 학생들은 영어문법에 관한 수많은 질문들을 던져주었고, 그 질문을 해결하는 과정에서 이 책이 더욱 완벽해 질 수 있었습니다. 또 이 책을 일본어판으로 번역하고 있는 YBM 대표강사 정 주현 선생님에게도 감사를 드립니다. 마지막으로 책의 완성도를 높이는데 조언을 아끼지 않은 독서광인 아내 최 영미와 딸 정 해린에게도 감사드립니다.

저 자

『영문법 쇼크』는
영어학습의 혁명입니다.

영문법 독립 선언! 이제는 일본식 엉터리 영문법을 폐기해야 합니다.

『영문법 쇼크』는 우리가 배우고 가르치고 있는 일본식 엉터리 영문법을 완전히 타파한 혁명적인 신개념 영어문법서입니다. 일본영문법이 왜 엉터리이고 왜 폐기처분해야 하는지 몇 가지 예를 들어 보겠습니다.

1 일본학자들이 만든 시제 공식들은 온갖 엉터리와 거짓말로 가득 차 있습니다.
그 이유는 -ing와 과거분사의 핵심개념을 파악하지 못한 상태에서 영어시제를 공식화했기 때문입니다. 현재완료는 have와 과거분사(pp)의 결합일 뿐인데 과거분사가 무엇인지 몰랐기 때문에 have pp를 하나로 묶어 '완료, 경험, 계속, 결과'라는 엉터리 공식을 만들었습니다. 'be+과거분사는 수동태다.'라는 공식 또한 엉터리입니다. 'be+과거분사'가 수동태가 아닌 경우를 모두 예외로 규정 했는데 시간이 흐른 지금 그 예외가 산더미처럼 불어나 있지요. **『영문법 쇼크』는 최초로 과거분사에 대한 명확한 정의를 내렸습니다.** 과거분사를 알면 엉터리 시제공식을 암기할 필요가 없습니다. 또 'be+V-ing'는 현재진행형으로 가까운 미래에도 쓴다는 공식이 있는데 어디까지가 가까운 미래일까요? 'be+V-ing'가 현재진행형이 아닌 경우에는 또 예외로 규정해 놓았습니다. 현재완료진행형은 현재에서 완료하고 계속되는 것이라고 정의해 놓고 예외로 동작이 끝난 직전 과거표현에도 사용한다고 합니다. 미래시제에는 will을 사용해야한다고 정의하고 그 공식에서 벗어나면 '왕래발착동사는 미래가 현재를 대신하고, 시간 부사절과 조건 부사절은 미래시제 대신에 현재시제를 사용하고, 형용사절과 명사절은 미래시제 그대로 쓴다.'는 예외 공식을 적용해야 한다고 합니다. **모든 언어에서 미래시제란 없습니다.**

2 분사구문은 영어학습자들이 가장 힘들어하는 부분입니다.
분사구문을 '시간, 이유, 조건, 양보, 부대상황'이라고 설명합니다. 부대상황이란 황당한 문법용어부터 먼저 익혀야하지요. **단언컨대 분사구문은 없습니다.** 분사구문이 아니라 동명사구문임을 알면 너무나 간단하고 쉽습니다.

3 make, have, let은 사역동사이기 때문에 목적어 다음에 동사원형을 쓰고, get은 준사역 동사라서 to부정사를 쓴다는 공식 역시 엉터리이고 거짓말입니다. **make, have, let은 사역동사가 아닙니다.**

4 대부분의 영어문법서에서 to부정사를 미래개념으로 공식화하고 있습니다.
현재분사(-ing), 과거분사(-ed), to부정사는 시간과는 상관없는 동작개념입니다. to를 과거개념으로 사용하는 경우도 많습니다. 또 **부정사(不定詞)를 제멋대로 해석해 놓은 책들이 너무나 많습니다.** '부정사의 의미상주어는 'for+목적격'을 쓴다. 예외로 사람의 성격을 나타내는 kind, friendly, generous 등등은 'of+목적격'을 쓴다.'는 공식 역시 거짓말입니다.

5 조동사 역시 엉터리 설명으로 가득 차 있습니다.
could를 can의 과거형으로 기억하고 있다면 조동사의 핵심을 모르는 것이고, 조동사의 핵심을 모르면 가정법 학습이 더욱 어려워지지요. 또 '조동사 have pp'의 뜻을 공식처럼 외웠는데 그 공식에서 벗어는 예외 문장들을 만나게 되면 당황하게 됩니다.

6 영어의 관계사는 너무도 많아서 사람을 혼란스럽게 만들지요.
선행사란 용어가 등장하고, 관계대명사 뒤에는 불완전한 문장이 오고, 접속사 뒤에는 완전한 문장이 온다고 강조합니다. 관계대명사에서 끝났나 싶은데 관계부사가 등장하여 더욱 복잡해지지요. 우리말의 관계사는 ㄴ이고, 중국어의 관계사는 的(de), 일본어에는 관계사가 생략되어 있습니다. 관계사는 하나로도 충분한데 왜 영어에는 이렇게도 많은지 관계사가 흘러 온 역사를 거슬러 올라가면 너무나도 간단하지요. 일본영문법을 따라 배우니 관계사가 너무도 복잡하고 어려운 것입니다. 『영문법 쇼크』는 초등학생조차 1시간 읽는 것으로 관계사를 영원히 **기억하도록 해 놓았습니다.**

7 영어 문장의 5형식은 영국의 궁정학자 Onions가 1932년에 만든 것입니다.
그것을 동경대 교수가 채택하여 영문법 책을 출간했고, 그 책을 그대로 베낀 책이 한국영문법의 바이블이 된 결과 우리나라 대부분의 영문법 책에는 문장의 5형식이 들어가 있습니다. 무작정 외우는 SV, SVC, SVO 따위의 공식, 문장을 제시하고 몇 형식인지 말하라는 질문 따위는 모두 일본식 영어학습법입니다. **문장의 5형식을 잘못 학습하면 영어학습에 치명적인 독**이 됩니다. 문장의 5형식을 어떻게 학습해야 하는지 명확하게 제시했습니다. 엉터리 일본영문법 공식을 예로 들면 끝이 없습니다. **이 모든 것을 완전히 타파한 혁명적인 신개념 영어문법서가 바로 『영문법 쇼크』**입니다.

『전치사 쇼크』는 영어학습의 혁명입니다.

전치사는 시제, 조동사, 동명사, 부정사처럼 원래 영문법 안에 들어 있는 한 영역입니다. 전치사를 정복하면 영어를 정복한다고 할 정도로 전치사가 영어에서 차지하는 비중이 절대적이고, 또 많은 분량을 차지하기 때문에 『영문법 쇼크』에서 전치사를 분리하여 별도로 출간했습니다. 대부분의 일본식 영어 숙어집은 숙어도 아닌 것을 숙어로 만들어 영어학습자들을 암기지옥에 빠뜨려 놓았습니다.

dress up은 '정장하다', give up은 '~을 포기하다', dry up은 '바싹 마르다', make up은 '화장하다', tie up은 '단단히 묶다', open up은 '활짝 열다…'처럼 하나로 묶어 숙어로 암기하는 것은 스스로 암기지옥에 빠지는 것입니다. 사전에서 up의 뜻을 찾으면 '완전히, 철저하게, 모두, 깨끗이, 가득, 바싹, 일렬로, 단단히, 활짝, 꽁꽁' 등 20여개나 됩니다. 이 모든 뜻을 암기할 수 있나요? up의 핵심개념을 알고 동사의 뜻과 결합하면 전혀 암기할 필요가 없습니다. **단어와 단어가 결합하여 새로운 뜻이 파생되는 원어민의 단어 결합 원리를 익히면 우리가 무작정 암기하는 숙어의 대부분은 암기할 필요가 없습니다.** 『전치사 쇼크』 20p부터 50p까지 직접 읽어 확인하세요. up과 관련된 숙어 100개를 한 번 읽어서 대부분 기억할 것입니다. 그래서 『전치사 쇼크』입니다. call off는 왜 '~을 취소하다, 중단하다'일까요? kick off는 왜 '시작하다'일까요? come down with는 왜 '(병)에 걸리다'일까요? rain cats and dog에서 cats and dogs가 왜 '억수로'라는 뜻일까요? 영어가 흘러온 역사를 알면 암기할 필요가 없습니다. 『전치사 쇼크』는 스토리 전개방식으로 되어 있어 중학교 2학년 수준 이상이면 누구나 볼 수 있도록 만들었습니다. 학습시간 단축, 외우지 않는 즐거움을 직접 느껴 보세요.

『전치사 쇼크』는 영어뿐만 아니라 독일어, 일본어, 중국어를 익힌 저자의 융합적인 언어지식을 바탕으로 영어의 역사, 단어의 어원, 원어민의 일상생활, 원어민이 느끼는 감각에 근거하여 15년의 준비 끝에 완성한 책입니다. 원어민은 500단어로 할 말을 다 한다고 하죠. 『전치사 쇼크』는 동사와 전치사를 결합하여 수천수만 개의 숙어를 만들어 내는 원어민의 숙어 결합원리를 담아 놓았습니다. 우리가 무작정 암기하는 일본식 영어숙어의 70%는 숙어가 아니고 무작정 암기할 필요가 없습니다.

『전치사 쇼크』는 『영문법 쇼크』 출간에 앞서 2013년 1월에 출간되었습니다. 출간하자마자 **영어 선생님과 기자들이 격찬한 화제의 책**이 되었고, **KBS 방송 굿모닝 팝스에 연재를 요청받아 6개월간 연속 연재**되고 있습니다. **출간 후 7개월 만에 4쇄 인쇄**가 나올 정도로 그 반응이 폭발적인 이유는 기존의 책과는 다른 혁명적인 책이기 때문입니다. 블로그, 인터넷 카페 등 인터넷 포털에 올라온 『전치사 쇼크』에 대한 평가입니다.

- 책 내용을 읽기 전에는 책 제목을 의심했지만, 지금은 공감이 됩니다. 지금까지 수많은 영어책을 읽어왔지만 이렇게 재밌게 드라마처럼 술술 읽어나간 책은 이 책이 처음이네요. 그만큼 큰 도움을 준 책이었습니다. (알라딘 구매자 후기)

- 확실히 기존 영어 교재와는 완전히 다릅니다. 암기법이 아니라 이해를 시키고 있습니다. 강사들이 늘 하는 말은 "예외다. 그냥 외워야 돼."였습니다. 전치사 쇼크 보고서 그 강사들 진짜 어이가 없어서 비웃게 되네요. (문피아 게시 글)

- 영어 때문에 어려워하는 분들에게 정말 가뭄에 단비 같은 그런 책이라서 저절로 소개하고 싶은 책이기도 하고 또 다른 한편으로는 다른 사람과는 공유하고 싶지 않은 그런 마음이 들게 하는 보물처럼 여겨지게 하는 이중적인 마음을 갖게 하는 그런 책입니다. (Yes24 후기)

- 안녕하세요. 전치사 쇼크를 읽은 고1학생입니다!! 일단 정말 감사드린다는 말밖에 ㅠㅠㅠ... 이렇게 빨리 전치사를 다 외우다니 ㅜㅡ 너무 행복하고 너무 감사 합니다 !!! 정말 누구에게도 보여주고 싶지 않은 책이에요. (고 1 조 혜진)

- 남에게 추천하고 싶지 않은 책입니다. 왜냐구요? 저만 볼거거든요. 이 책을 펼쳐본 뒤 책값이 너무 싸다는 생각을 처음 해봤습니다. (알라딘 구매자 후기)

- 제가 어떤 책을 읽고 이렇게 감사와 격려의 메일을 쓰게 되는 것은 처음이네요. "한 권의 책이 사람의 인생을 바꾸기도 하지요. 지금 당신의 미래를 바꾸어 줄 수 있는 책을 보고 있습니다."라고 한 말이 솔직히 다소 과장이 아닌가하는 생각도 들었지만 책을 읽기 시작하면서 적어도 저에게는 해당되는 말이라고 생각합니다. (네이버 후기)

Contents

책을 내면서	04
『영문법 쇼크』는 영어혁명입니다	06
『전치사 쇼크』는 영어혁명입니다	08
이 책의 구성과 활용법	14

CHAPTER 1 영문법 핵심기초 다지기 — 16

UNIT 01	|	영어의 역사	18
UNIT 02	|	8품사	27
UNIT 03	|	자동사와 타동사	30
UNIT 04	|	동작동사와 상태동사	32

CHAPTER 2 시제 — 34

UNIT 05	|	시제	36
UNIT 06	|	–ing의 역사	38
UNIT 07	|	현재진행형(be doing)	40
UNIT 08	|	진행형이란 용어를 버려라	44
UNIT 09	|	현재시제	45
UNIT 10	|	과거진행형(were doing)	52
UNIT 11	|	과거시제	53
UNIT 12	|	과거분사	58
UNIT 13	|	과거와 과거분사	63
UNIT 14	|	현재완료의 역사	65
UNIT 15	|	have + 과거분사(완료)	68
UNIT 16	|	have + 과거분사(변화)	81

UNIT 17	have + 과거분사(경험)	87
UNIT 18	과거시제와 현재완료	89
UNIT 19	already, just, yet	94
UNIT 20	과거완료(had pp)	95
UNIT 21	현재완료진행형(have been doing)	96
UNIT 22	have done과 have been doing	103
UNIT 23	since, for	106
UNIT 24	how long과 when	108
UNIT 25	완료, 경험, 계속, 결과는 왜 엉터리인가?	109
UNIT 26	미래시제는 없다	112
UNIT 27	will, be going to	116
UNIT 28	will be doing	119
UNIT 29	will have pp	121
UNIT 30	엉터리 공식 타파하기	122
UNIT 31	영어시제 총정리	126

CHAPTER 3 조동사　　128

UNIT 32	조동사	130
UNIT 33	can, be able to	132
UNIT 34	could, was able to	135
UNIT 35	could have pp, couldn't have pp	138
UNIT 36	may, might	141
UNIT 37	must, have to	143
UNIT 38	will	148
UNIT 39	would	150
UNIT 40	should, ought to, shall, had better	152
UNIT 41	used to와 would	157
UNIT 42	동사원형	158
UNIT 43	추측표현 총정리	160

Grammar Shock

CHAPTER 4 수동태 — 162

UNIT 44	수동태	164
UNIT 45	'be + 과거분사'가 수동태가 아닌 경우	166
UNIT 46	동작수동과 상태수동	168
UNIT 47	동작수동	169
UNIT 48	상태수동	173
UNIT 49	get을 사용하는 동작수동	175
UNIT 50	현재진행수동(be being pp)	176
UNIT 51	현재완료수동(have been pp)	178
UNIT 52	is closed와 has been closed와 was closed의 차이	182
UNIT 53	숙어처럼 굳어진 수동태 표현들	183
UNIT 54	단어자체가 수동의 의미를 갖는 동사들	184
UNIT 55	수동태로 사용하지 않는 동사들	185

CHAPTER 5 동명사 — 186

UNIT 56	동명사	188
UNIT 57	동명사의 역할	189
UNIT 58	동명사만을 목적어로 취하는 동사	190
UNIT 59	동명사는 명사다	193
UNIT 60	전치사 to + 동명사	194
UNIT 61	동명사의 의미상의 주어	196
UNIT 62	동명사의 시제	198
UNIT 63	동명사의 문장전환	200
UNIT 64	단문에서 복문으로의 문장전환	204
UNIT 65	자주 사용하는 동명사구문	205
UNIT 66	동명사의 과거개념 총정리	208

CHAPTER 6 분사 — 210

UNIT 67	현재분사	212
UNIT 68	과거분사	214
UNIT 69	현재분사 vs 동명사	216

UNIT 70	동사 + 목적어 + (현재분사 or 과거분사)	218
UNIT 71	감정유발 타동사	220
UNIT 72	분사구문은 없다	224
UNIT 73	동명사구문 해석 방법	228
UNIT 74	접속사+동명사구문	233
UNIT 75	완료형 동명사구문	234
UNIT 76	과거분사로 시작하는 동명사구문	236
UNIT 77	독립 동명사구문	238
UNIT 78	숙어처럼 굳어진 동명사구문	240
UNIT 79	with + 목적어 + 분사(현재분사 or 과거분사)	242

CHAPTER 7 부정사   244

UNIT 80	to부정사의 역사	246
UNIT 81	to부정사의 명사적 용법	248
UNIT 82	진주어 가주어 구문	250
UNIT 83	to부정사의 의미상의 주어	252
UNIT 84	엉터리 일본영문법 공식 타파하기	254
UNIT 85	to부정사의 형용사적 용법 – 미래개념	256
UNIT 86	의문사+to부정사 – 미래개념	257
UNIT 87	be to용법	258
UNIT 88	to부정사의 부사적 용법 – 미래개념	260
UNIT 89	to부정사의 부사적 용법 – 과거개념	263
UNIT 90	독립부정사 – 미래개념	265
UNIT 91	to부정사의 부정과 동명사의 부정	266
UNIT 92	to부정사의 시제	267
UNIT 93	to부정사의 문장전환 1	268
UNIT 94	to부정사의 문장전환 2	270
UNIT 95	to부정사만을 목적어로 취하는 동사 1	272
UNIT 96	to부정사만을 목적어로 취하는 동사 2	275
UNIT 97	과거개념의 to부정사	278
UNIT 98	to부정사 vs 동명사	280
UNIT 99	지각동사 + 목적어 + 원형부정사	282
UNIT 100	사역동사 + 목적어 + 원형부정사	285

이 책의 구성과 활용법

● 『영문법 쇼크』 구성

영문법 쇼크는 총 3권으로 구성되어 있습니다. 『영문법 쇼크』 제 1권은 시제, 조동사, 수동태, 동명사, 분사, 부정사로 구성되어 있고, 『영문법 쇼크』 제 2권은 2014년 6월 출간 예정으로 5형식, 가정법, 관계사, 명사, 관사, 대명사, 형용사, 부사 등 나머지로 구성되어 있습니다. 『영문법 쇼크』 제 3권은 전치사, 구동사로 『전치사 쇼크』로 출간해 놓았습니다.

● 『영문법 쇼크』의 수준

이 책은 중고생, 대학생, 일반인 등 중학교 2학년 이상의 영어 실력을 갖고 있는 **모든 영어학습자가 볼 수 있도록** 만들었습니다. I have called her와 He got off, taking out some money가 무슨 뜻일까요? 읽고도 정확한 뜻을 모르거나 무슨 뜻인지 한참을 생각하는 영어학습자가 많은 것은 기본개념을 무시하고 일본식 영어공식을 암기했기 때문입니다. 이 책은 엉터리 영문법 공식들을 바로잡는 신개념 영어문법서로 개념정리가 쉽도록 쉬운 단어를 사용했습니다. 어려운 단어가 들어 있는 문장들은 개념정리에 방해가 되지요. 문장에서 구동사나 숙어를 사용한 경우 『전치사 쇼크』에 설명해 놓은 것을 사용하였습니다. 『전치사 쇼크』 색인에서 찾아 그 설명을 읽어보면 암기할 필요 없이 바로 기억될 것입니다.

● 『영문법 쇼크』를 효과적으로 활용하는 방법

이 책은 영어의 역사를 바탕으로 스토리 전개 방식으로 설명해 놓았기 때문에 앞에서부터 학습해야 합니다. 영문법에서 가장 엉터리 공식이 많은 곳이 시제입니다. 일본학자들은 과거분사 개념을 모르는 상태에서 영문법을 만들었기 때문에 시제에서 엉터리 공식을 남발했습니다. 시제에는 -ing의 역사, 과거분사, 현재완료 등 영어학습자들이 가장 어려워하는 부분을 명확하게 설명해 놓았기 때문에 **반드시 시제부터 학습해야 합니다.** 과거분사 개념을 모르는 상태에서 수동태와 분사를 학습하거나 -ing의 역사를 모르는 상태에서 현재분사와 동명사를 학습하는 것은 무의미합니다. 시제를 먼저 학습하지 않고 다른 영역으로 바로 넘어가는 것은 원리를 익히지 않고 문제풀이로 들어가는 것과 같습니다. 핵심개념이 명확하게 정립된 이후에는 목차에서 자기가 취약한 부분을 찾아 학습하면 효과적입니다.

● 『영문법 쇼크』의 특징

　기존의 영어문법서들은 대부분 일본영문법 공식을 간단하게 요약해 놓고 연습문제를 많이 풀도록 구성되어 있습니다. 우리가 배운 일본영문법 공식의 70% 이상은 엉터리입니다. 엉터리 공식을 암기하고 많은 연습문제를 풀이하는 것은 무의미한 학습법이죠. I read a book과 I have read a book의 차이가 무엇인지 대학생 10명에게 물어보았는데 정확하게 대답하는 학생이 1명도 없었습니다. 간단한 문장의 의미조차 제대로 알지 못하는 것이 우리의 영어 현실이지요. **이 책은 연습문제 풀이가 없습니다. 그 대신 많은 예문과 함께 자세한 설명을 곁들여 읽으면서 명확한 개념정리가 될 수 있도록 구성**했습니다.

● 『영문법 쇼크』는 학습 참고서로 학술서가 아닙니다.

　일본영문법 공식들이 엉터리임을 논리적으로 설명하기 위해 많은 부분에 있어서 영어가 흘러온 역사를 언급했습니다. 정확한 기록이 없는 경우 학자들은 여러 가지 상황을 종합하여 추정하게 됩니다. 어떤 부분에 있어서는 여러 가지 설이 존재하고, 보는 시기가 서로 다른 경우도 많습니다. 『영문법 쇼크』는 학습 참고서로 학술서가 아니기 때문에 가장 일반적인 견해, 영어 학습에 도움이 되는 견해를 채택했습니다. 이 부분도 미리 밝혀 드립니다.

CHAPTER 1

Core Basics
영문법을 위한 핵심기초 다지기

UNIT 01   영어의 역사
UNIT 02   8품사
UNIT 03   자동사와 타동사
UNIT 04   동작동사와 상태동사

UNIT 1 영어의 역사

현재완료, 부정사, 동명사, 분사, 관계사, 가정법 등 모든 영문법 영역에서 영어의 역사를 알고 학습하면 외워야 할 내용이 현저하게 줄어들게 됩니다. 일본 학자들이 만든 영문법이 엉터리 영문법이 된 이유 중 하나가 영어가 흘러온 역사를 충분히 연구하지 않았기 때문이죠. 지금 영어를 가르치는 많은 분들이 영어가 흘러온 기본적인 역사도 모른 채 일본영문법을 익혀서 그대로 가르치고 있습니다. 영어의 역사를 모른 채 영어를 가르치는 것은 국어 선생이 한글의 역사를 모르고 국어를 가르치는 것과 같지요. 영어의 역사는 영국인의 역사를 말하는 것입니다. 영국의 역사를 언어 중심으로 살펴보면 됩니다. 우리가 알아야 할 영어의 역사는 영어문법을 쉽게 이해할 정도의 역사, 영어학습자라면 알고 있어야 할 상식적인 영어의 역사를 말합니다.

먼저 영국 역사로 들어가기 이전에 서양 역사의 시작을 살펴봐야 합니다. 서양문명의 시작은 BC 2,000년 지중해에 있는 크레타라는 작은 섬에서 시작하지요. 크레타 섬은 지중해에 있는 작은 섬으로 그리스와 이집트, 페르시아의 중간에 위치하고 있습니다. 크레타인들은 이집트나 페르시아의 물건을 사서 다른 지역에 파는 중개무역으로 큰돈을 벌었습니다. 크레타 섬에서 서양문명을 시작할 즈음에 영국과 유럽대륙은 원시인에 가까운 야만적인 생활을 하고 있었고, 이집트와 페르시아에선 이미 찬란한 문명을 꽃피우고 있었습니다. 우리가 알아야 할 것은 이집트 문명, 메소포타미아 문명, 황하 문명은 모두 강가에서 일어난 농업문명(=자급자족)이었지만 서양문명의 시작인 크레타문명은 상업문명(=교환경제) 이었다는 것입니다. **서양문명의 시작인 크레타인은 농사꾼이 아니라 장사꾼인 상인**이었습니다. 물건을 사고파는 것이 일상생활인 상인은 싸게 사서 비싸게 팔아 이익을 남겨야 하기 때문에 **매우 계산적이고 현실적인 사고**를 갖게 됩니다.

같은 뿌리를 갖고 있는 유럽의 언어들은 대부분 명사를 분류하고 있습니다. 명사를 셀 수 있는 명사와 셀 수 없는 명사로 나누고, 명사를 단수명사와 복수명사로 나누지요. 이렇게 명사를 분류하는 습관이 어디에서 나왔을까요? 그것은 서양문명의 시작인 상업문명에서 나오는 것입니다. 창고에 여러 가지 물건들을 보관해 보세요. 본능적으로 그 물건들을 분류해서 보관하게 됩니다. 그릇, 화살, 칼 등은 셀 수 있는 물건이지만 쌀과 우유 등은 셀 수 없는 물건입니다. 어떤 물건은 하나이고, 어떤 물건은 하나이지만 두 개 취급을 합니다. 예를 들어 칼과 우유를 어떻게 교환할까요? 칼은 셀 수 있기 때문에 a knife입니다. 우유는 셀 수 없기 때문에 **a cup** of milk처럼 셀 수 있는 단위로 만들어 칼 하나와 몇 컵의 우유로 교환해야 했을 것입니다. 그럼 가위와 칼은 어떻게 교환할까요? 가위는 하나이지만 칼 날 두 개가 붙어있어 두 개 취급하는 것이 상인에겐 이익이죠. 이렇게 물건을 정확하게 분류해야만 장사치인 상인에겐 손해를 줄이고 이익을 많이 남기게 됩니다. 우리는 영어를 배우면서 가산명사, 불가산명사, 단수명사, 복수명사를 무작정 열심히 외웠지요. **우리에게는 중요하지 않은데 영어 원어민에게 가산명사, 불가산명사, 단수명사, 복수명사 구분이 매우 중요한 이유는 그들의 조상이 상인이었고, 조상으로부터 물려받은 장사꾼 사고방식을 그대로 갖고 있기 때문입니다.** 또 관사 a와 the를 보세요. an arrow와 the arrow는 전혀 다르죠. an arrow는 듣는 사람 입장에서 처음 듣는 새로운 화살이고, the arrow는 이미 들어서 알고 있는 그 화살입니다. **a와 the 역시 교환의 신속성과 교환의 편리를 위하여 발생한 사고**인 것이죠. 생활문화가 사람의 사고를 지배합니다. 우리가 앞으로 배울 명사, 관사는 원어민의 조상인 상인의 사고에서 나온 것임을 이해하고 학습하면 영어학습이 더욱 쉬워진답니다.

우리를 고통스럽게 만드는 가정법이 있습니다. 가정법 과거, 가정법 과거완료, 혼합 가정법 따위로 무작정 암기하고 있지요. 아래 문장을 보세요.

a. If you **give** me an arrow, I **will** give you a bottle of milk.
당신이 나에게 화살 하나를 주면, 나는 당신에게 우유 한 병을 주겠습니다.

b. If I **were** you, I **would** not do so.
내가 너라면, 난 그렇게 안 할 거야.

a문장은 교환 거래가 일어나는 실제 상황이죠. b문장은 내가 너가 되는 것은 일어날 수 없는 불가능한 상황입니다. 이와 같이 영어 원어민은 실제 일어날 수 있는 상황과, 실제로 일어나지 않는 가정(=상상) 상황을 구분하여 말합니다. 실제로 일어날 수 있는 일에는 동사 현재형(give, will)을 사용하고, 실제로 일어나지 않는 가정(=상상)에는 동사 과거형(were, would)을 사용합니다. **우리말, 일본어, 중국어에는 없는 가정법을 영어 원어민이 사용하는 것은 그들의 조상이 상인이었기 때문**입니다. 물건을 갖고 있지도 않으면서 갖고 있는 것처럼 가정(=상상)해서 말한다면 실제 교환 거래에 방해가 되겠지요. 무작정 가정법 공식을 암기하는 것이 아니라 왜 원어민이 실제 일어날 수 있는 상황과 실제 일어나지 않는 가정 상황을 구분하여 표현하는지 원어민의 사고방식을 알면 영어 학습이 더 쉬워지겠지요.

이제 영국역사로 넘어가 볼까요? 영국의 역사는 기원전 6C경 켈트족이 유럽 대륙에서 건너와 정착함으로써 시작합니다. 켈트족은 양의 먹이인 풀밭을 찾아 서쪽으로 이동하다가 영국으로 건너왔습니다. 영국인의 조상인 켈트족은 유목민으로 그들의 기본 생활수단은 목축이었습니다. 유목민의 일상생활은 풀밭을 찾아 이동하는 것입니다. 영국인의 피에는 이동이란 본능이 들어 있지요. **영어에는 이동개념이 매우 중요합니다.** 우리가 배우는 대부분의 전치사에는 이동의 뜻이 들어있고 말할 때도 장소, 방법, 시간 순서로 원어민은 장소를 매우 중요시합니다. 우리는 '나 내일 서울 갈 예정이야.'라고 시간을 장소 앞에 두고 시간을 중요시하지요. 일본어, 중국어 또한 우리말 어순과 같습니다. 영어는 I am going to **Seoul tomorrow**로 서울이란 장소가 앞에 오고 내일이란 시간은 맨 뒤에 갑니다. 농사꾼에겐 시간이 매우 중요하죠. 씨앗을 뿌리는 시기는 빨라도 안 되고 늦어도 안 되기 때문입니다. 항상 때를 기다려야 하지요. 그러나 물건을 사고파는 장사꾼과 목축을 하는 유목민에게는 어디로 가느냐가 중요합니다. 어디로 가서 물건을 팔 것인지, 어디로 양떼를 몰고 갈 것인지 장소가 매우 중요합니다. 농사꾼은 시간이 그들의 생활을 결정하고, 장사꾼과 유목민은 장소가 그들의 생활을 결정합니다. 즉 농업인과 상업 및 유목민의 사고방식은 전혀 다르다는 것이죠. 우리는 '장소 방법 시간'으로 부사의 배열 순서를 무작정 외웠는데 과거 영어 원어민의 생활문화를 알면 자연스럽게 느낄 수 있지요.

앞으로는 영국 땅에 정착한 켈트족을 브리튼족이라고 하겠습니다. 영국 섬을 브리튼 섬이라고 불렀고, 거기에 사는 민족이니 브리튼족이 되는 것이죠. 영국을 British라고 하는 것은 브리튼족에서 나온 것입니다. BC 55년에 로마 제국의 장군 카이사르(=시저)가 브리튼 섬을 침략한 후 약 400년 동안 영국은 로마의 식민지가 됩니다. 처음엔 저항하지만 로마의 앞선 문명에 동화되어 평화롭게 살아갑니다. 영국이 로마의 식민지가 되었다는 것은 영국이 상업문명에 편입되었다는 것을 의미합니다. 4C초 아시아의 훈족(=흉노족으로 추정)이 유럽으로 공격하자 여기에 쫓긴 게르만족(=독일민족)들이 로마로 쳐들어가게 됩니다. 그것을 역사에선 게르만족의 대이동이라고 합니다. 로마 본토를 방어할 병력이 부족하자 영국에 주둔하고 있던 로마군대가 모두 본토로 철수하여 영국은 무방비 상태가 되었습니다. 이때를 놓치지 않고 로마군에게 쫓겨 북쪽으로 도망갔던 스코트족이 남쪽으로 쳐들어옵니다. 스코트족이 쳐들어 왔지만 이를 막을 군대가 그들에겐 없었습니다. 300년 동안 로마군대가 지켜줬으니 당연히 군대가 없지요. 그래서 누군가 바다 건너편에 있는 민족을 용병으로 부르자고 제안 합니다. 그들이 불러들인 용병이 바로 게르만족의 일파인 앵글족과 색슨족이지요. 색슨족은 독일의 작센지방에서 사는 민족이고, 앵글족은 작센지방 위에 낚시 바늘처럼 생긴 땅에서 사는 민족으로 두 민족은 이웃사촌이었습니다. 게르만족들은 전쟁이 일상생활이었고, 전쟁을 스포츠로 생각하는 야만인이었습니다. 남녀노소 어린아이까지 도륙을 일삼았으니 야만인 소리를 들을 수밖에 없겠지요. **앵글로색슨족의 피에는 전쟁을 좋아하는 호전적인 유전인자가 들어 있답니다.** 지금 전 세계는 앵글로색슨족의 후예들(=미국)이 지배하고 있지요. 결코 우연이 아닙니다.

앵글로색슨족이 브리튼족의 구원요청을 받아 용병으로 영국에 건너갔는데 그들은 따뜻한 기후와 기름진 평야를 보고는 갑자기 돌변하게 됩니다. 이렇게 기름지고 따뜻한 땅이 있었는데 왜 우리는 춥고 음산한 지역에서 바보처럼 살았을까 하는 생각이 들었고 그들은 브리튼족을 도륙하고 런던 주변 지역을 차지하게 됩니다. 브리튼족은 도륙 당했고 살아남은 자는 웨일즈, 아일랜드, 스코틀랜드로 도망갔습니다. **앵글족과 색슨족이 용병으로 영국에 건너가 브리튼족을 도륙한 후 런던을 중심으로 한 평야지대를 차지하여 정착한 것이 오늘날 영국역사의 시작**입니다. 앵글(Angle)족의 땅(land)에서 잉글랜드(England)가 탄생하게 된 것이죠. 현재 영국연방은 잉글랜드, 스코틀랜드, 웨일즈, 북아일랜드로 되어 있습니다. 앵글로색슨족이 영국의 조상인데 그 당시 그들은 어떤 언어를 사용했을까요? 그들은 게르만족(독일민족)으로 독일어를 사용했습니다. 즉 앵글로색슨족이 사용하던 언어는 독일어였기 때문에 영어의 출발은 독일어인 것이지요. 우리가 배우는 영어는 독일어에서 출발하여 진화한 언어이기 때문에 영어 학습을 위해서는 독일어에 대한 최소한의 기초지식이 필요합니다. 그런 기초지식 없이 영어만 파고들어 영문법을 설명하다보니 곳곳에서 엉터리 설명이 난무하는 것이지요. 영어의 출발이 독일어였고 독일어가 오늘날의 영어로 진화한 과정을 알면 암기할 내용이 현저하게 줄어들고 영어 학습도 더욱 흥미진진하고 재미있어 진답니다.

앵글로색슨족이 영국으로 건너와 정착하고 더 많은 게르만족이 영국으로 건너갑니다. 영국 땅이 게르만족이 살고 있는 땅보다 더 따뜻하고 비옥하다는 소문이 났으니 너도 나도 건너가는 것은 당연하죠. 다음부터는 영국에 정착한 게르만족을 영국인이라고 부르겠습니다. **영국인은 기독교를 국교로 받아들여 그들의 사고에는 기독교적 세계관이 깊이 자리하게 됩니다.** 영어에 기독교적 세계관이 들어 있는 것은 당연하지요. 로마문명에 기독교를 받아들임으로써 영국인은 야만성에서 조금씩 벗어나고 있었습니다.

그런데 그들보다 더 강력한 야만인들이 영국을 집요하게 공격하기 시작합니다. 그들이 바로 바이킹(덴마크, 노르웨이)으로 살인, 약탈, 방화로 그들이 지나간 자리는 개미 한 마리 살아남지 못할 정도로 잔인했습니다. 오죽했으면 영국인들은 바이킹을 지옥의 묵시록에 나오는 악마라고 표현했을까요? 그들이 사용하던 배는 바이킹이란 이름으로 오늘날 놀이공원에도 살아 있지요. 871년에 대규모 전투가 9번이나 있었고 연전연패를 거듭하다가 마지막 전투에서 승리하여 영국을 살려낸 사람이 바로 알프레드 대왕입니다. 우리에게 이 순신 장군과 같은 존재가 영국 역사에선 알프레드 대왕이죠.

알프레드 왕이 마지막 전투에서 패했다면 지금의 영국은 존재하지 않을지도 모르지요. 알프레드 왕은 영국 땅의 절반 정도를 바이킹에게 넘겨주고 경계선(데인로-Dane law)을 정한 후 휴전합니다.

이제 영국 땅에는 앵글로색슨족뿐만 아니라 바이킹족이 함께 정착하게 되었습니다. 두 민족의 언어는 비슷하면서도 많이 달라서 언어소통에 문제가 발생했지요. 예를 들어 '말에게 먹이를 줘라.'라는 표현에서 '말에게'는 '말+에게'로 결합되어 있는데 명사 뒤에 붙는 조사들이 서로 달라서 언어소통에 충돌이 발생했던 것입니다. 물건을 사고파는 시장에서 언어가 다르다는 것은 누군가 피해를 보는 일이 발생한다는 것이지요. 그래서 그들은 **정확한 의사소통을 위하여 새로운 언어규칙을 만들게 됩니다. 그것이 바로 명사 뒤에 붙여서 사용하는 조사 '~에게'를 서로가 통일시켜 명사 앞으로 이동시키는 새로운 언어 규칙**을 만들었던 것입니다. '말에게'가 '에게+말'이 된 것이죠. 즉 **영국인과 바이킹이 교환 거래를 하면서 언어충돌로 인해 전치사(前置詞)가 탄생한 것**입니다. 전치사(前置詞)란 명사 앞에 두는 말이란 뜻이죠. 독일어의 '~에게'는 우리말과 똑같이 명사 뒤에 붙여 사용하는 후치사(後置詞)인데 후치사가 명사 앞으로 이동하여 전치사가 된 것이지요. 역사상 언어의 전체 구조가 완전히 바뀐 유일한 사례라고 언어학자들은 말하고 있습니다. 제일 먼저 태어난 전치사가 to입니다. 전치사의 출현이 1000년 전의 독일어가 오늘날의 영어가 되는 출발입니다. 이렇게 전치사 to가 출현하고 그 다음엔 from, with, by 등이 하나씩 생겨나 전치사가 그 기능을 확대해 나갑니다. 전치사 to가 출현한 이후 400~500년이 지나 전치사 to의 기능이 확대되어 to부정사로 진화하게 됩니다. to부정사를 알기 위해서는 전치사 to를 알아야 하는 것이죠.

전치사가 출현한 이 시기에 또 다른 혁신적인 변화가 있습니다. I **have lost** my key의 현재완료 어순은 원래 I **have** my key **lost** 어순이었습니다. 전치사가 출현한 시기에 뒤에 있던 과거분사 lost를 명사 앞으로 이동시켜 have lost란 오늘날의 현재완료 어순이 탄생하게 되었습니다. 뒤에 붙어 있던 조사가 명사 앞으로 이동하고, 뒤에 있던 과거분사를 명사 앞으로 이동시킨 것은 의사소통을 정확하고 신속하게 하기 위함이지요. 이 부분은 UNIT 14 현재완료의 역사에서 자세히 설명합니다. 현재완료의 역사를 알면 'have+과거분사'를 '완료, 경험, 계속, 결과'라는 엉터리 공식으로 암기할 필요가 없습니다.

1066년 이전까지의 영어를 고대영어라고 하는데 '고대영어=독일어'입니다. 고대영어는 오늘날의 독일어와 비슷합니다. 1066년, 영국의 운명이 완전히 바뀌게 됩니다. 프랑스의 노르망디공 윌리엄이 영국을 정복하여 영국은 프랑스의 식민지가 됩니다. 마지막 전투에서 왕과 귀족들이 몰살당하고 영국민은 프랑스의 노예가 되어 버리지요. 프랑스의 영국지배는 몇 백 년입니다. 그 기간 동안 **영어 단**

어의 85%가 사라지고 프랑스어 단어가 영어 단어를 대체하게 됩니다. 또, 프랑스어 문법이 영어에 적용되어 독일어였던 영어가 프랑스어처럼 변해 갑니다. 영어문법 학습을 위하여 우리가 알아야 할 프랑스 지배시기에 발생한 **중세 영어의 특징**은 다음과 같습니다.

첫째, **프랑스어 문법의 진행형을 받아들여 영어에 없던 진행형이 12C부터 생겨나게 되었습니다.** 지금도 그렇지만 독일어에는 진행형이 없습니다. '밥 먹는다'는 현재시제와 '밥 먹고 있다'는 진행형은 같은 뜻이죠. 현재시제와 현재진행형이 같은 언어가 많습니다. 우리말도 마찬가지죠. 우리가 배우는 영어시제에는 진행형(-ing)과 관련된 엉터리 공식이 많은데 -ing의 역사를 알면 그런 공식을 암기할 필요가 없습니다. 자세한 설명은 UNIT 6의 -ing의 역사에서 다루겠습니다.

둘째, **to부정사의 출현입니다.** to부정사는 전치사 to의 기능이 확장된 것입니다. 독일어 단어는 끝에 find**en**처럼 en이 붙어 있어 en을 주어에 맞게 변화시켜 사용합니다. 그것을 굴절이라고 하지요. 프랑스어 단어들이 물밀듯이 들어오는데 프랑스어 단어에는 어미 en이 붙어 있지 않아서 단어 활용법을 알 수가 없었습니다. inform이란 프랑스어가 들어 왔는데 어떻게 활용할까요? 학교에서 가르치는 것은 프랑스어인데 어느 곳에서도 inform의 단어 활용법을 배울 수가 없죠. 결국 프랑스어 단어를 동사원형 그대로 사용하게 되는데 그것이 to부정사가 출현하고 발달하게 된 배경입니다. to부정사의 출현으로 영어가 갖고 있던 독일어기능(=굴절기능)이 완전히 사라지게 된 것이죠. to부정사란 'to+동사원형'인데 to부정사에서 엉터리 설명이 많은 것은 to의 역사를 모르기 때문입니다. to부정사 편에서 자세히 다루도록 하겠습니다.

셋째, **다양한 관계사의 출현입니다.** 관계사라고 하면 who, which, that 순서로 떠오른다면 이미 영어를 망쳐놓은 것이지요. 관계사 who, which는 영국이 프랑스의 식민 지배를 받으면서 프랑스어의 영향을 받아서 생겨난 것입니다. 그러면 영국이 프랑스의 지배를 받기 이전에는 관계사를 어떻게 사용했을까요? 그것은 that 하나뿐이었습니다. 우리는 관계사가 흘러온 역사를 무시한 채 일본식 영어를 배우고 있기 때문에 영어가 어려운 것입니다. 우리말의 관계사는 ㄴ 하나뿐이고, 중국어의 관계사는 的(de) 하나뿐이고, 일본어 관계사는 생략하는 방법으로 하나뿐입니다. 관계사는 복잡할 이유가 없습니다. 자세한 것은 관계사에서 설명합니다.

1066년 이전의 영어를 고대영어, 1066년부터 1500년(백년전쟁 종결)까지를 중세영어라고 합니다. 중세영어는 영국이 프랑스의 지배로 인해 영어가 프랑스어 문법의 영향을 받아 영어에 프랑스어 문법이 많이 도입된 시기지요. 중세 영어시기의 영어의 역사를 알면 우리는 -ing(현재분사, 동명사), to부정사, 관계사 등 문법 전반에서 영어 학습이 쉬워집니다. 백년전쟁 이후 영국과 프랑스는 완전히 결별하게 됩니다. 1500년 이후의 영어를 현대영어라고 하는데 영어문법 학습을 위하여 우리가 알아야 할 현대영어의 큰 특징은 다음과 같습니다.

첫째, 현대 영어는 전치사에 더욱 의존하는 언어가 됩니다. 백년전쟁 이후 영국과 프랑스는 원수가 됩니다. 그것은 우리가 일본에 갖는 감정과 같은 것이죠.

영국인의 가슴속엔 '영국인인 우리가 왜 프랑스어 단어를 사용해야하는가?'라는 생각이 들게 되고, 그런 생각들은 프랑스 지배를 받기 이전의 순수 영어 단어를 가지고 대화하려는 노력으로 이어집니다. 프랑스가 영국을 지배하는 동안 영어 단어의 85%는 사라졌지만 15%는 살아남았지요. 영국인들은 make, put, cut, take, give등과 같은 순수 영어 단어에 up, down, on, off, to와 같은 전치사를 결합하여 많은 뜻을 파생시켜 대화하기 시작한 것입니다. abandon이라는 프랑스어 대신에 순수영어 give up을, postpone이라는 프랑스어 대신에 순수영어 put off를 사용하는 방식으로 그들만의 영어를 만들어가게 됩니다. 그것이 오늘날 구어영어의 출발인 것이죠. 원어민의 일상 대화를 분석해 보면 500단어를 넘어가지 않는다고 합니다. 중학생이면 다 아는 기초단어에 전치사를 결합하여 수많은 뜻을 발생시키는 것이죠. 우리는 그 결합원리를 익혀야 합니다. 영어에서 전치사의 역할은 절대적이죠. 전치사를 정복하면 영어를 정복했다고 할 정도로 전치사는 매우 중요하기 때문에 『전치사 쇼크』로 별도로 출간했습니다.

둘째, 영어에 수학적, 과학적 개념이 도입되었습니다. 프랑스 식민지에서 벗어났지만 영어는 아무도 돌보는 사람이 없었기 때문에 쓰레기나 다름없는 언어였습니다. 철자, 발음, 문법 등에서 모두 제각각 이었습니다. 영국인은 농노(농토에 묶인 노예)였기 때문에 자기가 살던 지역을 떠나는 일이 없었습니다. 지역 간 교류가 적다 보니 영어가 제각각이 될 수밖에 없지요. she(그녀)란 단어를 나타내는 철자가 60가지, through(~통하여)란 단어를 나타내는 철자가 500가지나 되었다는 것을 상상할 수 있나요? 수백 년을 프랑스 식민지로 있었으니 영어가 방치되고 쓰레기처럼 버려질 수밖에 없었던 것입니다. 르네상스, 종교개혁 등으로 영어를 배우고자하는 사람들의 욕구가 증가하고, 이 요구에 맞춰 지식인들은 영어를 아름다운 언어로 만들기 위한 수많은 노력을 하게 됩니다. 영어 문법서와 영어사전이 출현하고, 그것을 바탕으로 더 체계화된 문법서와 사전들이 나오면서 영어가 점차 안정화 되어 갑니다. 영어로 된 성경의 보급, 학교에서의 영어 공교육 등으로 영어는 더욱 더 안정화 되어 오늘날의 현대영어가 된 것이죠. 가장 중요한 특징은 영어 문법서를 만드는 과정에서 수학적, 과학적, 논리적 개념을 도입했다는 것입니다. 이산화탄소와 산소를 발견한 과학자 Joseph Priestley가 초급 영문법을 저술했다는 것이 무척 재미있지 않나요? 영어 문법서를 만든 사람들 중에는 수학자, 과학자들이 많았기 때문에 그들의 수학적, 과학적 사고가 영어 문법에 그대로 적용되었던 것입니다. (-2)×(-2)가 +4가 되는 수학법칙이 영어에 도입되어 부정의 부정이 강한 긍정이 되었습니다. 마이너스(-) 개념이 들어간 영어 표현이 많은 것은 수학적 개념이 영어에 도입되었기 때문이죠. 또 0의 개념이 영문법에 도입되어 불필요한 단어를 생략하게 됩니다. 목적격 관계대명사의 생략, 접속사 that의 생략, 무관사 등등은 모두 영어에 0의 개념이 도입된 것이죠. 영어 문법 전반에는 수학적 과학적 개념이 적용되어 있습니다.

셋째, 영어에 경제 개념이 도입되어 축약과 생략이 빈번해 집니다.

똑같은 물건을 싸게 사는 것이 경제적이고, 같은 거리를 빨리 도착하는 것이 경제적인 것처럼 언어에도 경제 개념이 도입 되어 적은 단어수로 정확한 의미전달을 하면 그것이 가장 아름다운 언어라고 생각하게 됩니다. 이성과 과학의 발달에 기인한 사고인 것이죠. 불필요한 단어를 생략하고, he is를 he's, I would를 I'd, can not을 can't로 사용하는 것처럼 수많은 축약형들이 이런 사고에서 발생합니다. 또 현재완료는 '과거시제+현재시제'로 된 두 문장을 한 문장으로 줄여서 정확한 의미전달을 할 수 있기 때문에 경제적이고 고급스런 표현으로 정착한 것입니다.

넷째, 동명사의 발달입니다. **현대 영어는 동명사가 매우 발달했습니다.** 자세한 것은 -ing의 역사와 동명사에서 다루기로 하고 아래 문장을 보세요.

a. I am proud that my son is a doctor.
b. I am proud of my son being a doctor.
   난 아들이 의사인 것을 자랑스럽게 생각해.

a문장의 that절 방식은 독일어 표현 방식으로 영국인이 처음부터 사용하던 전통적인 표현방식입니다. 그런데 15C이후 동명사가 발달함으로써 that절을 파괴하고 동명사를 폭발적으로 사용하기 시작합니다. 전통적으로 사용하던 that절 표현방식이 촌스럽게 느껴졌고, 동명사를 사용하는 표현이 더 고급스럽다고 느낀 것이죠. 우리는 이유도 모른 채 a문장을 b문장으로 바꾸는 문장전환 연습을 많이 했습니다. 이렇게 바꿀 수 있는 표현이 상당히 많죠. 영어가 흘러온 역사를 알면 a문장을 b문장으로 바꾸는 공식을 암기하여 수학 문제 풀듯이 반복하는 그런 무의미한 학습을 하지 않게 됩니다.

영어는 독일어에서 시작하여 라틴어, 바이킹어, 프랑스어, 기타 언어와 결합하여 오늘날의 영어가 된 것입니다. 앵글로색슨족은 욕심이 많아서 단어를 버릴 줄을 모른답니다. 많은 외래어 단어를 마치 자기 것처럼 차용하여 사용한 결과 영어 어휘가 방대해지고 풍부해졌습니다. 영어 사전에 나

오는 단어 중에서 순수 영어 단어는 15% 정도입니다. 변방에 버려진 3류 언어였던 영어가 국제어가 된 것은 '셰익스피어+해상권장악+산업혁명+미국'때문입니다. 셰익스피어 작품이 영어를 고급화시켰고, 스페인의 무적함대를 격파하고 영국은 세계를 식민지화하면서 영어의 사용영역을 넓혀갔습니다. 그리고 영국에서 산업혁명이 일어나 영어의 가치는 더욱더 높아졌지요. 마구 쏟아지는 신기술은 영어로 기록되었고 후발국가에서 그 기술을 받아들이기 위해선 선진국 언어인 영어를 배워야 했기 때문입니다. 지금 우리가 영어를 배우는 이유와 다를 바 없지요. 그리고 신대륙 아메리카의 발견이후 미국이란 나라에서 영어를 사용하고 미국이 세계 제 1의 강대국이 됨으로써 영어가 세계 제 1의 언어가 된 것입니다. 전 세계는 지금 자발적인 영어 식민지인 것입니다.

　이상에서 영어문법 학습을 위하여 영어학습자라면 알아야 할 영어의 큰 흐름을 간략하게 살펴봤습니다. **영어의 역사를 알고 영문법을 배우면 영문법에 대한 이해가 빠르고 암기할 내용이 현저하게 줄어들지요. 그래서 영문법의 시작을 영어의 역사에서 시작하는 것입니다.**

UNIT 2 8품사

영어 사전을 펼쳐 보세요. n, a, ad, vt, vi, con 등등 단어 앞에 알파벳 약자가 보이지요. 그것이 품사를 나타내는 약자입니다. 품사(品詞)의 品은 '물건 품'이죠. 원어민의 조상은 상인이었기 때문에 갖고 있는 물건을 필요에 맞게 나누었습니다. 이와 같이 **단어를 물건 나누듯이 분류해 놓은 것이 바로 품사**입니다. 영어는 8품사가 있는데 대명사, 명사, 동사, 형용사, 부사, 전치사, 감탄사, 접속사입니다. 8품사는 고대 그리스 문법학자 Thrax가 나누고 정의한 것인데 현대 영문법에서도 그대로 사용하고 있지요. 대명사, 명사, 동사 이런 명칭을 붙인 것은 일본학자가 붙인 것입니다. **영어는 사전에 나와 있는 단어를 어순에 맞게 배열하는 언어입니다. 단어를 배열하는 원리를 알려주는 것이 바로 품사이기 때문에 영어 학습에 있어서 품사를 아는 것은 절대적입니다.** 우리는 n, a, ad, vt, vi등을 무시하고 영어 단어를 암기하기 때문에 영어를 어렵게 배우는 것입니다. 사전을 제대로 보지 못하면서 어떻게 영어를 쉽게 배울 수 있을까요?

1. 명사(名詞) n.

명사(名詞)는 '이름 명, 말 사'로 사람이나 사물의 이름을 붙여놓은 말입니다. 영어로 명사는 noun인데 name(이름)에서 파생된 단어입니다. 명사를 보통명사, 고유명사, 물질명사, 추상명사로 분류한 것은 일본학자들이고 영어 학습에는 아무런 도움이 되지 않습니다. 원어민은 명사를 셀 수 있는 명사와 셀 수 없는 명사로 구분합니다. 사전에 셀 수 있는 명사는 C로, 셀 수 없는 명사는 U로 표시되어 있습니다. money를 사전에 찾아보세요. 앞에 U가 있을 것입니다. C는 countable의 첫 글자 C이고, U는 uncountable의 첫 글자 U입니다. 영어학습의 시작은 사전을 정확하게 보는 것에서 시작합니다.

2. 대명사(代名詞) pron.

대명사(代名詞)는 명사를 대신하는 말입니다. 代는 '대신할 대'입니다. '김 수한무 거북이와~'처럼 이름이 긴 사람이 있지요. 긴 이름을 다 부른다면 듣는 사람도 말하는 사람도 지쳐버립니다. 이름 대신에 '너, 그, 그녀'를 사용하면 간단하지요. 그래서 모든 언어에는 명사를 대신하는 대명사가 존재하는 것입니다. 영어로 대명사는 pronoun인데 pro(대신하는)+noun(명사)의 결합으로 명사를 대신하는 말입니다. 인칭대명사, 지시대명사, 관계대명사 등 다양한 대명사가 있습니다.

3. 동사(動詞) v.

동사(動詞)는 動(움직일 동)에서 알 수 있듯이 동작(움직임)을 나타내는 말입니다. 영어로 동사는 verb입니다. 영어 동사는 자동사(vi)와 타동사(vt)로 나누고, 동작동사와 비동작동사(=상태 동사)로 나누어야 합니다. 한국어 동사는 이렇게 나눌 필요가 없죠. 우리는 영어 동사를 위와 같이 구분하지 않기 때문에 진행형과 완료형에서 엉터리 영어를 배우게 되는 것입니다. 자동사와 타동사의 구분, 동작동사와 상태동사의 구분은 영어 학습에서 절대적입니다. UNIT 3, UNIT 4에서 자세하게 설명합니다.

4. 형용사(形容詞) a. adj.

형용사(形容詞)는 사물의 성질이나 상태를 나타내는 말입니다. 形容은 '형태 형, 모양 용'입니다. 형용사는 눈에 보이는 형태나 모양을 표현하는 말이지요. 그러나 형용사를 그렇게 기억해서는 안 됩니다. **형용사는 명사를 설명해 주는 말로 기억해야 합니다.** 영어의 형용사는 때로는 명사가 되기도 합니다. tired는 형용사로 'a.피곤한'이지만 I feel tired에서 보듯이 타동사 feel(vt.~을 느끼다)뒤에 놓으니 명사 '피곤함'이 됩니다. 500년 전만해도 형용사를 명사와 확실하게 구분할 수 없는 품사로 보아 형용사를 '명사 형용사'라고 규정 했습니다. **영어의 형용사는 때로는 명사라는 것을 꼭 기억해 두세요.** 영어로 형용사는 adjective인데 ad(이동)+ject(던지다)로 명사로 이동하여, 명사에 던져서 수식하라는 뜻을 갖고 있습니다.

5. 부사(副詞) ad.

부사(副詞)는 '동사, 형용사, 부사'를 꾸며주는 말입니다. 부사는 문장에서 생략해도 핵심의미를 전달하는 데는 상관없습니다. 영어로 부사는 adverb인데 ad(이동)+verb(동사)로 주로 동사로 이동하여 동사를 수식하라는 것입니다.

6. 전치사(前置詞) pre.

전치사(前置詞)는 명사 앞에 두는 말로 **명사를 연결하는 말입니다.** 영어로 전치사는 preposition인데 pre(앞)+position(위치)으로 명사 앞에 위치한다고 알려주고 있습니다. 전치사는 우리말 문법의 조사(助詞)와 같습니다. '~에게, ~에, ~와, ~로..'등과 같은 우리말 조사가 영어에는 전치사에 해당합니다. UNIT 1 영어의 역사에서 전치사의 탄생배경을 자세히 설명했습니다.

7. 감탄사(感歎詞)

감탄사(感歎詞)는 탄식하는 말입니다. 느낌표 !가 붙는 단어들이죠.

8. 접속사(接續詞) conj.

접속사(接續詞)는 연결하는 말입니다. 接續은 '이을 접, 이을 속'으로 단어와 단어, 구와 구, 문장과 문장을 이어주는 기능을 합니다. and, or, but, when, as, if, since, though…등이 접속사입니다. 영어로 접속사는 conjunction인데 con(함께)+joint(접합)의 결합으로 단어와 단어, 구와 구, 문장과 문장을 접합시키는 기능을 한다고 알려주고 있습니다.

품사가 무엇인지 아셨다면 이제 사전에서 back을 찾아보세요. back은 'n.등, 뒤, a.뒤의, 안쪽의, ad.뒤로, 다시, vt.~을 후진시키다'로 나와 있습니다. **영어 단어는 품사가 정해져 있지 않고 하나의 단어로 여러 가지 품사로 사용합니다.** 우리말은 '뒤'는 '뒤'일 뿐 '뒤'라는 단어를 동사 위치에 놓는다고 해서 '후진시키다'는 뜻으로 사용되지 않습니다. 아래 문장을 보세요.

a. Don't show your **back** to the enemy. 적에게 등을 보이지 마라.
b. He is in the **back** yard. 그는 뒷마당에 있어.
c. I'll call you **back** later. 나중에 다시 전화할게.
d. **Back** your car. 너의 차를 후진시켜.

a문장의 back은 명사로 'n.등'입니다. b문장의 back은 'a.뒤의'로 마당이란 명사를 수식하기 때문에 형용사입니다. c문장의 back은 'ad.다시'로 '전화하다(call)'는 동사를 수식하기 때문에 부사입니다. d문장의 back은 'vt.~을 후진시키다'로 동사입니다. back을 보니 하나의 단어로 '명사, 형용사, 부사, 동사'로 사용하고 있지요. 이것이 바로 영어 단어입니다. **영어 단어는 우리말과 달리 단어의 품사가 결정되어 있지 않습니다. 명사 자리에 쓰면 명사, 형용사 자리에 쓰면 형용사, 부사자리에 쓰면 부사, 동사 자리에 쓰면 동사가 됩니다.** 영어 단어는 사용하는 위치에 따라, 쓰임에 따라 품사가 달라지는 상황어라는 것을 명심해야 합니다. 중국어 또한 영어와 같습니다. 영어학습법에 문제가 있으면 같은 언어 영역에 있는 중국어 학습 또한 어려워지게 되지요.

UNIT 3 자동사와 타동사

영어사전에 자동사(Intransitive Verb)는 vi로, 타동사(Transitive Verb)는 vt로 표시되어 있습니다. 외국어 학습의 시작은 사전을 정확하게 보는 것에서 시작합니다. 많은 영어학습자들은 영어 단어를 암기함에 있어서 자동사, 타동사를 구분하지 않고 그 뜻만을 암기하고 있습니다. 자동사, 타동사를 구분하지 않고 영어단어를 암기하면 숙어 암기에서, 시제, 수동태, 관계사 등 많은 문법 영역에서 어려움을 겪게 됩니다.

- arrive at과 reach는 모두 '~에 도착하다'입니다. 왜 arrive에는 at을 붙이고 reach에는 at을 붙이지 않을까요? arrive는 arrive(도착하다)+at(~에)로 '~에 도착하다'입니다. arrive는 자동사(vi)이기 때문에 '~에(at)'가 필요합니다. reach는 '**~에** 도착하다'로 타동사(vt)입니다. reach에는 '~에(at)'가 들어있기 때문에 at이 필요 없지요. arrive뒤에 전치사 at을 붙이고, reach뒤에 전치사 at을 붙이지 않는 것은 arrive는 자동사이고 reach는 타동사이기 때문입니다.

- reply to와 answer는 모두 '~에 대답하다'입니다. reply는 자동사이기 때문에 reply(대답하다)+to(~에)로 '~에 대답하다'입니다. answer는 타동사로 '**~에** 대답하다'이기 때문에 전치사 to가 필요 없습니다. answer에는 '~에(to)'가 이미 포함되어 있는 것이죠. 어떤 단어를 vi로, vt로 사용하는 것은 원어민 마음입니다. 우리는 영어사전을 보고 vi로 표시되어 있으면 자동사, vt로 표시되어 있으면 타동사로 기억해야 하는 것입니다.

- I dated **with** her yesterday는 '난 어제 그녀와 데이트했어.'인데 with를 넣어야 할까요? 아니면 생략해야 할까요? date는 'vt. ~**와** 데이트하다'로 단어 속에 이미 with가 들어가 있기 때문에 with를 붙여서는 안 됩니다. '난 그녀**와 와** 데이트했어.'라는 말을 들으면 웃음이 나오지 않을까요? 타동사에는 전치사(=조사)가 이미 포함되어 있기 때문에 전치사를 또 붙여서는 안 되는 것입니다.

- 자동사 : 단어에 조사(=전치사)가 붙어있지 않은 단어
- 타동사 : 단어에 조사(=전치사)가 붙어있는 단어
- 자동사 + 전치사 = 타동사

영어 단어는 하나의 단어를 자동사로, 타동사로 자유롭게 사용합니다. open은 'vi.열리다, vt.~을 열다', change는 'vi.변하다, vt.~을 바꾸다', break는 'vi.깨지다, vt.~을 깨뜨리다', read는 'vi.읽히다, vt.~을 읽다', walk는 'vi.산책하다, vt.~을 산책시키다', finish는 'vi.끝나다, vt.~을 끝마치다', dress는 'vi.옷을 입다, vt.~을 입히다', grow는 'vi.자라다, vt.~을 재배하다', run은 'vi.달리다, vt.~을 운영하다', eat는 'vi.식사하다, vt.~을 먹다', drink는 'vi.술을 마시다, vt.~을 마시다', sell은 'vi.팔리다, vt.~을 팔다', smell은 'vi.냄새가 나다, vt.~을 냄새 맡다'입니다. 읽어보니 느낌이 오나요? 자동사로 알고 있는 단어가 타동사로 사용되는 경우, 타동사로 알고 있는 단어가 자동사로 사용되는 경우 언어 감각이 없으면 당황하게 됩니다. **영어는 우리말과는 달리 많은 동사가 자동사, 타동사 겸용으로 사용하기 때문에 우리는 그 감각을 길러야 합니다.**

UNIT 4 동작동사와 상태동사

　품사에 대한 이해, 자동사와 타동사의 구분, 동작동사와 상태동사의 구분은 영어학습의 핵심기초입니다. 동작동사란 움직임을 나타내는 동사이고, 비동작동사란 움직임이 아닌 상태를 나타내는 동사입니다. 우리말과 일본어는 동작동사와 상태동사를 구분하지 않고 똑같이 활용합니다. 우리말 동사 '먹다, 달리다, 알다, 기억하다'는 '먹고 **있다**, 달리고 **있다**, 알고 **있다**, 기억하고 **있다**'처럼 '~고 있다'로 같이 활용합니다. 그러나 영어 동사는 전혀 다릅니다. 동작동사인 eat, run은 동사원형에 -ing를 붙여서 be eating(먹고 있다), be running(달리고 있다)으로 사용하고, 상태동사인 know, remember는 know(알고 있다), remember(기억하고 있다)로 동사원형 그대로 사용합니다. 이렇게 영어 동사는 동작동사와 상태동사의 활용방법이 우리말과 전혀 다릅니다.

　a. **동작동사** : 움직임을 표현하는 동사
　　　ex) walk, eat, drink, read, watch, tell, make, cook, call, wash...
　b. **상태동사** : 움직임을 표현하지 않는(=상태를 나타내는) 동사
　　　ex) have, know, like, hate, want, need, believe, forget, exist...

　영어 동사는 동작동사와 상태동사로 구분하여 사용하는 언어이기 때문에 동사를 동작동사와 상태동사로 구분할 수 있어야 합니다. **동작동사는 동작 중임을 나타내는 -ing를 붙이지만 상태동사는 정지 상태이기 때문에 동작 중임을 뜻하는 -ing를 붙이지 않습니다.** 동작동사인지 상태동사인지 어떻게 쉽게 구분할까요? **동작동사란 시작과 끝이 있고, 시작과 끝을 반복할 수 있는 동사**를 말합니다. 5분 동안 달리다가 5분 동안 달리지 않는 식으로 반복해 보세요. 규칙적이든 불규칙적이든 반복할 수 있으면 동작동사입니다. 그러나 누군가를 5분 동안 좋아하다가 5분 동안 좋아하지 않는 식으로 반복할 수 없습니다. 전화번호를 5분 동안 기억했다가 5분 동안 기억하지 않는 식으로 반복할 수 없지요. 상태동사란 정지 상태로 있는 것이기 때문에 반복할 수 없습니다. 더 쉽게 설명하면 Stop!이라고 했을 때 바로 멈출 수 있으면 동작동사이고 그렇지 않으면 상태동사입니다. 위에 나열되어 있는 동사들을 보고 Stop!이 가능한지 불가능한지 직접 확인해 보세요.

memo

CHAPTER 2

Tenses
시제

UNIT 05　시제
UNIT 06　-ing의 역사
UNIT 07　현재진행형(be doing)
UNIT 08　진행형이란 용어를 버려라
UNIT 09　현재시제
UNIT 10　과거진행형(were doing)
UNIT 11　과거시제
UNIT 12　과거분사
UNIT 13　과거와 과거분사
UNIT 14　현재완료의 역사
UNIT 15　have+과거분사(완료)
UNIT 16　have+과거분사(변화)
UNIT 17　have+과거분사(경험)
UNIT 18　과거시제와 현재완료
UNIT 19　already, just, yet
UNIT 20　과거완료(had pp)
UNIT 21　현재완료진행형(have been doing)
UNIT 22　have done과 have been doing
UNIT 23　since, for
UNIT 24　how long과 when
UNIT 25　완료, 경험, 계속, 결과는 왜 엉터리인가?
UNIT 26　미래시제는 없다
UNIT 27　will, be going to
UNIT 28　will be doing
UNIT 29　will have pp
UNIT 30　엉터리 공식 타파하기
UNIT 31　영어시제 총정리

UNIT 5 시제

시제(時制-tense)란 동사의 변형을 통하여 시간관계를 표현하는 것입니다. 영어의 시제는 과거, 현재, 미래라는 3가지 기본시제와 진행형, 완료형, 완료진행형을 결합하여 만든 12개의 시제가 있다고 모든 영어문법서는 설명하고 있습니다.

	진행형(현재분사)	완료형(과거분사)	완료진행형
미 래	will be doing	will have done	
현 재	be doing	have done	have been doing
과 거	were doing	had done	had been doing

일본학자들이 만들어 놓은 12시제 공식을 우리말로 옮기면 사람이 갖고 있는 본능적인 사고체계를 완전히 무너뜨려 버립니다. 현재진행형을 현재에 진행하고 있는 것이라고 정의해 놓고 예외로 가까운 미래에도 사용한다고 합니다. 현재진행형이 왜 가까운 미래에도 사용하는지, 어디까지가 가까운 미래인지 물으면 설명할 수 없습니다. 현재완료를 과거에서 시작하여 현재에 완료하는 것이라고 정의하고 '현재완료는 완료, 경험, 계속, 결과용법이 있다.'고 공식화한 것은 완료 개념 자체를 모르고 만든 엉터리 공식입니다. 현재완료진행형은 현재에 완료하고 계속 진행하고 있는 것이라고 정의해 놓고 예외로 조금 전에 동작이 끝난 직전 과거표현에도 사용한다고 합니다. 미래진행형은 미래에 진행되고 있는 것이라고 정의해 놓고 예외로 현재진행형으로도 사용한다고 합니다. 일본학자들이 만든 12시제 공식은 모두 예외를 동반하고 있습니다. 또 언어의 시제는 과거시제와 현재시제 2시제만 존재할 뿐입니다. 그럼에도 일본학자들은 존재하지도 않는 미래시제를 만들어 미래시제에는 will을 사용해야 한다는 엉터리 공식을 만들었습니다. 영어 학습의 시작이 시제인데 시작부터 일본식 엉터리 영문법을 배우니까 영어 학습이 어려운 것이지요.

위의 12시제 표에 들어 있는 단어들을 보세요. be, have, will, 현재분사, 과거분사로 구성되어 있습니다. be의 뜻은 '~이다', have는 '~을 가지고 있다, (시간)을 보내다', will은 '~일 것이다, ~하겠다'입니다. 결국 **영어시제의 핵심은 현재분사와 과거분사에 있는 것입니다.** 현재분사와 과거분사의 핵심개념을 알면 엉터리 시제공식을 암기할 필요가 없습니다. 100년 전의 일본학자들이 엉터리 시제공식을 만들 수밖에 없었던 것은 현재분사와 과거분사의 핵심개념을 모르는 상태에서 영문법을 만들었기 때문입니다. 일본어 문법성분에는 과거분사가 없습니다. 그래서 'have+과거분사'처럼 하나로 묶어서 공식으로 만들 수밖에 없었던 것이죠. 21C를 살아가는 우리가 100년 전에 일본학자들이 만든 엉터리 일본영문법을 배우고 가르친다는 것은 분명 비극입니다. 이제는 엉터리 일본영문법 시제공식들을 완전 폐기해야 합니다.

영어시제 학습의 핵심은 현재분사(-ing)와 과거분사를 완벽하게 이해하는데 있습니다. 현재분사는 우리말 문법에 있지만 과거분사는 우리말 문법에 나타나지 않습니다. 『영문법 쇼크』에서 최초로 과거분사에 대해 명확하게 정의했고 모든 엉터리 시제공식들을 바로잡았습니다. 영문법에서 가장 중요한 부분이 시제입니다. 영어시제는 우리식 사고방식과 전혀 다르기 때문에 여러 번 읽어서 핵심 개념을 잡아야 합니다. 시제는 영문법의 중심이고 시제 영역을 확실하게 학습하면 동명사, 분사, 수동태는 너무나도 쉽다는 것을 알게 될 것입니다. 일본학자들이 만든 모든 엉터리 시제공식들은 잊어버리세요. 이제부터 **역사적인 진격(historic run)**을 시작합니다.

UNIT 6 −ing의 역사

동사원형에 −ing를 붙여 '~하고 있는 중'이란 뜻으로 사용하면 현재분사라고 하고, 동사원형에 −ing를 붙여 '~하는 것, 하기'란 뜻으로 사용하면 동명사라고 합니다. 우리는 시제에서 'be+현재분사는 현재진행형으로 가까운 미래에도 사용한다, 현재완료진행형은 현재에 완료하고 계속 진행하고 있는 것으로 조금 전에 동작이 끝난 직전 과거표현에도 사용한다.'라는 엉터리 공식을 무작정 암기하고 있습니다. 아래 문장들을 보세요. 모두 중학교 과정에 나오는 문장들입니다.

a. I **am eating** lunch. 나는 점심 먹고 있는 중이야.
b. We **are going** on a picnic tomorrow. 우리는 내일 소풍갈 예정이야.
c. She **is wearing** jeans. 그녀는 청바지를 입고 있어.
d. It **has been raining** for two hours. 2시간 동안 비가 계속 내리고 있는 중이야.
e. The road is muddy. It **has been raining**. 길이 진흙이야. 비가 계속 왔었어.

a문장의 am eating은 '먹고 있는 중이다'로 현재진행형 공식에 맞는 문장입니다. b문장의 are going은 '가고 있는 중이다'가 아니기 때문에 '현재진행형은 가까운 미래에도 쓴다.'는 현재진행형의 예외 공식을 적용해야 합니다. c문장의 is wearing은 '옷을 입고 있는 중이다'가 아니라 이미 옷을 입은 **과거 상태**이기 때문에 현재진행형의 예외로 암기해야 합니다. d문장의 has been raining은 '계속 비가 내리고 있다'로 현재완료진행형 공식에 맞는 문장입니다. e문장의 has been raining은 '조금 전까지 비가 계속 내렸어.'라는 **직전 과거** 표현이기 때문에 '현재완료진행형은 조금 전에 끝난 직전 과거 표현에도 사용한다.'는 예외 공식을 적용해야 합니다. 이렇게 예외 공식을 적용하지 않으면 간단한 문장조차 무슨 뜻인지 알 수 없는 것이 우리가 배우고 있는 엉터리 일본식 영문법입니다.

a~e문장을 보면 −ing에는 '~하고 있는 중'이라는 뜻과, 이미 무엇을 했다는 '**과거개념**'이 동시에 들어 있습니다. 하나의 단어에 동작 중이라는 뜻과 이미 동작이 끝났다는 과거개념이 동시에 들어 있다는 것은 상식적으로 이해가 되지 않지요. 그래서 −ing가 흘러온 역사를 알아야 하는 것입니다. −ing의 역사를 알면 엉터리 시제 공식을 암기할 필요가 없습니다. 앞으로 동사(Verb)에 **−ing**를 붙인 것을 **V−ing**로 표시하겠습니다. 이제 −ing의 역사를 거슬러 올라가 보겠습니다.

영국인의 조상인 앵글로색슨족은 게르만족(=독일민족)이었고, 영어의 출발이 독일어였다고 영어의 역사에서 설명했습니다. 과거 영국인들은 -ing를 build**ing**(건물), paint**ing**(그림), hunt**ing**(사냥), read**ing**(독서), eat**ing**(식사)처럼 보통명사로만 사용했습니다. reading a book(책을 읽은 것), eating lunch(점심을 먹는 것)처럼 뒤에 목적어를 붙여 사용한 것은 15C 이후입니다. 즉 15C 이전에 V-ing는 보통명사로만 사용했다는 것이죠. 건물(build**ing**)과 그림(paint**ing**)은 책(book), 말(horse), 나무(tree)와 같은 보통명사입니다. 보통명사는 이미 만들어져 있거나 존재하는 것으로 과거개념을 갖고 있습니다. 눈앞에 보이는 건물(build**ing**), 그림(paint**ing**)은 이미(=과거에) 만들어져 있는 것이죠. 과거 영국인들은 -ing를 명사로 사용했고, 과거 느낌을 갖고 있었습니다. -ing는 명사이고, 과거개념을 갖고 있다는 것을 반드시 기억해야 합니다.

1066년. 영국은 프랑스의 식민지가 됩니다. 1066년 이전의 영어(=독일어)에는 진행형이란 것이 없었습니다. 프랑스 식민지배하에서 프랑스어 문법의 영향을 받아 영어에 없는 진행형이 새로 생겨난 것이죠. 맨 처음 진행형은 go**ing**처럼 동사원형에 -ing를 붙이는 것이 아니라 go**ende**처럼 -ende를 붙였습니다. 그런데 시간이 흘러 어미 -ende가 -inde로 변하고, 15C경에는 -inde가 -ing가 되어버렸습니다. 즉 **15C가 되어서 동명사와 현재분사의 어미 모양이 -ing로 일치하게 된 것입니다. 영국인에게 -ing는 명사이고 과거 느낌을 갖고 있었는데, 진행형 어미도 -ing가 됨에 따라 -ing에 '~하고 있는 중'이란 뜻이 추가 된 것입니다.** -ing에 과거개념과 진행(=동작 중)의 뜻이 동시에 들어 있는 이유는 위와 같은 -ing의 어미 변천 역사에 있는 것입니다.

그럼 왜 go**ende**에서 go**inde**, go**ing**으로 현재분사의 어미가 동명사의 어미인 -ing로 변화 했을까요? 그것은 프랑스어의 동명사와 현재분사가 같은 어미를 사용하고 있는 것을 영어가 그대로 모방했다고 학자들은 보고 있습니다. go**ing**은 '가는 **것**', go**inde**는 '가고 있는 **중**'으로 다른 어미를 사용할 때는 단어만 보고 동명사인지 현재분사인지 바로 알 수 있었지요. 그런데 어미가 -ing로 일치해 버렸으니 going이라는 단어만 보고는 동명사인지 현재분사인지 알 수 없는 상황이 되었습니다. 그럼 어떻게 구별할까요? 앞뒤에 연결되어 있는 단어와 함께 문맥을 보고(=해석을 통하여) 파악하는 것입니다.

위와 같은 역사적 흐름에서 -ing는 '동작 중'과 동작이 끝난 '과거개념'을 동시에 갖게 되었습니다. **-ing는 '동작 중'과 동작이 끝난 '과거개념'을 모두 갖고 있다는 것을 반드시 기억해야 합니다.**

 # UNIT 7 현재진행형(be doing)

'현재진행형은 현재에 진행하고 있는 것이다. 예외로 가까운 미래에도 사용한다.'라는 엉터리 공식은 -ing가 '동작 중'과 '과거개념'을 모두 갖고 있음을 알면 암기할 필요가 없습니다.

1 be+V-ing는 현재진행형으로 '~하고 있는 중이다'입니다.

be(이다)+V-ing(동작 중)의 결합으로 am, are, is는 현재라는 시간을 알려주고, V-ing는 동작 중임을 나타냅니다. **현재진행형은 말을 하고 있는 지금(=현재), 또는 요즈음**(recently, this week, today) **무엇을 하고 있는 중이라는 것입니다. 즉 어떤 동작(=행동, 일)을 시작해서 끝나지 않았다는 것**이죠. '~하고 있는 중이다'는 '동작이 끝나지 않았다(=미완료)'와 같은 뜻입니다. '진행형=미완료'가 되는 것이죠. 모든 동작은 시작하면 언젠가는 반드시 끝마치게 됩니다. 하고 있던 동작(-ing)을 완전히 끝마치는 것 그것이 동작 완료, 즉 과거분사입니다. 현재분사는 미완료이고, 과거분사는 완료인 것이죠. 과거분사 개념을 미리 잡아두면 좋습니다. 참고로 프랑스어 문법에서 진행형이라고 하지 않고 미완료라고 합니다. 접미사 -ing는 '동작 중'이란 뜻이기 때문에 동작동사에 -ing를 붙여서 사용하고 상태동사에는 -ing를 붙여서는 안 됩니다. '~하고 있는 중이다'와 '~하고 있다'는 같은 뜻이지만 'be+V-ing'를 '~하고 있다'로 암기하지 마세요. be(있다)+V-ing(~하고)의 결합으로 기억하면 -ing가 갖고 있는 어감이 사라지게 됩니다. be(이다)+V-**ing**(동작 **중**)의 결합으로 기억하면 -ing가 동작 중임을 바로 느낄 수 있지요.

a. I am **eating** breakfast. 나는 아침 먹고 있는 중이야. (=먹고 있어.)
b. He is **watching** TV. 그는 TV 보고 있는 중이야. (=보고 있어.)
c. I am **looking** for Jack. 나는 잭을 찾고 있는 중이야. (=찾고 있어.)
d. It is **raining** outside. 밖에 비가 오고 있는 중이야. (=오고 있어.)
e. I'm **taking a bath**. 나는 목욕하고 있는 중이야. (=하고 있어.)
f. Turn the radio off. I'm **working**. 라디오 꺼. 일하고 있는 중이야.
g. I'm **training** to be a fire fighter. 난 소방관이 되기 위해 훈련하고 있는 중이야.
h. Wait a minute. I'm **coming**. 잠시만 기다려. 가고 있는 중이야.
i. She's **talking** on the phone. 그녀는 전화로 대화중이야.
j. I'm **driving** now. I'll call you later. 운전 중이야. 나중에 전화할게.
k. I'm **studying** Chinese recently. 나는 요즘 중국어를 공부하고 있는 중이야.

2 be+V-ing는 '~할 예정(=계획)이다'입니다.

'현재진행형은 가까운 미래에도 쓴다.'는 엉터리 공식을 암기하지 마세요. 현재진행형이어서 가까운 미래에 사용하는 것이 아닙니다. 지금 종이위에 자신의 향후 계획을 직접 적어보세요. 나는 월요일에 치과 갈 계획이 있어 **going** to the dentist(치과 **가기**)라고 일정표에 적었습니다. 화요일에 친구를 만날 계획이 있어 **meeting** my friend(친구 **만나기**)라고 적었습니다. 이제 일정표에 무엇을 적어 놓았는지 직접 보세요. I(나는)+**am**(있어)+going to the dentist(치과 가기)+on Monday(월요일에)를 그대로 옮기면 '나는 월요일에 치과가기가 (일정표에) 있어.'입니다. 이 말은 '나는 월요일에 치과 갈 예정(=계획)이야.'가 됩니다. 치과 가는 것은 미래인 월요일이지만 치과에 가기로 결심하고 계획을 세운 것은 이미 발생한 과거사실이죠. **예정(豫定)**은 '미리 예, 정할 정'으로 미리 결정해 놓은 과거 사실입니다. V-ing의 과거개념 기억하나요? 여기서 V-ing는 동작 중임을 의미하는 현재분사가 아니라 과거개념의 동명사입니다. be+V-ing를 '~할 예정(=계획)이다'로 무작정 암기했을 것입니다. **be+V-ing는 be(있다)+V-ing(하기-과거개념)의 결합일 뿐입니다.** 또 가까운 미래라는 모호한 표현을 사용해선 안 됩니다. 가깝다는 기준은 사람마다 다르죠. j~k문장에서 나는 2년 후에 미국에 갈 계획이고, 5년 뒤에는 중국에 갈 계획을 세웠습니다. be+V-ing는 가까운 미래를 나타내는 것이 아니라 사람이 세우는 구체적인 계획을 말하는 것입니다. 아래 문장들은 내가 이미(=과거) 세워 놓은 계획들입니다.

a. I'm **going to the dentist** on Monday. 월요일에 치과 가기가 있어. (=치과 갈 계획이야, 치과 갈 예정이야.)
b. I'm **meeting my friend** on Tuesday. 화요일에 친구 만나기가 있어. (=친구 만날 계획이야, 친구 만날 예정이야.)
c. I'm **having a party** on Wednesday. 수요일에 파티 열기가 있어. (=파티를 열 계획이야, 파티를 열 예정이야.)
d. I'm **going to Seoul** on Thursday. 목요일에 서울에 갈 예정(=계획)이야.
e. I'm **going to the movies** on Friday. 금요일에 영화 보러 갈 예정(=계획)이야.
f. I'm **working** on Saturday. 토요일에 일을 할 예정(=계획)이야.
g. I'm **staying at home** on Sunday. 일요일에 집에 있을 예정(=계획)이야.
h. I'm **going on a picnic** this weekend. 이번 주말에 소풍갈 예정(=계획)이야.
i. I'm **leaving Korea** in a month. 한 달 후에 한국을 떠날 예정(=계획)이야.
j. I'm **going to America** in two years. 2년 후에 미국 갈 계획이야.
k. I'm **going to China** in five years. 5년 후에 중국 갈 계획이야.

3 I'm wearing jeans는 '나는 바지를 입고 있는 중이야.'가 아닙니다.

나는 이미 바지를 입었고, 바지를 입은 상태로 있다는 것이죠. wearing은 '옷을 입고 있는 중'이 아니라 옷을 이미 입은 과거 상태입니다. I am wearing은 I(나는)+am(있다)+wearing(옷을 입은 상태)입니다. I am wearing은 현재진행형이 아닙니다. -ing의 과거개념 기억하나요? I'm wearing~처럼 -ing가 동작 중임을 나타내지 않고 동작이 끝난 과거개념으로 사용하는 동사는 sit, lie, stand, hold, hang, carry, lean이 있습니다. 모두 짧은 시간에 동작이 끝나는 동사들이죠. -ing가 과거개념을 갖고 있다는 것만 알면 현재진행형의 예외표현이라고 암기할 필요가 없습니다. 참고로 옷을 입고 있는 동작을 표현하고 싶으면 I'm putting on 또는 I'm changing이라고 하세요.

a. He is sitting on the sofa. 그는 소파에 앉아 있어. (=앉은 상태로 있어.)
b. The man is lying on the bench. 그는 벤치에 누워 있어. (=누운 상태로 있어.)
c. You are standing on my foot. 당신은 내 발을 밟고 있어. (=밟은 상태로 있어.)
d. The girl is holding a balloon. 소녀는 풍선을 안고 있어. (=안은 상태로 있어.)
e. The painting is hanging over the desk. 그림이 책상 위에 걸려있어. (=걸린 상태로 있어.)
f. The woman is carrying both children. 그녀는 두 아이를 안고 있어. (=안은 상태로 있어.)
g. The man is leaning on the fence. 그 남자는 펜스에 기대어 있어. (=기댄 상태로 있어.)

4 You are always making the same mistake는 '너는 항상 똑같은 실수를 해.'입니다.

보통 이상으로, 상식적인 수준 이상으로 실수를 자주 한다는 것이죠. 항상 그렇다는 것은 과거에도 그랬고, 지금도 그렇다는 것입니다. always란 단어는 과거개념을 포함하고 있습니다. 위의 문장을 분해해 보면 You(너는)+are(있어)+always(항상)+making~(실수하는 것, 실수하기)으로 '너는 항상 같은 실수 하는 것이 있어.'입니다. making~은 '실수 하고 있는 중'이란 현재분사가 아니라 과거개념을 갖고 있는 동명사입니다. 또 아래 a~b문장의 lose, forget은 상태동사로 진행형으로 사용할 수 없기 때문에 is losing, is forgetting이 현재진행형이 아님을 바로 알 수 있습니다. -ing의 과거개념을 알면 아래 문장들을 현재진행형의 예외 표현이라고 암기할 필요가 없습니다.

a. He's always losing his book. 그는 항상 책을 분실 하는 일이 있어.
b. I'm always forgetting my key. 난 항상 열쇠를 잊어버리는 일이 있어.
c. You're always watching TV. 너는 항상 TV 보는 것이 있어.
d. She's always complaining. 그녀는 항상 불평하는 것이 있어.

5 **He is being polite는 '그는 예의바른 척하고 있어.'입니다.**

He is being polite는 He(그는)+is(이다)+**being(되고 있는 중)**+polite(예의 바른)로 '그는 예의 바른 사람이 되고 있는 중이야.'입니다. 그는 원래 예의 바른 사람이 아닌데 지금 **일시적으로** 예의 바른 척 행동하여 예의 바른 사람이 되고 있는 중이라는 것이죠. a문장은 그는 원래 친절한 사람이 아닌데 오늘밤에는 **일시적으로** 나에게 친절한 사람이 되고 있다는 것입니다. b문장은 그녀는 원래 이기적인 사람이 아닌데 지금은 **일시적으로** 이기적인 사람이 되고 있다는 것이죠. c문장은 너는 원래 참을성 있는 사람인데 지금은 **일시적으로** 참을성이 없는 사람이 되고 있다는 것입니다. d문장은 말이 될까요? 날씨가 원래 안 더운데 일시적으로 더워지고 있다는 말은 어색하고 황당한 말이 되지요. 그래서 d문장은 틀린 표현입니다. 날씨가 더워지고 있는 것은 It is getting hot입니다.

a. I can't understand why he is being nice to me tonight.
    난 그가 오늘밤에 왜 나에게 친절한 사람이 되고 있는지 알 수 없어.

b. She isn't like that, but she is being so selfish now.
    그녀는 그렇지 않은데 지금 매우 이기적인 사람이 되고 있어.

c. You are being impatient. I don't know why.
    넌 참을성 없는 사람이 되고 있어. 난 이유를 모르겠어.

d. It is being hot. (X)

UNIT 8 진행형이란 용어를 버려라

우리는 '현재진행형'처럼 진행형이란 문법용어를 사용하고 있습니다. 그러나 이제부터는 진행형이란 문법용어를 버리고 '동작형'이란 문법용어를 사용해야 합니다. 원어민은 동사를 동작동사와 상태동사로 구분하여 사용합니다. 동작동사에 -ing를 붙이면 진행형이 아니라 동작형이 되는 것이 논리적입니다. **현재동작형이란 용어를 사용하면 말을 하고 있는 현재(=지금, 요즈음) 동작 중이라는 것을 문법용어에서 바로 알 수 있습니다. 또 비동작동사(=상태동사)는 -ing를 붙일 수 없다는 것 또한 바로 알 수 있습니다.** 접미사 -ing는 '동작 중'으로 -ing에서 시간을 느껴서는 안 됩니다. 시간은 동사(현재형, 과거형)로 나타내는 것입니다. 동작 중인 기계를 보세요. '동작 중이네.'와 '진행 중이네.'중에서 어느 표현이 적절한가요? '동작 중이네.'가 적절한 표현이죠.

우리는 곧 과거분사를 배우게 되는데 과거분사를 정확하게 이해하기 위하여 반드시 진행형이란 용어를 버리고 동작형을 사용해야합니다. **하고 있는 동작(-ing)을 완전히 종료하고 끝마친 것 그것이 동작 완료, 즉 과거분사입니다.** '진행 중-진행 완료'가 아니라 '동작 **중**-동작 **완료**'입니다. 앞에서 '동작 중=미완료'임을 설명했습니다. '현재분사-과거분사'는 '동작 **중**-동작 **완료**', '동작 **미완료**-동작 **완료**'의 관계인 것이죠.

과거 일본학자들은 동사를 동작동사와 상태동사로 분류한 다음에 동작동사에 -ing를 붙인 것을 동작형이라고 하지 않고 진행형이라는 부적절한 이름을 붙였습니다. 부적절한 문법용어를 사용하면 개념 정립에 혼란이 발생하지요. -ing를 진행형이란 용어에서 동작형으로 바꾸면 과거분사 개념이 명확해집니다. 과거분사는 UNIT 12에서 자세히 설명합니다.

> 동작 동사 : 동작 중(현재분사) – 동작 완료(과거분사)
> 상태 동사 :   X   – 상태 변화(과거분사)

# UNIT 9   현재시제

1 현재시제는 어떤 일이 항상 또는 반복적으로 일어나거나, 사실을 말할 때 사용합니다.

우리말은 현재형 '밥 먹는다(eat)'와 현재동작형(=현재진행형) '밥 먹고 있는 중이다(is eating)'가 같은 뜻입니다. 그러나 영어는 현재형과 현재동작형이 완전히 다른 언어입니다. **현재시제 학습의 핵심은 현재시제와 현재동작형을 구분하는 것입니다.** 현재동작형은 단어 결합 그대로 말을 하고 있는 지금 또는 요즈음 어떤 동작을 하고 있는 중이라는 것이죠. 반대로 **현재시제는 말을 하고 있는 지금 어떤 동작(=행동, 일)을 하고 있지 않다는 것입니다.**

> 한국어 : 현재형과 현재동작형이 같은 언어이다.
> 영　어 : 현재형과 현재동작형이 완전히 다른 언어이다.

아래 a~g문장을 읽고 말을 하고 있는 현재(=지금) 주어가 어떤 동작을 하고 있는지, 하고 있지 않은지 확인해 보세요.

 a. The store opens at 10 in the morning. 그 가게는 아침 10시에 열어.
 b. He teaches English to the students. 그는 학생들에게 영어를 가르쳐.
 c. I wash my car every day. 나는 매일 세차해.
 d. The earth goes around the sun. 지구는 태양 주위를 돌아.
 e. The Olympic Games take place every four years. 올림픽은 4년마다 열려.
 f. What do you do? I work in a bank. 너 뭐해? 나 은행에서 일해.
 g. Do you like baseball? 너 야구 좋아하니?

a문장을 보세요. 그 가게가 아침 10시에 문을 연다는 것은 1주일 전에도 10시에 열었고, 어제도 10시에 열었고, 오늘도 10시에 열었고, 내일도 10시에 문을 연다는 것입니다. 누군가 지금 문을 열고 있는 중이라는 것이 아니죠. c문장을 보세요. 나는 1주일 전에도 세차했고, 어제도 세차했고, 오늘도 세차했고, 내일도 세차 한다는 것입니다. 말을 하고 있는 지금 내가 세차를 하고 있는 중이라는 것이 아닙니다. **동작동사의 현재시제는 과거, 현재, 미래를 모두 포함하는 개념이며 말을 하고 있는 지금 어떤 동작을 하고 있지 않다는 것입니다.** f문장의 What do you do?는 '너 뭐하니?'로 먹고 살기 위해 평상시에 무엇을 하느냐고 직업을 묻는 것입니다. What's your job?과 같은 뜻이죠. 말을 하고 있는 지금 무슨 동작(=행동)을 하고 있는지 궁금하면 What are you doing now?라고 해야 합니다.

동작동사의 현재시제는 과거, 현재, 미래를 모두 포함하는 개념으로 말을 하고 있는 지금 어떤 동작을 하고 있지 않다는 것이 핵심입니다.

    a. I **always** wear jeans. 난 항상 바지를 입어.
    b. I **usually** get up late. 난 보통 늦게 일어나.
    c. I **often** go to the library on weekends. 난 종종 주말에 도서관에 가.
    d. She **sometimes** writes to me. 그녀는 가끔 나에게 편지를 써.
    e. I **never** drink coffee. 난 커피를 전혀 마시지 않아.

always(항상), usually(보통), often(종종), sometimes(가끔), never(결코)가 들어간 현재시제 문장들을 보세요. 말을 하고 있는 지금 주어가 어떤 동작을 하고 있다는 것이 아닙니다. a문장은 1년 전에도, 1주일 전에도, 어제도, 오늘도, 내일도 항상 바지를 입는다는 것이지 지금 바지를 입고 있는 중이라는 것이 아닙니다. 위에서 나열한 부사들은 횟수를 표시하는 빈도부사라고 합니다. 빈도부사의 위치는 'be동사 뒤, 조동사 뒤, 일반 동사 앞'이라고 외우지 마세요. 그냥 쉽게 **빈도부사는 not위치에 둔다**고 기억하세요. am not, can not, do not go에서 not의 위치가 바로 be동사 뒤, 조동사 뒤, 일반 동사 앞이 되는 것입니다.

그러나, 동작동사와 달리 **상태동사의 현재시제는 현재의 상태만을 알려줍니다.** a문장은 **현재** 그녀의 직업이 변호사라는 것이지 과거에도 변호사였고, 지금도 변호사이고, 앞으로도 변호사일 것이라는 말이 아닙니다. b문장은 내가 **현재** 멋진 차를 갖고 있다는 것이지 과거에도 멋진 차를 갖고 있었고, 지금도 갖고 있고, 미래에도 갖고 있을 것이라는 말이 아닙니다. **동작동사의 현재시제는 과거, 현재, 미래를 모두 포함하는 개념으로 동작이 반복됨을 나타내고, 상태동사의 현재시제는 오직 현재의 상태만을 알려줍니다.** 현재시제는 지각동사(UNIT 99), 사역동사(UNIT 100)에 적용되기 때문에 현재시제의 핵심개념을 반드시 기억해야 합니다.

    a. She is a lawyer. 그녀는 변호사야.
    b. I have a nice car. 나는 멋진 차를 갖고 있어.
    c. He knows her well. 그는 그녀를 잘 알고 있어.
    d. I love you so much. 난 널 너무 사랑해.

2. 현재시제와 현재동작형의 차이를 확인하세요.

한국어는 현재시제와 현재동작형이 같지만 영어는 전혀 다르다는 것을 명심해야 합니다. 우리말과 영어는 사회적 약속이 전혀 다른 언어입니다. 현재시제는 말을 하고 있는 지금 어떤 동작(=행동, 일)을 하고 있지 않다는 것이고, 현재동작형은 말을 하고 있는 지금 어떤 동작을 하고 있는 중이라는 것이죠. 현재시제와 현재동작형의 구분은 말하는 시점에 동작을 하고 있느냐 그렇지 않으냐 입니다. 동작중인지 아닌지는 눈으로 확인하세요. 동작동사의 V-ing에서는 **동작 중**임을 느끼고, 현재시제에서는 과거, 현재, 미래에 동작이 계속 **반복**됨을 느끼세요.

a. They speak English. 그들은 영어를 구사해요.
b. Are you **speaking** from an experience? 당신은 경험에서 말을 하고 있는 중인가요?
c. Water boils at 100 degrees Celsius. 물은 섭씨 100도에서 끓어.
d. The water is **boiling up**. 물이 끓어오르는 중이야.
e. I usually do my homework on Sunday. 난 보통 일요일에 숙제해.
f. I am **doing** my homework. 나 지금 숙제하고 있는 중이야.
g. It rains every day in a rain forest. 열대 우림 지역에는 날마다 비가 와.
h. It is **raining** cats and dogs. 비가 억수같이 내리고 있는 중이야.
i. I work in a bank. 나 은행에서 일해. (=직업이 은행원이야.)
j. I'm **working**. Don't bother me. 일하고 있는 중이야. 날 귀찮게 하지 마.
k. The sun rises in the east. 태양은 동쪽에서 떠올라.
l. The sun is **rising** in the east. 태양이 동쪽에서 떠오르고 있는 중이야.

b문장은 앞에 있는 사람이 지금 말을 하고 있는 중이고, d문장은 냄비의 물이 지금 끓고 있는 중이고, f문장은 나는 지금 숙제를 하고 있는 중이고, h문장은 지금 비가 억수같이 오고 있는 중이고, j문장은 나는 지금 일을 하고 있는 중입니다. 지금 눈앞에서 일어나고 있는 동작을 확인할 수 있나요? 현재시제와 현재동작형의 구분은 말을 하고 있는 지금 동작 중인지 아닌지를 보면 되는 것입니다. k문장은 태양이 어제도, 오늘도, 내일도 동쪽에서 떠오른다는 것이지 말을 하고 있는 지금 떠오르고 있는 태양을 볼 수 있는 것이 아닙니다. l문장은 떠오르고 있는 태양을 지금 볼 수 있는 것이죠. 이렇게 현재진행형이란 용어를 현재동작형으로 바꾸면 시제개념이 명확해집니다. h문장의 rain cats and dogs는 '비가 억수같이 내리다'는 숙어입니다. 『전치사 쇼크』 112p에 왜 그런 뜻이 발생했는지 읽으면 바로 기억될 수 있도록 그 역사적 배경을 설명해 놓았습니다.

3 **상태동사는 현재시제를 사용합니다.**

동작동사는 '동작 중'임을 나타내는 -ing를 붙여 사용합니다. 그러나 **비**동작동사인 상태동사는 -ing를 붙이지 않고 현재시제를 사용합니다.

> 소유 동사 : have, belong, contain, consist...
> 심리 동사 : like, love, hate, want, need, prefer...
> 인지 동사 : know, believe, understand, remember, suppose...

a. Nick has a nice car. 닉은 멋진 차를 갖고 있어.
   Nick is having a nice car.(X)
b. I like you. 난 너를 좋아해. (=좋아하고 있어.)
   I am liking you.(X)
c. I know her address. 난 그녀의 주소를 알아. (=알고 있어)
   I'm knowing her address.(X)
d. He remembers the place. 그는 그곳을 기억해. (=기억하고 있어.)
   He's remembering the place.(X)

상태란 '사물이나 현상이 놓여 있는 모습이나 형편'입니다. 상태란 정지되어 있는 상태를 말하죠. 동작동사와 상태동사의 구별은 UNIT 4에서 이미 학습했습니다. 규칙적이든 불규칙적이든 반복이 가능하면 동작동사이고 그렇지 않으면 상태동사입니다. 상태동사의 대표는 be동사와 소유동사 have입니다. be는 '이다, 되다, 있다'인데 5분간 학생신분이다가 5분간 학생신분이 아니기를 반복 할 수 없지요. 소유란 나에게 없었던 것이 나에게 생겨서 그 상태로 계속 있는 것입니다. 갖고 있는 차를 5분간 갖고 있다가 5분간을 갖고 있지 않기를 반복할 수 없습니다. 심리동사는 어떤 마음을 have하고 있는 것입니다. 우리는 흔히 심리상태가 좋지 않다고 말하죠. like는 좋아하는 마음을 have하고 있는 것이고, hate는 싫어하는 마음을 have하고 있는 것입니다. 누군가를 5분간 좋아했다가 5분간 좋아하지 않기를 반복할 수 없지요. 인지동사란 지식이나 정보를 have하고 있는 것입니다. know는 어떤 정보와 지식을 have하고 있는 것이고, remember는 어떤 내용을 머리에 have하고 있는 것입니다. 친구의 전화번호를 5분간 기억하고 있다가 5분간 기억하지 못하는 것을 반복할 수 없습니다. **동작동사인지 상태동사인지는 반복이 가능한지 불가능한지를 확인해 보면 쉽게 구별할 수 있습니다.** 또 Stop!이라고 했을 때 멈출 수 있으면 동작동사, 그렇지 않으면 상태동사입니다.

4 무의지 동사는 동작형(-ing)을 사용하지 않고 현재시제를 사용합니다.

무의지 동사란 마음대로 시작하고 마음대로 Stop할 수 없는 동사를 말합니다. see(vt.~을 보다, 이해하다), hear(vt.~을 듣다), smell(vi.냄새나다), taste(vi.맛이 나다)는 동작형(-ing)을 사용하지 않고 현재시제를 사용합니다.

a. Do you see the girl over there? 저기 있는 여자 보이니?
b. Do you see my point of view? 나의 관점을 이해하니?
c. Can you hear me? 내 말 들을 수 있어?
d. This car smells. 이 차 냄새가 나요.
e. Taste good. 좋은 맛이 나요.

● see는 '(무엇이 보여서)~을 보다'입니다. 눈을 뜨고 있어 사람의 의지와는 상관없이 보여서 보는 것, 즉 목격하는 것입니다. 지금 눈앞에 무엇이 보이나요? 책이 보이는군요. 그럼 '보이지 마!', '보여!'를 반복해 보세요. 눈을 뜨고 있는 상태에서 보이는 책이 보였다가, 보이지 않았다가를 반복할 수 없습니다. 그래서 see는 동작형 seeing으로 사용하지 않습니다. look은 'vt.~을 보다'로 사람의 의지로 보는 것입니다. 눈을 감았다가 떴다가를 반복하면 봤다가 보지 않았다가를 마음대로 반복할 수 있기 때문에 동작형 looking(보고 있는 중)으로 사용하는 것입니다. see가 understand의 뜻으로 사용될 때도 -ing를 붙이지 않습니다. 친구의 마음을 5분간 이해했다가 5분간 이해하지 않기를 반복 할 수 없지요.

● hear는 '(귀가 열려 있어서)~을 듣다'입니다. 귀가 열려 있어서 사람의 의지와 상관없이 들려서 듣는 것입니다. 지금 창문을 열어 보세요. 차 소리가 시끄럽군요. '들리지 마!', '들려!'를 반복해 보세요. 귀가 열려 있는 상태에서 들리는 소리가 들렸다가, 들리지 않았다가를 반복할 수 없습니다. 그래서 동작형 hearing으로 사용하지 않는 것입니다. listen은 'vi.듣다'로 사람의 의지로 듣는 것입니다. 손으로 귀를 막았다가 열었다가를 반복하면 되기 때문에 동작형 listening(듣고 있는 중)으로 사용하는 것입니다.

● smell은 'vi.냄새가 나다'로 이미 이 곳 저 곳에 퍼져 있는 냄새가 사라졌다가 다시 생기기를 반복할 수 없습니다. taste는 'vi.맛이 나다'로 음식 맛이 음식 속에 이미 들어 있는데 그 맛이 있다가 사라졌다가를 반복할 수 없지요. 그래서 smell과 taste는 동작형(-ing)으로 사용하지 않습니다. 이렇게 동작동사인지 상태동사인지는 반복이 가능한지 불가능한지를 확인해 보면 쉽게 구별할 수 있습니다.

5 어떤 동사들은 현재시제와 동작형(-ing)을 모두 사용합니다.

하나의 단어는 여러 가지 뜻을 갖고 있기 때문에 어떤 뜻일 때는 동작형(-ing)을 사용하고, 어떤 뜻일 때는 현재시제를 사용합니다.

❶ have가 'vt.~을 가지고 있다'로 쓰일 때는 상태동사이기 때문에 현재시제를 사용합니다. 그러나 have가 'vt.~을 먹다(eat), (시간)을 보내다(spend)'로 쓰일 때는 동작동사이기 때문에 동작형(-ing)을 사용할 수 있습니다.

   a. I have a picture. 난 사진을 갖고 있어.
   b. We are having dinner. 우리는 저녁 먹고 있는 중이야.
   c. Are you having a good time? 너 좋은 시간을 보내고 있어?

❷ think가 'vt.~을 믿다(believe)'로 쓰일 때는 상태동사이기 때문에 현재시제를 사용합니다. 믿음을 have하고 있는 상태인데 5분간 믿었다가 5분간 믿지 않기를 반복할 수 없지요. 그러나 think가 'vt.~을 생각하다'로 쓰일 때는 동작동사이기 때문에 동작형(-ing)을 사용할 수 있습니다. 생각은 시작했다가 그만뒀다가를 마음대로 반복할 수 있지요.

   a. I think he is a nice guy. 난 그가 좋은 녀석이라고 생각해. (=믿어, 판단해.)
   b. What are you thinking about? 너 뭐에 대해 생각하고 있어?

❸ see가 'vt.(무엇이 보여서)~을 보다'로 쓰일 때는 위에서 설명한 바와 같이 현재시제로 사용합니다. 그러나 see가 'vt.~를 만나다(meet)'로 쓰일 때는 동작동사이기 때문에 동작형(-ing)을 사용할 수 있습니다. 누군가를 만났다가 안 만났다가는 마음대로 반복할 수 있지요.

   a. Do you see the girl over there? 저기 있는 여자 보이니?
   b. She is seeing another man. 그녀는 다른 남자를 만나고 있어.

❹ weigh가 'vi.무게가 나가다'로 쓰일 경우에는 상태동사이기 때문에 현재시제로 사용합니다. 그러나 weigh가 'vt.~을 달다'로 쓰일 경우에는 동작동사이기 때문에 동작형(-ing)을 사용할 수 있습니다. 물건의 무게를 달았다가 안 달았다가는 마음대로 반복할 수 있기 때문에 동작동사인 것이죠.

a. This product weighs 2 kilos. 이 제품은 2킬로 무게가 나가요.
b. The grocer is weighing the vegetables. 가게 주인이 채소들을 달아 보고 있어.

❺ smell이 'vt.~을 냄새 맡다', taste가 'vt.~을 맛보다'로 쓰일 때는 동작동사이기 때문에 동작형(-ing)으로 사용할 수 있습니다. 냄새를 맡았다가 안 맡았다가, 음식 맛을 봤다가 안 봤다가를 마음대로 반복할 수 있지요.

a. This car smells. 이 차 냄새나.
b. I'm smelling my car. 내 차 냄새를 맡아보고 있는 중이야.
c. This soup tastes good. 이 스프 좋은 맛이 나.
d. She is tasting the soup. 그녀는 스프 맛을 보고 있어.

❻ look이 '~처럼 보인다', feel이 '~처럼 느낀다'로 쓰일 때는 현재시제와 동작형 모두 사용할 수 있습니다. 과거엔 주로 현재시제로 사용했는데 동작형(-ing)을 사용하는 원어민이 많아졌습니다. 언어는 자꾸 변하는 것이죠.

a. You look nice today. 너 오늘 멋있어 보여.
  = You are looking nice today.
b. How do you feel now? 너 지금 어떻게 느껴? (=기분이 어때?)
  = How are you feeling now?

한국어와 일본어는 현재시제와 현재동작형이 같은 언어이고, 영어와 중국어는 현재시제와 현재동작형이 완전히 다른 언어입니다. 자기가 배우는 외국어가 우리식 사고와 같은지 아니면 우리식 사고와 완전히 다른지를 파악하면 외국어 학습이 매우 쉬워집니다.

UNIT 10 과거동작형(was doing)

동작은 움직임(=행동)을 나타내는 것으로 시간을 알 수 없습니다. sleeping은 '자고 있는 중'이죠. '자고 있는 중이다'로 현재의 동작을 표현하고 싶으면 am, are, is를 붙여 **am** sleeping이 됩니다. '자고 있는 중이었다'로 과거의 동작을 표현하고 싶으면 과거형 was, were를 붙여 **was** sleeping이 되지요. '자고 있는 중일 것이다'로 미래의 동작을 추측하여 표현하고 싶으면 am, are, is 앞에 will을 넣어 **will be** sleeping이 됩니다. 과거동작형, 현재동작형, 미래동작형을 구분하여 학습할 필요가 없는 것이죠.

a. He **was** sleeping at 11 pm yesterday.
   그는 어제 밤 11시에 자고 있는 중이었어.

b. He **is** sleeping now.
   그는 지금 자고 있는 중이야.

c. He **will be** sleeping at 11 pm tomorrow.
   그는 내일 밤 11시에 자고 있는 중일거야.

위의 a~c문장을 보면 be동사의 변화 was, is, will be로 과거, 현재, 미래라는 시간을 알려주고 있습니다. V-ing는 눈에 보이는 동작이기 때문에 시간을 알 수 없습니다. is(이다)+V-ing(동작 중), was(이었다)+V-ing(동작 중), will be(일 것이다)+V-ing(동작 중)으로 be동사의 변화를 통하여 과거, 현재, 미래를 나타냅니다.

a. I was eating when you called me.
   네가 전화 했을 때 나는 식사 중이었어.

b. She burned her arm while she was cooking dinner.
   그녀는 저녁을 요리하는 중에 팔을 데였어.

c. He was waiting for us when we arrived.
   우리가 도착했을 때 그는 우리를 기다리고 있는 중이었어.

d. Jane was driving fast when the accident happened.
   사고가 일어났을 때 제인은 빨리 달리고 있었어.

UNIT 11 과거시제

과거시제란 과거에 일어난 일과 과거의 상태를 표현하는 것으로 동사의 과거형을 사용합니다. '갔다, 샀다, 부자였다'처럼 영어의 과거시제를 우리말로 옮기면 '~ㅆ다'입니다. 영어의 동사과거형을 우리말 '~ㅆ다'로 옮겨 같은 뜻이면 얼마나 좋을까요? 우리말의 과거형과 영어의 과거형이 갖고 있는 사회적 약속이 전혀 다르기 때문에 우리말 과거형을 영어 과거형으로 그대로 옮겨서는 안 됩니다.

1 영어의 동사과거형과 우리말의 동사과거형은 완전히 다릅니다.

우리말 '그는 서울 **갔어**.'를 듣고 '그는 지금 어디에 있어?'라고 물어 보세요. '서울에 있는 거 알면서 왜 물어?'라고 할 것입니다. 우리말 '그는 서울 **갔어**.'는 그는 서울에 갔고 '지금 서울에 그대로 있다.'는 현재의 정보까지 들어 있습니다. 그러나 He **went** to Seoul의 went에는 그가 서울 갔다는 단순한 과거 사실만 알 수 있을 뿐 그가 지금 서울에 있다는 현재의 정보가 없습니다. 그가 지금 서울에 있는지, 돌아와 집에 있는지, 아니면 다른 곳에 가 있는지 전혀 알 수 없습니다. 그래서 아래의 a문장처럼 and he is in Seoul now라고 현재의 정보를 추가로 말해 줘야 그가 지금 서울에 있다는 것을 알 수 있습니다.

a. He **went** to Seoul, and he **is** in Seoul now. 그는 서울 갔고, 지금 서울에 있어.
b. He **has gone** to Seoul. 그는 서울에 가 있어.

우리말 한 문장 '그는 서울 갔어.'를 영어로 표현하면 a문장처럼 두 문장으로 표현해야 같은 뜻이 됩니다. 우리말의 동사과거형은 현재의 정보까지 포함되어 있기 때문에 현재의 상황을 말해 줄 필요가 없습니다. 그러나 영어의 동사과거형은 현재의 정보가 포함되어 있지 않아 현재의 상황을 말해 주어야 하기 때문에 두 문장이 되는 것이죠. 이렇게 한국인과 영어 원어민이 동사과거형에 갖고 있는 사회적 약속은 완전히 다릅니다. a문장처럼 항상 2문장으로 표현해 보세요. 말이 길어지면 말하는 사람도 말을 듣는 사람도 지루해 지겠죠. 그래서 a문장을 줄여서 표현하면 b문장(현재완료)이 됩니다. 우리는 곧 현재완료(have pp)를 배우는데 **영어에 현재완료 표현이 필요한 이유는 동사과거형으로 현재의 정보를 전달하지 못하기 때문입니다.** 영어 학습자가 가장 어려워하는 것 중 하나가 과거시제와 현재완료의 구분이죠. 과거시제와 현재완료의 구분은 UNIT 18에서 자세히 설명해 놓았습니다.

예를 하나 더 들어 볼까요? 우리말 '그는 개를 **샀어**.'는 그가 개를 샀고 그 개를 '지금 그대로 갖고 있다.'라는 현재의 정보까지 포함되어 있습니다. 그러나 He bought a dog의 bought에는 그가 개를 샀다는 단순한 과거사실만 알 수 있을 뿐 그 개를 그가 그대로 갖고 있는지, 되팔거나 분실해서 갖고 있지 않은지 현재의 상황을 전혀 알 수 없습니다. 아래 a문장처럼 and he has it now라는 말을 추가해 줘야만 그가 지금 그 개를 갖고 있다는 것을 알게 되지요. 우리말 '그는 개를 **샀어**.'를 영어로 표현하면 아래의 a문장이 됩니다. a문장을 줄여서 표현하면 현재완료 표현 b문장이 되지요. 즉 우리말 과거형 한 문장을 영어로 표현하면 b문장처럼 현재완료로 표현해야 하는 경우가 많습니다.

a. He **bought** a dog, and he **has** it now.
 그는 개를 샀고, 그는 지금 그 개를 갖고 있어.

b. He **has bought** a dog.
 그는 개를 사 갖고 있어.

영어의 동사과거형은 현재의 정보를 알려주지 않기 때문에 현재의 정보를 추가로 알려줘야 합니다. 그러면 우리말의 동사과거형은 항상 현재의 정보를 알려줄까요? 그렇지 않습니다. 아래 문장을 보세요.

a. He had a sports car. 그는 스포츠카를 갖고 있었어.
b. He was a teacher. 그는 선생님이었어.
c. He loved her. 그는 그녀를 사랑했어.

a문장 '그는 스포츠카를 **갖고 있었어**.'라는 우리말을 듣고 그가 지금 그 차를 갖고 있다고 생각하지 않지요. 그가 지금 그 차를 갖고 있는지는 물어봐야 알 수 있습니다. b문장 '그는 선생님**이었어**.'라는 우리말을 듣고 그가 지금도 선생으로 재직하고 있다고 생각하지 않습니다. 그가 지금 선생으로 있는지 아니면 그만두고 다른 일을 하는지는 물어봐야 알 수 있는 것이죠. c문장 '그는 그녀를 **사랑했어**.'라는 우리말을 듣고 지금도 그가 그녀를 사랑하고 있다고 생각하지 않습니다. 그가 지금도 그녀를 사랑하는지는 물어봐야 알 수 있습니다.

영어의 동사과거형은 현재의 정보를 알려주지 않습니다. 그러나 **우리말의 동사과거형은 대부분 현재의 정보를 알려주지만 일부 상태동사들은 영어와 같이 현재의 정보를 알려주지 않습니다.** 우리는 우리말 문법규칙도 잘 모르는 상태에서 영어문법을 먼저 배우고 있습니다. 그래서 영어가 더 어려운 것이지요.

너무도 중요하여 다시 강조합니다. 한국어 동사과거형은 일부 상태동사를 제외하고 대부분 현재의 정보를 알려 줍니다. 즉 한국어는 동사과거형으로 현재의 상황을 알 수 있는 언어입니다. 그러나 영어는 동사과거형으로 현재의 정보를 알 수 없는 언어입니다. 영어 원어민은 과거는 과거일 뿐 '지금은 모른다, 지금은 알 수 없다'고 생각하는 것이죠. 그래서 현재의 상황을 추가로 말해줘야 하는 것입니다. 영어가 갖고 있는 사회적 약속이 우리와 완전히 다르다는 것을 무시한 채 우리식 사고로 영어를 배우면 엉터리 영어를 배우게 됩니다. **동사과거형에 있어서 우리와 같은 사고방식을 갖고 있는 언어는 일본어, 중국어 등이 있고, 동사과거형에 있어서 영어와 같은 사고방식을 갖고 있는 언어는 프랑스어, 스페인어 등이 있습니다.**

> ■ 과거시제 학습의 핵심 ■
> ① 한국어 동사과거형은 대부분 현재의 정보를 알려준다.
>   그래서 동사과거형으로 현재의 상황을 알 수 있다.
> ② 영어의 동사과거형은 현재의 정보를 알려주지 않는다.
>   그래서 현재의 상황을 추가로 말해줘야 알 수 있다.
> ③ 한국어 동사과거형을 영어로 바꾸면 현재완료로 표현해야하는 경우가 많다.
>   '과거시제+현재시제'로 된 두 문장을 한 문장으로 표현하면 현재완료가 된다.

2 영어의 동사과거형은 언제(when)에 초점을 두고 있습니다.

'그는 서울 갔어.'라고 말하면 영어 원어민은 '**언제** 갔는데?'라고 되묻게 됩니다. 영어 원어민에게 동사과거형은 **언제** 일어났는지 시간이 궁금한 것입니다.

a. **When** did he go to Seoul? 그는 언제 서울 갔는데?
b. He went to Seoul **yesterday**. 그는 어제 서울 갔어.
c. **When** did she come back? 언제 그녀가 돌아왔는데?
d. She came back **3 hours ago**. 그녀는 3시간 전에 돌아 왔어.
e. **What time** did you buy the shoes. 언제 그 신발을 샀어?
f. I bought them **last week**. 지난주에 샀어.
g. **When** did it start raining? 언제 비오기 시작했어?
h. It started raining **at 7**. 7시에 비오기 시작했어.

영어 원어민에게 동사과거형은 **언제** 발생했는지 시간이 궁금한 것이기 때문에 동사과거형을 사용할 때는 yesterday, last night, ago, when(언제), in those days(그 당시에), at that time(=then), just now(조금 전에) 등 과거 시점을 나타내는 시간부사와 함께 사용해서 시간에 대한 궁금증을 해소해 줘야합니다. '그는 서울 갔어.'라고 말하면 '언제?'라고 다시 되묻고, '나는 책을 샀어.'라고 말하면 '언제?'라고 다시 되묻는 식으로 대화가 진행된다면 상당히 비효율적이죠. 그리고 **현재완료(have pp)는 현재시제이기 때문에 과거를 나타내는 과거부사와 함께 사용하지 않습니다.**

a. I received a strange letter **just now**. 나는 조금 전에 이상한 편지를 받았어.
b. They bought a house **last week**. 그들은 지난주에 집을 샀어.
c. He succeeded in business **at that time**. 그는 그 당시에 사업에 성공했어.
d. She married **in 1997**. 그녀는 1997년에 결혼했어.
e. Jill became a professor **10 years ago**. 질은 10년 전에 교수가 되었어.
f. He lost the key **the day before yesterday**. 그는 엊그제 열쇠를 잃어버렸어.
g. He found the key **this morning**. 그는 오늘 아침에 열쇠를 찾았어.
h. **In those days**, he was very rich. 그 당시에, 그는 매우 부유했어.
i. **At that time**, I was an elementary school student. 그 당시에, 난 초등학생이었어.

3 우리말의 동사과거형 '~ㅆ다'는 어떠한 예외를 두지 않고 항상 과거입니다.

즉 과거형 '~했다'를 현재와 미래에 사용하지 않는다는 것이죠. 그러나 영어의 동사과거형은 그렇지 않습니다. 아래 문장을 보세요.

a. I am hungry. I **could** eat a horse. 나 배고파. 말 한 마리를 먹을 수도 있어.
b. You **had** better go right now. 너 지금 바로 가는 것이 좋겠어.
c. If I **were** you, I **would** not buy it. 내가 너라면, 그것을 사지 않을 텐데.
d. He talks as if he **were** my father. 그는 마치 나의 아버지인 것처럼 말해.

a문장의 could는 조동사의 과거형이지만 현재와 미래에 사용하면 '~할 수도 있다'입니다. b문장의 had는 과거형이지만 had better는 '~하는 것이 좋겠어.'로 현재시제를 나타냅니다. c~d문장은 가정법 표현으로 were와 would는 동사과거형이지만 해석하면 현재시제와 같습니다. 우리말 문법은 과거, 현재, 미래가 엄격하게 지켜지는 언어로 한국어의 동사과거형은 예외 없이 항상 과거로만 사용합니다. 우리말 문법이 갖고 있는 엄격한 시간개념이 영어 학습에 어려움을 주고 있지요. **영어 동사과거형은 상황에 따라서 현재가 되기도 하고, 상황에 따라서 미래가 되기도 하기 때문에 시제에 대한 유연한 사고를 가져야 합니다.** 그래야만 나중에 학습할 조동사, 가정법 학습이 쉬워집니다. 21C를 살아가는 우리는 영어 이외에도 다양한 외국어를 배우고 있지요. 시제에 대한 유연한 사고를 갖게 되면 영어뿐만 아니라 중국어, 인도네시아어처럼 시제 자체가 없는 동작중심의 언어를 쉽게 배울 수 있습니다.

UNIT 12 과거분사

과거분사는 시제, 수동태, 조동사, 부정사, 동명사, 분사 등 거의 대부분의 문법영역에 등장하기 때문에 과거분사는 영어 학습에 가장 중요합니다. 과거분사를 모르면 영어를 모르는 것과 같습니다. 과거분사가 무엇인지 알려면 먼저 동사를 동작동사와 상태동사로 구분해야 합니다. 동작동사와 상태동사의 구분은 UNIT 4에서 이미 학습했습니다. 과거 일본학자들은 과거분사의 핵심개념을 파악하지 못한 상태에서 영문법을 만들었기 때문에 엉터리 공식을 남발할 수밖에 없었습니다. 과거분사에 대한 명확한 정의를 내려놓은 책은 국내외 어디에도 없습니다. 『영문법 쇼크』에서 최초로 과거분사에 대한 명확한 정의를 내렸습니다. 이것은 분명 역사적인 진격(historic run)입니다.

과거분사는 영어로 past participle인데 흔히 약자를 따서 pp로 표시합니다. 과거분사란 문법용어는 영어의 past participle을 그대로 번역한 것이죠. 과거분사(過去分詞)를 한자로 풀이 하면 '과거에서 분리되어 나온 말'입니다. 과거분사는 과거와는 전혀 상관없는데 과거분사라는 용어에 과거라는 단어가 들어있기 때문에 과거와 비슷한 것으로 착각하는 영어 학습자들이 많습니다. 과거분사는 불규칙 변화를 제외하고 동사원형에 -ed를 붙여서 만듭니다. 그래서 과거분사를 V-ed로 표시하기도 합니다. 앞으로 이 책에선 과거분사를 pp 또는 V-ed로 표시하겠습니다. clean의 과거분사는 clean(동사원형)+ed(접미사)인데 접미사 -ed는 '~을 갖고 있는'으로 have입니다. **단어 끝에 붙어 있는 -ed는 품사를 무시하고 '~을 갖고 있는'입니다.** 걸 그룹 가수 Brown Ey**ed** Girls는 '갈색 눈을 갖고 있는 소녀들'이죠. -ed=have임을 반드시 기억하세요. 과거분사의 품사는 명사, 형용사입니다. have fix**ed**, be fix**ed**, a fix**ed** door처럼 과거분사는 'have+과거분사, be+과거분사, 과거분사+명사' 형태로 사용합니다. I have a book, I am a boy처럼 have와 be동사는 뒤에 명사를 연결하여 사용하는데 have와 be에 연결하여 사용하는 과거분사 역시 명사인 것이죠. 또 a happy boy처럼 a fixed door에서 명사 앞에 있는 과거분사 fixed는 형용사입니다.

- 과거분사는 불규칙을 제외하고 동사원형에 -ed를 붙여 만든다.
- 동사원형에 붙이는 -ed의 의미는 '~을 갖고 있는(have, with)'이다.
- 과거분사의 품사는 명사, 형용사이다.

동사를 동작동사와 상태동사로 구분하고, 과거분사의 -ed=have, 과거분사의 품사는 명사, 형용사임을 기억하세요. 이제 과거분사를 정의하겠습니다.

> ■ 과거분사의 정의 ■
> ① 동작동사의 과거분사는 동작 완료이다.
> ② 상태동사의 과거분사는 상태 변화이다.

우리는 현재**완료**란 문법용어로 인해 완료가 무엇인지 잘 몰라도 완료란 용어에 익숙합니다. 우리말은 시간중심의 언어로 '했었다, 했다, 한다, 할 것이다'처럼 동사변화로 시간을 나타내는 언어입니다. 그러나 중국어, 인도네시아어 등은 동작중심의 언어로 동사변화로 시간을 나타내지 못합니다. '하기 시작하다, 하고 있는 중이다, 완료 했다'처럼 동작의 진행단계(aspect)로 동사를 활용합니다. 시간은 동사활용으로 나타내지 못하고 ago, yesterday, tomorrow와 같은 시간부사로 나타냅니다. 이렇게 언어는 시간중심의 언어, 동작중심의 언어, 시간과 동작이 모두 나타나는 언어가 있습니다. 영어는 시간개념과 동작개념이 모두 들어있는 언어입니다. **완료개념은 시간중심의 언어가 아닌 동작중심의 언어에서 나타나는 문법 성분입니다.** 우리말 문법에는 영어의 과거분사에 해당하는 완료개념이 없습니다. 그래서 우리에게 완료개념은 생소한 개념이죠.

완료란 동작 완료의 줄임말로 **동작동사의 과거분사는 동작 완료입니다.** 완료(完了)란 '완전할 완, 끝마칠 료'로 하고 있던 동작(=행동, 일)을 완전히 끝마치는 것입니다. 완전히 끝마친다는 것은 모자라거나, 부족하거나, 빠뜨림 없이 끝내는 것을 말하죠. 영어로는 completely finish입니다. 할 일을 일부분 남겨두어 불완전하게 끝마치는 것은 완료가 아닙니다. 완료의 동의어는 완성, 완결, 종료, 종결입니다. 중국영문법은 완료라는 용어를 사용하지 않고 완성(完成)이란 용어를 사용합니다. 앞에서 진행형이란 문법용어를 버리고 동작형이란 용어를 사용해야한다고 강조했습니다. 동작동사에 -ing를 붙이면 '진행 중'이 아니라 '동작 중'이죠. '동작 중-동작 **완료**'가 되는 것입니다. 현재분사(V-ing)는 동작 중임을 나타내고, 과거분사(V-ed)는 동작 완료를 나타냅니다. 현재분사와 과거분사와의 관계를 아시겠습니까? 과거분사는 동작 완료로 현재분사와 연결되어 있는 것으로 과거와는 전혀 상관없습니다. **완료는 '시작-동작 중-동작 완료'로 동작을 시작해서 완전히 끝마치는 과정 중에서 마지막 단계입니다.** 참고로 프랑스어, 아랍어 문법에선 진행형이란 문법용어를 사용하지 않고 미완료란 용어를 사용합니다. '동작 **중**-동작 **완료**', '동작 미완료-동작 완료'는 용어만 다를 뿐 같은 뜻이죠.

완료가 무엇인지는 직접 행동(=동작)으로 옮겨보면 바로 알 수 있습니다. 방 청소를 **시작**해 보세요. 침대, 바닥 등을 쓸고, 닦고, 정리하는 동작이 clean**ing** my room으로 '방 청소하고 있는 **중**'입니다. 앞에 I am을 붙이면 '방 청소하고 있는 중이다.'가 되지요. 더 이상 청소할 곳이 없으면 청소를 끝마쳐야죠. 청소를 다 했다고 판단되면 '청소 **완료**!, 청소 **종료**!, 청소 **끝**!'이라고 외쳐 보세요. '청소 **시작**-청소 **중**-청소 **완료**'입니다. clean**ing**(청소 중)의 완료는 과거분사 clean**ed**(청소 **완료**)입니다. clean**ed** my room은 '방 청소 완료'입니다. 과거분사는 동사가 아니라 명사이기 때문에 '방 청소 완료했다.'가 아니라 '방 청소 완료'가 됩니다. 이제 방 청소 완료상태가 어떤 상태인지 눈으로 직접 보세요. 방 청소를 완료한 상태는 방이 깨끗한 상태죠. 과거분사 clean**ed**는 '청소 완료'로 청소 완료상태는 깨끗한 상태를 말합니다. I have(나는 가지고 있다)를 붙인 I have **cleaned my room**은 '나는 방 청소 완료상태를 갖고 있다.'로 방 청소를 완료해서 깨끗한 상태의 방을 갖고 있다는 것이죠. 책상만 정리했거나 바닥만 쓸고 청소를 마쳤다면 청소할 것이 남아 있는 것으로 그것은 완료가 아니라 미완료입니다.

이제 영화를 바탕화면에 내려받기해 보세요. 어느 사이트에 들어가서 클릭하니 파일이 넘어오고 있나요? 그것이 '다운로드 **중**(download**ing**)'입니다. 앞에 I am을 붙이면 '다운로드하고 있는 중이다.'가 됩니다. 파일이 넘어 오는 동안에 load**ing**이란 표시가 떠 있는 것을 흔히 보지요. 파일이 모두 바탕화면에 넘어 오면 '다운로드 완료!, 다운로드 종료!'라고 하세요. 그것이 과거분사 download**ed** a movie(영화 다운로드 **완료**)입니다. 영화 파일의 일부만 넘어오면 그것은 완료가 아니죠. 이제 다운로드 완료상태를 눈으로 보세요. 다운로드 완료상태는 내려 받은 영화 파일을 바탕화면에 갖고 있는 상태를 말합니다. 앞에 I have(나는 가지고 있다)를 붙인 I have downloaded a movie는 '나는 영화를 내려 받은 상태 그대로 갖고 있다.'가 되지요.

방 청소를 완료해 놓아 깨끗한 상태의 방을 보고 과거라는 시간을 느끼나요? 다운로드를 완료해 놓아 바탕화면에 있는 영화파일을 보고 과거라는 시간을 느끼나요? 그렇다면 독특한 사고 체계를 갖고 있는 것입니다. **과거분사는 동작을 완료해 놓은 상태이기 때문에 어떤 상태인지 눈으로 보거나 확인 할 수 있습니다.** 그러나 흘러간 과거 시간은 눈으로 확인할 수 없지요. 과거는 흘러간 **시간**이고 과거분사는 동작을 완료해(=끝마쳐) 놓은 **상태**입니다. 과거와 과거분사의 비교는 다음 장에서 자세히 설명합니다. 완료개념은 UNIT 15에서 더 자세하게 학습하게 됩니다. 계속 읽어나가면 저절로 알게 됩니다.

이제 상태동사의 과거분사로 넘어갑니다. 동작동사의 과거분사는 동작 완료이고 **상태동사의 과거분사는 상태 변화**입니다. 동작은 완료하는 것이고, 상태는 변하고 바뀌는 것이죠. 완료는 동작동사에만 적용되는 개념입니다. He has **become a teacher**에서 become a teacher는 '선생님이 된 상태'로 선생님이 아닌 상태에서 선생님이 된 상태를 말합니다. 과거분사는 명사이기 때문에 '선생님이 되었다'가 아니라 '선생님이 된 상태'입니다. 학생이 선생님이 되는 것은 신분이 변하고 직업이 변한 것이죠. 앞에 He has를 붙이면 '그는 선생님이 된 상태를 그대로 갖고 있어.'로 그가 선생님이 되어 현재 선생으로 일하고 있다는 것입니다.

TV에 '우리 아이가 달라졌어요.'라는 프로그램이 있습니다. 버릇없는 아이가 공손한 아이로 변화하는 과정을 담고 있지요. She has **become polite**의 become polite는 '공손하게 된 상태'입니다. 즉 공손하지 않은 아이가 공손한 상태로 성격이 바뀌고 변한 것이죠. 앞에 She has를 붙이면 '그녀는 공손하게 된 상태를 그대로 갖고 있어.'로 그녀의 성격이 공손하게 변하여 지금도 공손한 상태 그대로 있다는 것입니다. I have **had a headache**의 had a headache는 '두통을 가진 상태'입니다. 나에게 없던 두통이 생겨 두통을 갖고 있는 상태로 변한 것이죠. 앞에 I have를 붙이면 '나는 두통을 가진 상태를 그대로 갖고 있어.'가 됩니다. '선생님이 된 상태, 공손하게 된 상태, 두통을 가진 상태'를 보고 과거라는 시간을 느끼지 않습니다. 과거분사는 지금 눈앞에 보이는 어떤 상태를 말하는 것이죠. 상태 변화는 UNIT 16에서 더 자세하게 학습합니다.

과거분사를 동작 완료, 상태 변화라고 정의했다면 논리적인 근거가 있어야 합니다. 앞에서 설명한 바와 같이 우리말은 '했었다, 했다, 한다, 할 것이다'처럼 동사활용을 통하여 과거, 현재, 미래를 명확하게 나타내는 시간중심의 언어입니다. 그런데 동사로 시간을 나타내지 못하는 언어들이 있습니다. 중국어는 동작의 진행 단계로 동사를 활용하고 과거, 현재, 미래라는 시간은 시간부사로 나타냅니다. 중국어 동작동사는 '동작 **중이다**'와 '동작을 **완료했다**'로 활용하고, 상태동사는 '상태가 **변했다**'고 활용합니다.

중국어 동작동사 :	동작 중	동작 완료
중국어 상태동사 :	X	상태 변화

완료(完了)의 了는 '끝마칠 료'입니다. 완료란 하고 있던 동작을 완전히 끝마치는 것이죠. 중국어 발음으로 了는 '러(le)'인데 중국어는 동작동사 끝에 了를 붙여서 동작이 완료되었음을 나타내고, 상태동사 끝에 了를 붙여 상태가 변했음을 나타냅니다. 영어는 동작동사 끝에 -ed를 붙여서 동작이 완료되었음을 나타내고, 상태동사 끝에 -ed를 붙여서 상태가 변했음을 나타냅니다. 중국어의 완료와 변화는 '동사원형 +了'이고, 영어의 완료와 변화는 '동사원형+-ed'로 같은 원리를 갖고 있는 것입니다. 중국어 완료와 변화는 동사이기 때문에 '완료했다', '변했다'이고 영어의 완료와 변화는 명사이기 때문에 '완료상태', '변화 상태'가 되는 것입니다. 과거분사는 동사원형(=현재시제)에 -ed를 붙인 것으로 현재시제에서 분리되어 나온 것이지 과거에서 분리되어 나온 것이 아닙니다.

제가 과거분사를 동작 완료, 상태 변화라고 정의를 내린 것은 영어와 같은 언어 영역에 있는 중국어의 완료개념을 영어에 도입한 것입니다. 과거분사 개념을 정립하기까지 15년이란 시간이 걸렸습니다. 제가 중국어를 배우지 않았더라면 『영문법 쇼크』는 출간되지 못했을 것입니다. 한국어와 일본어는 교착어, 영어와 중국어는 고립어, 독일어와 프랑스어는 굴절어로 같은 언어 영역에 있습니다. 한국어와 일본어는 같은 언어 영역에 있어서 우리는 일본어를 쉽게 배우지요. 영어와 중국어는 같은 영역에 있는 언어로 공통점이 상당히 많습니다. 중국인이 영어를 쉽게 배우는 것은 같은 언어영역에 있기 때문이죠. 여러분들은 영어의 과거분사 개념과 중국어 동사 활용법을 동시에 익힌 것입니다. 같은 영역에 있는 언어는 학습법이 같아야합니다. 이후에 중국어를 학습한다면 중국어 학습이 상당히 쉽다는 것을 알게 될 것입니다.

■ 과거분사의 정의 ■
① 동작동사의 과거분사는 동작 완료이다.
② 상태동사의 과거분사는 상태 변화이다.

UNIT 13 과거와 과거분사

아래 표를 보세요. 과거, 현재, 미래는 시간을 나타내고, 현재분사와 과거분사는 동작 상태를 나타냅니다. 동작은 시간과 상관없기 때문에 과거, 현재, 미래 모두에 자유롭게 사용하는 것입니다. 표에서 위치를 보세요. '과거-현재-미래'라는 시간 라인과 '현재분사-과거분사'라는 동작 라인을 보면 과거와 과거분사는 전혀 다른 라인에 있음을 알 수 있습니다.

시간 \ 동작	현재분사 (동작 중)	과거분사 (동작 완료/ 상태 변화)
미 래		
현 재		
과 거		

'현재-**과거-과거분사**'로 연결하여 암기하는 동사 3단 변화는 사람이 갖고 있는 언어적 사고를 완전히 무너뜨리는 것입니다. 영어 동사는 '현재-과거'로 활용하고 '현재분사-과거분사'로 활용하는 것입니다. 과거분사는 현재분사와 연결되어 있는 것이지 과거와 연결되어 있는 것이 아닙니다. 시간 개념과 동작개념을 구분하지 않고 우리식 사고방식으로 영어를 학습하기 때문에 영어가 더 어려운 것입니다. **과거분사는 과거와 전혀 상관없습니다.**

과거형은 동사이기 때문에 '주어+과거형'으로 사용합니다. 과거분사는 명사, 형용사로 단독으로 사용할 수 없기 때문에 'have+과거분사, be+과거분사, 과거분사+명사'로 사용합니다. go-went-gone처럼 과거와 과거분사의 모양이 완전히 다른 경우에는 단어만 보고 구분 할 수 있지요. 그러나 fix-fix**ed**-fix**ed**처럼 과거와 과거분사의 모양이 같은 경우엔 단어가 놓여 있는 위치를 보고 파악해야 합니다. I fixed~의 fixed는 주어 바로 뒤에 있기 때문에 과거형이고, I have fixed~, My car was fixed~처럼 have, be 뒤에 있으면 fixed는 과거분사인 것이죠. 또 the fixed door처럼 명사 앞에 있어도 과거분사입니다. The door is fixed로 단어 배열 순서를 바꿔보면 fixed가 be동사와 결합하는 과거분사임을 알 수 있지요. **과거와 과거분사는 사용되는 위치가 전혀 다릅니다.**

동사과거형은 언제 발생했는지 발생 **시점**을 알려줍니다. 과거분사는 명사로 '동작이 완료된 **상태**, 상태가 변한 **상태**'로 **상태**를 알려줍니다. 과거는 시간이기 때문에 과거의 어느 시점을 지금 눈으로 볼 수 없지만 과거분사는 상태이기 때문에 지금 눈으로 보거나 확인할 수 있습니다.

I **washed** my car는 '나는 **세차했어**.'로 과거형 washed는 **언제** 세차를 했는지 세차한 시점이 궁금한 것입니다. 그래서 I washed my car **yesterday**처럼 yesterday라는 과거시점을 넣어 표현해 줘야 듣는 사람에게 시간에 대한 궁금증을 해소해 주게 되지요. 어제 세차를 했다는 것만 알 수 있을 뿐 지금 차가 깨끗한지 다시 지저분해져 있는지 현재의 상태는 전혀 알 수 없습니다. 영어의 과거시제는 현재의 정보를 알려주지 않습니다.

과거분사를 사용한 washed my car는 '세차 완료 했다.'를 명사로 바꾼 '세차 완료상태'입니다. 과거분사의 품사가 명사이기 때문에 명사로 바꾸는 것이죠. '세차 완료상태'는 '차가 깨끗한 상태'로 눈으로 직접 볼 수 있습니다. 앞에 I have를 붙이면 I have(나는 가지고 있어.)+washed my car(세차 완료상태-차가 깨끗한 상태)로 '나는 세차를 완료하여 깨끗한 상태의 차를 갖고 있어.'가 됩니다. He **became** a teacher는 '그는 선생님이 **되었어**.'로 그가 **언제** 선생님이 되었는지 시간이 궁금한 것입니다. 그래서 He became a teacher **last year**처럼 last year라는 과거시점을 넣어 표현해 줘야 듣는 사람에게 시간에 대한 궁금증을 해소해 주게 됩니다. 그가 지난해에 선생님이 되었다는 것만 알 수 있을 뿐 그가 지금 선생님인지 아닌지는 알 수 없습니다. 과거분사를 사용한 **become** a teacher는 '선생이 되었어.'를 명사로 바꾼 '선생이 된 상태'로 지금 선생님 신분을 갖고 있는 상태를 말합니다. 선생님이 아닌 상태에서 선생님이 된 상태로 직업과 신분이 변한 상태를 말하죠. 앞에 He has를 붙이면 He has(그는 가지고 있어.)+become a teacher(선생님이 된 상태)로 '그는 선생님이 된 상태를 갖고 있어.'로 그가 선생님이 되어 지금 선생님 신분을 갖고 있다는(=재직 중이라는) 것입니다. 이와 같이 과거와 과거분사는 전혀 다릅니다. 과거형과 과거분사의 어미 -ed는 '~을 갖고 있는(have)'입니다. **과거형의 -ed는 언제 발생했는지 시간을 갖고 있다는 것이고, 과거분사의 -ed는 '동작이 완료된 상태, 상태가 변한 상태'로 어떤 상태를 갖고 있다는 것입니다.** 과거는 시간이고 과거분사는 상태입니다.

상점 문에 걸어둔 Closed란 푯말을 본 적 있나요? Closed는 '닫았다'는 과거가 아니라 '문이 닫힌 **상태**'로 과거분사입니다. 건물이나 사무실 입구의 문은 두 개로 되어 있죠. 보통 왼쪽문은 고정시켜 놓고 Fixed라고 붙여 놓은 곳이 많습니다. fixed는 '고정했다'는 과거가 아니라 '고정되어 있는 **상태**'라는 과거분사죠. 우리는 고정되어 있는 상태의 문을 보고 과거라는 시간을 느끼지 않습니다. 우리는 일상생활에서 흔히 보는 영어 문구를 통하여 과거분사가 **상태**임을 이미 알고 있습니다.

UNIT 14 현재완료의 역사

현재완료(have pp)에서 have는 '~을 가지고 있다, (시간)을 보내다'이고 과거분사(pp)는 '동작 완료, 상태 변화'입니다. 단어와 단어를 결합하면 현재완료는 아래와 같습니다.

> ■ **현재완료(have+과거분사)** ■
> a. have(~을 갖고 있다)+완료상태 = 지금 완료상태 그대로 갖고 있다
> b. have(~을 갖고 있다)+변화상태 = 지금 변화상태 그대로 갖고 있다

현재완료의 역사를 거슬러 올라가 보면 have pp는 have라는 단어와 과거분사의 결합이지 have pp를 하나로 묶어 완료, 경험, 계속, 결과라는 공식이 아님을 알 수 있습니다. 8~9C까지 거슬러 올라가보니 그 당시에 영국인들은 오늘날과 같은 'have+과거분사'를 사용하지 않았습니다. 과거 영국인들은 **자동사인 경우에**는 대부분 아래 a문장처럼, **타동사인 경우에**는 b문장처럼 표현했습니다. 자동사, 타동사의 구분이 영어 학습에 왜 중요한지 아시겠지요. a문장과 b문장을 보면 과거 영국인이 사용하던 현재완료는 오늘날의 현재완료와는 전혀 다릅니다.

a. She **is arrived**. (현대영어: She **has arrived**.)
b. I **have** my key **lost**. (현대영어: I **have lost** my key.)

a문장은 She(그녀는)+is(있다)+arrived(도착상태)로 '그녀는 도착해 있다.'입니다. 그녀가 도착해서 다른 곳에 가지 않고 도착 상태 그대로 있다는 것이죠. **과거 영국인들은 대부분의 자동사에 She has arrived처럼 has를 사용하지 않고 She is arrived처럼 be동사를 사용**했습니다. 15C 이후에 She has arrived처럼 오늘날의 have pp형태로 정착하게 된 것이죠. She is의 축약형이 She's가 되고, She has의 축약형 역시 She's가 됨으로써 is=has현상이 발생했기 때문입니다. 현대영어에선 She has gone처럼 have동사를 더 많이 사용하지만 She is gone처럼 be동사와 결합한 옛날 표현방식도 그대로 사용하고 있습니다. 우리는 'be+과거분사=수동태'란 공식이 머릿속에 깊이 박혀 있기 때문에 'be+과거분사'가 수동태가 아님에도 불구하고 수동태로 해석하는 경우가 많습니다. **일부 자동사에 있어서 'be+과거분사=have+과거분사'임을 잊어서는 안 됩니다.** 이 부분은 UNIT 45에서 자세히 학습합니다.

b문장을 보세요. 우리는 I **have lost** my key로 표현하는데 과거 영국인들은 I **have** my key **lost**처럼 과거분사를 뒤에 두고 사용했습니다. I have my key lost는 I have(나는 가지고 있다)+my key **was lost**(나의 열쇠는 **분실 되었어**.)의 결합입니다. 나의 열쇠는 분실되었고, 그 상태를 지금도 have하고 있다는 것이죠. my key **was lost**는 '나의 열쇠는 **분실되었어**.'로 수동태입니다. be 동사는 과거분사와 결합하여 사용하는 것이고 과거분사 앞에 be동사가 있다는 것은 누구나 다 알기 때문에 be동사를 생략합니다. be동사를 생략한 my key lost는 '열쇠가 분실된 상태'가 됩니다. 이제 결합해 보세요. I have+my key lost는 '나는 열쇠가 분실된 상태를 (그대로) **갖고 있어**'로 have는 '~을 갖고 있다'는 본래의 뜻입니다. 열쇠가 분실 되고 하루, 한 달, 1년, 10년, 100년이 흘러도 분실상태 그대로 있으면 have를 붙이는 것입니다. I have my key lost에서 I have my key 까지만 보면 have는 '~을 가지고 있다'는 본래의 뜻임을 알 수 있고, **오늘날의 have pp는 'have+ 수동태 문장'의 결합에서 과거분사가 명사 앞으로 이동한 것임을 알 수 있습니다.**

원래 영국인은 I **have** my key **lost** 어순으로 사용하고 있었는데 8C무렵부터 **갑자기** 뒤에 있던 과거분사 lost를 목적어(명사) 앞으로 이동시켜 I **have lost** my key처럼 사용하기 시작했습니다. 오늘날의 현재완료 have pp는 8C에 탄생하여 15~16C에 완전히 정착한 표현방식입니다. 그런데 왜 갑자기 뒤에 있던 과거분사를 목적어(명사) 앞으로 이동시켜 사용하게 되었을까요? 그것은 전치사가 출현한 시기와 거의 같은 시기이기 때문으로 판단됩니다. '학교에'란 표현이 '에+학교'로 명사 뒤에 붙어 있던 조사(=전치사)를 명사 앞으로 이동시켜 전치사 to가 출현한 시기와, 뒤에 있던 과거분사를 목적어(명사) 앞으로 이동시켜 have pp가 출현한 시기가 거의 같습니다. 뒤에 있던 조사를 명사 앞으로, 뒤에 있던 과거분사를 명사 앞으로 이동시키는 것이 그 당시의 흐름이었던 것이죠. 참고로 위의 a와 b문장은 현대 독일어 표현방식입니다. 영어는 독일어에서 출발했지만 시간이 흘러 독일어와는 전혀 다른 언어가 되었습니다. 독일어는 '과거=현재완료'라는 사회적 약속을 갖고 있지만 영어는 과거와 현재완료가 전혀 다른 언어죠. 영국이 프랑스의 식민 지배를 받으면서 프랑스어 문법의 영향으로 독일인의 사고방식에서 프랑스인의 사고방식으로 바뀌어버린 것입니다. 우리의 조상들은 수동태 표현을 거의 사용하지 않았다고 합니다. 6.25전쟁이후 대한민국이 미국 문화권에 들어가고 우리가 영어를 적극적으로 배움으로 인해서 우리의 사고가 바뀐 것이지요. 이렇게 사람의 사고란 계속 바뀌는 것입니다.

현재완료의 역사를 아무 이유 없이 자세히 설명한 것이 아닙니다. 우리는 현재완료의 역사에서 아래와 같이 영어 학습에 있어서 매우 중요한 학습 포인트를 기억해야 합니다.

1 have는 'vt.~을 가지고 있다'는 본래의 뜻이다.
have pp는 have와 과거분사(pp)의 결합이지 하나로 묶인 공식이 아니다.

2 'be+과거분사'는 무조건 수동태가 아니다.
자동사인 경우에 'be+과거분사=have+과거분사'이다.

3 현재완료(have pp)는 'have+목적어+과거분사(pp)'어순에서 과거분사가 목적어 앞으로 이동한 것이다. 현재완료 표현이 쉽게 이해되지 않는 경우 과거분사를 목적어 뒤로 돌려 수동태 문장으로 바꿔 보면 의미 파악이 바로 된다. 오늘날의 have pp는 'have+수동태 문장'에서 출발했다는 것을 기억해야한다.

4 과거분사는 be동사와 결합하여 사용하는 것임을 누구나 알고 있기 때문에 과거분사 앞에 있는 be동사는 생략된다. 과거분사 앞에 생략된 be동사를 채워 넣으면 문장 전체 구조를 쉽게 알 수 있다. UNIT 70과 UNIT 77에서 학습하게 된다.

UNIT 15 현재완료(have+동작 완료)

■ 현재완료(have+과거분사) ■
① have(~을 갖고 있다)+동작 완료 = 지금 완료상태 그대로 갖고 있다
② have(~을 갖고 있다)+상태 변화 = 지금 변화상태 그대로 갖고 있다

영어에서 현재완료 표현이 필요한 이유는 과거시제가 현재의 정보를 알려주지 않기 때문임을 앞에서 배웠습니다. 동작동사의 과거분사는 동작 **완료**이고 상태동사의 과거분사는 상태 **변화**입니다. 이 장에선 'have+동작 완료'를 학습합니다. have pp는 '동작 완료상태를 지금 그대로 갖고 있다'로 줄여서 표현하면 '동작 완료상태 그대로 있다'입니다. **have는** '~을 그대로 갖고 있다'로 줄여서 표현하면 '그대로 있다'입니다. 우리는 동작을 완료해 놓은 완료상태가 어떤 상태인지만 알면 되는 것이죠. 우리말 과거시제 '~했다'에는 '그대로 있다(have)'는 뜻이 포함되어 있기 때문에 우리말은 현재완료 표현이 필요 없습니다.

a. I am **coming to my friend's house**. 난 친구 집에 가고 있는 중이야.
b. I have **come to my friend's house**. 난 친구 집에 온 상태 그대로 있어. (=와 있어.)

coming은 친구 집에 '가고 있는 중'이죠. 친구 집에 도착하면 가고 있는 동작이 완료됩니다. 과거분사 come은 '온(=도착한) 상태'입니다. have come은 have(그대로 있다)+come(온 상태)로 '온 상태 그대로 있다'를 줄여서 표현하면 '와 있다'가 됩니다. 친구 집에 도착해서 도착한 상태 그대로 친구 집에 있으면 1분이든, 10분이든, 1달이든, 10년이든 앞에 have(그대로 있다)를 붙이는 것입니다. come은 'vi.오다, 가다'로 말하는 사람 쪽으로 가거나 상대편과 함께 갈 때는 go가 아니라 come입니다.

a. The train is **arriving**. 기차가 도착하고 있는 중이야.
b. The train has **arrived**. 기차가 도착한 상태 그대로 있어. (=도착해 있어.)

기차가 역으로 들어오고 있습니다. arriving은 '도착하고 있는 중'이죠. 기차는 역에 도착하여 정지 상태로 서 있게 되는데 그것이 과거분사 arrived(도착 완료)입니다. has arrived는 has(그대로 있다)+arrived(도착 완료상태)로 '도착 완료상태 그대로 있다'를 줄여서 표현하면 '도착 해 있다'가 됩니다. 역에 도착하여 정지 상태 그대로 있으면 1분, 5분, 10분, 10년이든 앞에 have를 붙이세요.

a. They have **moved to Seoul**. 그들은 서울로 이사 간 상태 그대로 있어. (=이사가 있어.)
b. She has **gone to China**. 그녀는 중국에 간(=도착한) 상태 그대로 있어. (=중국 가 있어.)
c. He has **gone out**. 그는 밖에 나간 상태 그대로 있어. (=밖에 나가 있어.)
d. The train has **stopped**. 기차는 멈춘 상태 그대로 있어. (=멈추어 있어.)
e. I have **gotten up**. 나는 일어난 상태 그대로 있어. (=일어나 있어.)
f. I have **gotten out of the hospital**. 나는 퇴원한 상태 그대로 있어. (=퇴원 해 있어.)
g. Look! There has **been an accident**. 봐! 사고가 일어난 상태 그대로 있어. (=일어나 있어.)

● a문장의 moved to Seoul은 '서울로 이사한 상태'입니다. '서울로 이사한 상태 그대로 있다'를 줄여서 표현하면 '서울에 이사 가 있다'가 됩니다. have는 '그대로 있다'일 뿐이죠. 서울로 이사를 간 상태에서 지금 서울에 그대로 살고 있으면 앞에 have를 붙이세요.

● b문장의 gone to China는 '중국에 간 상태'입니다. '중국 간 상태 그대로 있다'를 줄여서 표현하면 '중국 가 있다'가 됩니다. 중국에 도착한 상태 그대로 지금 중국에 있으면 앞에 have를 붙이세요. I have gone to China는 '나는 지금 중국 가 있어.'로 지금 여기서 말하고 있는 사람이 지금 중국에 가 있다고 말하면 황당한 말이 되지요. 그럼 지금 여기서 말하고 있는 나는 귀신이란 말이 됩니다. have gone에 I, you를 사용하면 말 자체가 황당한 말이 되기 때문에 사용하지 않는 것이죠.

● c문장의 gone out는 '밖에 나간 상태'입니다. '밖에 나간 상태 그대로 있다'를 줄여서 표현하면 '밖에 나가 있다'입니다.

● d문장의 stopped는 '멈춘 상태'입니다. '멈춘 상태 그대로 있다'를 줄여서 표현하면 '멈추어 있다'가 됩니다.

● e문장의 gotten up은 잠자리에서 '일어난 상태'입니다. '일어난 상태 그대로 있다'를 줄여서 표현하면 '일어나 있다'입니다. 잠자리에서 일어나 다시 눕지 않고 up상태 그대로 있으면 앞에 have를 붙이세요.

● f문장의 gotten out of the hospital은 '병원에서 밖으로 나간 상태'로 '퇴원한 상태'입니다. '퇴원한 상태 그대로 있다'를 줄여서 표현하면 '퇴원 해 있다'가 됩니다.

● g문장의 been an accident는 '사고가 일어난 상태'입니다. be는 많은 뜻이 있는데 '오다, 가다, 다녀오다, **발생하다**(happen), 참여하다'입니다. '일어난 상태 그대로 있다'를 줄여서 표현하면 '일어나 있다'입니다. 사고가 일어난 상태 그대로 있으니 사고 현장을 Look!하라는 것이지요. have는 '그대로 있다'일 뿐입니다. 우리는 동작이 끝난 완료상태가 어떤 상태인지 알면 되는 것입니다.

a. My English has **improved**. 나의 영어는 향상 된 상태 그대로 있어. (=향상 되어 있어.)
b. The bus fare has **gone up**. 버스 요금이 올라간 상태 그대로 있어. (=올라가 있어.)
c. The temperature has **dropped**. 기온이 떨어진 상태 그대로 있어. (=떨어져 있어.)
d. She has **gone off**. 그녀는 떠난 상태 그대로 있어. (=떠나가 있어.)
e. A frame has **fallen on the floor**. 액자가 마루에 떨어진 상태 그대로 있어. (=떨어져 있어.)

● a문장의 improve는 'vi.향상되다'로 **improved**는 '향상된 상태'입니다. '향상된 상태 그대로 있다'를 줄여서 표현하면 '향상되어 있다'입니다. 영어 테스트에서 C등급을 받던 사람이 A등급을 받으면 영어 실력이 향상된 상태가 되죠. 영어 실력이 떨어지지 않고 A등급 그대로 있으면 have를 붙이세요.

● b문장의 **gone up**은 '올라간 상태'입니다. '올라간 상태 그대로 있다'를 줄여서 표현하면 '올라가 있다'입니다. 버스 요금이 1000원에서 1200원으로 올라가 1200원 상태로 계속 있다는 것이죠.

● c문장의 **dropped**는 '떨어진 상태'입니다. '떨어진 상태 그대로 있다'를 줄여서 표현하면 '떨어져 있다'가 됩니다. 기온이 20도에서 4도로 뚝 떨어지는 경우가 많죠. 기온이 올라가지 않고 4도 상태 그대로 있다는 것입니다.

● d문장의 **gone off**는 '떠난 상태'입니다. '떠난 상태 그대로 있다'를 줄여서 표현하면 '떠나 있다'입니다. 그녀가 떠나서 돌아오지 않는 상태로 있다는 것이죠. go off가 왜 '떠나다(leave)'는 의미가 되는지는 『전치사 쇼크』106p를 읽어보세요.

● e문장의 **fallen on the floor**는 '마루에 떨어진 상태'입니다. '떨어진 상태 그대로 있다'를 줄여서 표현하면 '떨어져 있다'입니다. 액자가 마루에 떨어져 치우지 않고 떨어진 상태 그대로 있다는 것입니다.

have는 '그대로 있다'이고 과거분사는 **완료상태**를 말합니다. 이제 위에서 학습한 문장들의 have를 had로 바꾸어 보세요. **have** come은 '와 **있다**'이고 **had** come은 '와 **있었다**'가 됩니다. has stopped는 '멈추어 **있다**'이고 had stopped는 '멈추어 **있었다**'가 됩니다. has fallen은 '떨어져 **있다**'이고 had fallen은 '떨어져 **있었다**'가 됩니다. have를 had로 바꾸면 '그대로 **있다**'가 '그대로 **있었다**'로 바뀔 뿐이죠. 과거완료는 별도로 학습할 필요가 없습니다. have와 had는 현재와 과거라는 시간을 알려주고, 과거분사는 동작이 끝난 완료상태라는 것을 알려주는 것이죠. 문장을 읽고 설명을 읽으면서 완료개념을 잡아가세요. 우리말에 없는 완료개념을 단번에 잡을 수 없기 때문에 많은 예문을 읽으면서 완료개념을 잡아야 합니다.

앞에서 배운 문장들은 모두 자동사의 have pp입니다. 자동사는 목적어를 취하지 않지요. 이제부터는 목적어가 있는 타동사의 have pp입니다. 아래 문장들은 UNIT 12에서 과거분사 개념을 설명하며 예로 든 표현들입니다.

a. I am **cleaning my room**.
   방 청소를 하고 있는 중이야.

b. I have **cleaned my room**.
   방 청소를 완료한 상태 그대로 있어. (=청소해 놓았어.)

cleaning은 '청소하고 있는 **중**'입니다. '청소**시작**-청소 **중**-청소**완료**'로 더 이상 청소할 곳이 없으면 '청소 완료!'하면서 청소를 마치세요. 과거분사 cleaned는 '청소 완료했다.'를 명사로 바꾼 '청소 완료'입니다. 이제 청소 완료상태를 눈으로 보세요. 청소를 완료한 상태는 방이 깨끗한 상태입니다. have cleaned는 have(그대로 있다)+cleaned(청소 완료)로 '**청소 완료상태 그대로 있다**'를 우리말 어감에 맞게 줄여서 표현하면 '청소해 놓았다'가 됩니다. 현재완료 표현이 갖고 있는 의미를 정확하게 이해 할 수 없을 때는 과거분사를 목적어 뒤로 돌려 수동태 문장으로 바꿔보세요. 과거분사를 목적어 뒤로 돌려 과거 영국인이 사용했던 표현방식으로 바꾸면 I have my room cleaned가 됩니다. (I have)+(my room **was cleaned**)의 결합에서 was가 생략된 것이죠. My room **was cleaned**는 '방은 **청소 되었어**.'이고 was가 생략된 my room cleaned는 '방이 청소 된 상태'가 되겠죠. 결합하면 '나는 방이 청소 된 상태를 그대로 갖고 있어.'로 지금 깨끗한 상태의 방을 갖고 있음을 알 수 있습니다.

a. I am **downloading a movie**.
   영화를 다운 받는 중이야.

b. I have **downloaded a movie**.
   영화를 다운 받은 상태 그대로 있어. (=다운 받아 놓았어.)

바탕화면에 영화를 다운 받아 보세요. download**ing**은 '내려 받고 있는 **중**'이죠. 다운로드가 완료되면 다운로드 완료라는 메시지가 뜨지요. 영화파일이 바탕화면에 모두 넘어 오면 '다운로드 완료!'라고 하세요. 과거분사 downloaded는 '다운로드 완료했다.'를 명사로 바꾼 '다운로드 완료'입니다. 과거분사의 품사는 명사입니다. 이제 다운로드 완료상태를 눈으로 보세요. 바탕화면에 영화파일이 그대로 있습니다. have(그대로 있다)+downloaded(다운로드 완료)는 '다운로드 완료상태 그대로 있다'로 줄여서 표현하면 '다운로드 해 놓았다'가 됩니다. b문장에서 have를 생략한 과거시제는 어떤 뜻이 될까요? 영화를 다운 받았다는 단순한 과거 사실만 알 수 있을 뿐 다운받은 영화파일을 지워버렸는지 지금 바탕화면에 그대로 갖고 있는지 알 수 없습니다. 영어의 과거시제는 현재의 정보를 알려주지 않는다는 것을 항상 기억해야 합니다.

a. I am **doing the dishes**. 설거지 하고 있는 중이야.
　　b. I have **done the dishes**. 설거지 완료상태 그대로 있어. (=설거지 해 놓았어.)

　이제 설거지를 해 볼까요? 직접 동작을 완료해 봐야 완료상태가 어떤 상태인지 보고 느낄 수 있습니다. 싱크대에 있는 그릇들을 씻어 보세요. do**ing** the dishes는 '설거지 하는 **중**'입니다. 마지막 그릇을 씻으면 설거지를 완전히 끝마치게 되죠. **done** the dishes는 '설거지 **완료**'입니다. '설거지 완료했다.'를 명사로 바꾸면 '설거지 완료'가 됩니다. 이제 설거지 완료상태를 눈으로 보세요. 싱크대에 씻을 그릇이 하나도 없고 그릇은 모두 깨끗한 상태로 선반에 놓여 있지요. have done the dishes는 have(그대로 있다)+done the dishes(설거지 완료상태)로 '설거지를 완료한 상태 그대로 있다'를 줄여서 표현하면 '설거지를 해 놓았다'가 됩니다.

　　a. I am **eating lunch**. 난 점심을 먹고 있는 중이야.
　　b. I have **eaten lunch**. 난 점심식사를 완료한 상태 그대로 있어. (=점심식사를 완료해 놓았어.)

　음식을 씹고 있는 것이 eat**ing**으로 '먹고 있는 중'입니다. 먹고 싶은 만큼 먹었나요? 그럼 수저를 내려놓아야죠. 그것이 과거분사 eaten(식사 완료)입니다. '식사 완료 했다.'를 명사로 바꾸면 '식사 완료'가 되는 것이죠. eaten lunch는 식사를 완료해서 배에 음식물이 들어 있는 상태를 말합니다. I have eaten lunch는 I have(나는 가지고 있어요.)+**eaten lunch**(점심 식사를 완료해서 음식물이 채워져 있는 상태)입니다. 결합하면 '나는 점심 식사를 완료해서 배가 채워진 상태 그대로 있어요.'가 됩니다. 이 말을 들은 사람이 함께 점심 먹으러 가자고 할까요? b문장의 have eaten속에는 I'm full 또는 I'm not hungry란 뜻이 들어 있습니다. 식사 완료상태는 배부른 상태 또는 배고프지 않은 상태죠.

　동작동사의 과거분사는 동작 완료입니다. 완료상태가 어떤 상태인지는 직접 행동으로 옮겨 완료해 보면 바로 알 수 있습니다. 'have+동작 완료'는 '완료상태 그대로 있다'입니다. '완료상태 그대로 있다'를 줄여서 표현하면 '완료해 놓았다'가 되지요. **'완료해 놓았다'는 우리말 어감을 기억하면 독해 뿐 아니라 회화와 작문도 무척 쉬워질 것입니다.** 이제 have를 had로 바꿔보세요. '완료상태 그대로 있다'가 '완료상태 **그대로 있었다**'가 됩니다. 현재형 have가 과거형 had로 바뀌었을 뿐이죠. 과거완료는 별도로 학습할 필요가 없습니다. 우리는 시간에 익숙하고 상태엔 익숙하지 않습니다. 많은 예문을 읽으면서 동작 완료상태가 어떤 상태인지 익숙해지도록 해야 합니다.

이제부터 나오는 문장들은 모두 내가 완료해 놓은 동작들입니다. 내가 어떤 동작을 완료했고 지금 어떤 완료상태를 갖고(have) 있는지 확인해 보세요.

a. I have **started my new job**. 새 일을 시작한 상태 그대로 있어. (=시작해 놓았어.)
b. I have **closed my car door**. 차 문을 닫은 상태 그대로 있어. (=닫아 놓았어.)
c. I have **arrested a thief**. 도둑을 체포한 상태 그대로 있어. (=체포해 놓았어.)
d. I have **sent an email**. 편지를 발송한 상태 그대로 있어. (=발송해 놓았어.)
e. I have **bought a book**. 책을 구입한 상태 그대로 있어. (=구입해 놓았어.)
f. I have **fixed your car**. 당신 차를 수리한 상태 그대로 있어. (=수리해 놓았어.)

● a문장의 started my new job은 '새 일을 시작한 상태'입니다. 일을 시작한 상태에서 그만두지 않고 그대로 계속하고 있으면 앞에 have를 붙이세요. '시작한 상태 그대로 있다'를 줄여서 표현하면 '시작해 놓았다'가 됩니다. a문장을 과거시제 started로 표현하면 언제 일을 시작했다는 것만 알 수 있을 뿐 지금 그 일을 그만두었는지, 그 일을 계속 하고 있는지 알 수 없습니다.

● b문장의 closed my car door는 '차 문을 닫은 상태'입니다. 차에서 내리면서 문을 닫으세요. 그것이 closed(차 문을 닫은 상태)입니다. '문을 닫은 상태 그대로 있다'를 줄여서 표현하면 '문을 닫아 놓았다'가 되지요.

● c문장의 arrested a thief는 '도둑을 체포한 상태'입니다. '체포 상태 그대로 있다'를 줄여서 표현하면 '체포해 놓았다'가 됩니다. 경찰이 도둑을 체포했는데 도망갔다는 뉴스를 자주 보지요. 과거형 arrested는 언제 도둑을 체포했다는 단순한 과거 사실만 알 수 있을 뿐 체포했던 도둑이 지금 경찰서에 있는지 아니면 도망가고 없는지 현재의 상황을 전혀 알 수 없습니다.

● d문장의 sent an email는 '메일을 발송한 상태'입니다. '발송한 상태 그대로 있다'를 줄여서 표현하면 '발송해 놓았다'입니다. 수신인이 메일을 확인하고 답신이 오기를 기다리고 있는 상태라는 것이죠.

● e문장의 bought a book은 '책을 구입한 상태'입니다. '구입한 상태 그대로 있다'를 줄여서 표현하면 '구입해 놓았다'입니다. 구입해서 가지고 있다는 것이죠. 과거형 bought는 언제 샀다는 단순한 과거 사실만 알 수 있을 뿐 구입한 책을 환불했는지, 선물했는지, 잃어 버렸는지, 가지고 있는지 지금의 상황을 전혀 알 수 없습니다.

● f문장의 fixed your car는 '차를 수리한 상태'입니다. '수리한 상태 그대로 있다'를 줄여서 표현하면 '수리해 놓았다'입니다. 고장 난 부분을 수리 완료해서 안전하게 탈 수 있는 상태로 있다는 것입니다.

a. I have **dyed my hair brown**.
   머리를 갈색으로 염색한 상태 그대로 있어. (=머리를 갈색으로 염색해 놓았어.)

b. I have **given him the book**.
   그에게 그 책을 준 상태 그대로 있어. (=책을 그에게 줘 놓았어.)

c. I have **received a strange email**.
   이상한 메일을 받은 상태 그대로 있어. (=메일을 받아 놓았어.)

d. I have **planted tomatoes in a pot**.
   토마토를 화분에 심은 상태 그대로 있어. (=토마토를 화분에 심어 놓았어.)

e. I have **cooked dinner**.
   저녁을 요리한 상태 그대로 있어. (=저녁을 요리해 놓았어.)

f. I have **brushed my teeth**.
   양치한 상태 그대로 있어. (=양치해 놓았어.)

g. I have **bound the dog to the chair**.
   개를 의자에 묶은 상태 그대로 있어. (=개를 의자에 묶어 놓았어.)

h. I have **grown a beard**.
   수염을 기른 상태 그대로 있어. (=수염을 길러 놓았어.)

i. I have **finished(done) my assignments**.
   숙제를 끝마친 상태 그대로 있어. (=숙제를 끝마쳐 놓았어.)

j. I have **found a good job**.
   좋은 일자리를 찾은 상태 그대로 있어. (=일자리를 찾아 놓았어.)

k. I have **put up two photos on the internet**.
   인터넷에 두 장의 사진을 올려놓은 상태 그대로 있어. (=사진을 인터넷에 올려놓았어.)

a문장은 머리를 갈색으로 염색해서 갈색 머리를 지금 갖고 있는 상태라는 것입니다. b문장은 그에게 책을 줘서 그 책을 지금 그가 갖고 있는 상태라는 것이죠. c문장은 메일을 받아 삭제하지 않고 지금 갖고 있는 상태라는 것입니다. d문장은 토마토를 화분에 심어서 그 화분을 지금 갖고 있는 상태라는 것이죠. e문장은 저녁 음식을 요리해서 먹지 않고 갖고 있는 상태라는 것입니다. f문장은 양치 한 후 아무것도 먹지 않아 지금 깨끗한 치아 상태 그대로 있다는 것이죠. g문장은 개 줄을 의자에 묶어 놓아 지금 개가 의자에 묶여 있는 상태라는 것입니다. h문장은 기른 수염을 깎지 않고 지금 기른 상태 그대로 있다는 것입니다. i문장은 숙제를 완료해서 제출하기만 하면 되는 상태에 있다는 것이죠. j문장은 일자리를 찾아 갖고 있는 상태로 곧 출근만 하면 되는 상태에 있다는 것입니다. k문장은 인터넷에 올린 사진을 지우지 않아 지금도 인터넷에 그대로 올려 져 있는 상태로 있다는 것입니다. 동작동사의 have pp는 '완료상태 그대로 있다'로 줄여서 표현하면 '완료**해 놓았다**'입니다.

a. I have **caught lots of fish today**.
   오늘 많은 물고기를 잡은 상태 그대로 있어. (=많은 고기를 잡아 놓았어.)

b. I have **brought you an interesting book**.
   너에게 재미있는 책을 가져온 상태 그대로 있어. (=너에게 재미있는 책을 가져다 놓았어.)

c. I have **made a mistake**.
   실수를 저지른 상태 그대로 있어. (=실수를 저질러 놓았어.)

d. I have **mastered my dog**.
   개를 훈련시킨 상태 그대로 있어. (=개를 훈련시켜 놓았어.)

e. I have **learned a lesson today**.
   오늘 하나의 교훈을 배운 상태 그대로 있어. (=교훈을 배워 놓았어.)

f. I have **turned the computer on**.
   컴퓨터를 켠 상태 그대로 있어. (=컴퓨터를 켜 놓았어.)

g. I have **filled the plate with food**.
   접시에 음식을 채운 상태 그대로 있어. (=접시에 음식을 채워 놓았어.)

h. I have **made a cake**.
   케이크를 만든 상태 그대로 있어. (=케이크를 만들어 놓았어.)

i. I have **promised to come back early**.
   일찍 돌아올 것을 약속한 상태 그대로 있어. (=약속해 놓았어.)

j. I have **proposed to her**.
   그녀에게 청혼한 상태 그대로 있어. (=청혼해 놓았어.)

k. I have **built my own field**.
   나만의 영역을 구축한 상태 그대로 있어. (=영역을 구축해 놓았어.)

 a문장은 잡은 물고기를 놓아주거나, 누구에게 주지 않고 내가 갖고 있는 상태라는 것입니다. b문장은 책을 가져와서 다시 다른 곳으로 가져가지 않고 너에게 남겨 둔 상태라는 것입니다. c문장은 실수를 저질러 놓아 수습해야 하는 상태에 있다는 것입니다. d문장은 훈련을 완료해서 지금 훈련받은 상태의 개를 갖고 있다는 것이죠. e문장은 배운 교훈을 잊어버리지 않고 간직하고 있는 상태라는 것입니다. f문장은 컴퓨터를 켜서 끄지 않고 켜 둔 상태로 있다는 것이죠. g문장은 빈 접시에 음식을 채워 먹을 수 있게 채워둔 상태로 있다는 것입니다. h문장은 케이크를 만들어 먹지 않고 갖고 있는 상태라는 것이죠. i문장은 약속을 한 후에 그 약속을 취소하지 않고 그 약속을 지켜야 하는 상태에 있다는 것입니다. j문장은 결혼해 달라고 청혼한 후에 그 대답을 기다리고 있는 상태라는 것이죠. k문장은 자신만의 영역을 구축해서 지금도 그 영역을 갖고 있는 상태라는 것입니다.

a. I have **saved up for the future**.
　　미래를 위해 돈을 저축한 상태 그대로 있어. (=돈을 저축해 놓았어.)

b. I have **ordered a box of apple**.
　　사과 한 박스를 주문한 상태 그대로 있어. (=사과 한 박스를 주문해 놓았어.)

c. I have **prepared for the interview**.
　　면접 준비를 완료한 상태 그대로 있어. (=면접 준비를 해 놓았어.)

d. I have **asked him for some money**.
　　그에게 조금의 돈을 요청한 상태 그대로 있어. (=돈을 요청해 놓았어.)

e. I have **written a letter**.
　　편지를 작성한 상태 그대로 있어. (=편지를 써 놓았어.)

f. I have **sold my car**.
　　차를 판(=매도한) 상태 그대로 있어. (=차를 팔아 놓았어.)

g. I have **stolen his idea**.
　　그의 아이디어를 훔친 상태 그대로 있어. (=그의 아이디어를 훔쳐 놓았어.)

h. I have **torn down the old building**.
　　낡은 건물을 철거한 상태 그대로 있어. (=낡은 건물을 철거해 놓았어.)

i. I have **thrown my life away**.
　　내 삶을 멀리 던져놓은 (=방치한) 상태 그대로 있어. (=내 삶을 방치해 놓았어.)

j. I have **dug a hole in the garden**.
　　정원에 구덩이 하나를 판 상태 그대로 있어. (=구덩이 하나를 파 놓았어.)

k. I have **founded two companies**.
　　두 개의 회사를 설립한 상태 그대로 있어. (=두 개의 회사를 설립해 놓았어.)

　　a문장은 돈을 저축해서 저축한 돈을 지금 갖고 있는 상태라는 것입니다. b문장은 사과 주문을 완료하고 주문한 사과가 도착하기를 기다리고 있는 상태라는 것이죠. c문장은 면접 준비를 완료해서 더 이상 준비할 필요 없이 면접에 응하기만 하면 되는 상태라는 것입니다. d문장은 그에게 돈을 요청하고 그의 결정을 기다리고 있는 상태라는 것이죠. e문장은 편지 작성을 완료해서 갖고 있는 상태로 보내기만 하면 되는 상태에 있다는 것입니다. f문장은 차를 판매한 후에 다른 차를 구입하지 않고 있는 상태라는 것입니다. g문장은 그의 아이디어를 훔쳐서 갖고 있는 상태라는 것이죠. h문장은 건물을 철거 완료한 후에 건물을 짓지 않고 빈 공터 상태로 있다는 것입니다. i문장은 삶을 방치하여 지금도 방치된 상태로 살고 있다는 것이죠. j문장은 정원에 구덩이를 파 놓고 메우지 않은 상태 그대로 있다는 것입니다. k문장은 회사 2개를 설립 완료해서 폐업하지 않고 지금도 그대로 운영하고 있는 상태라는 것입니다. 동작동사의 have pp는 '완료상태 그대로 있다'로 줄여서 표현하면 '완료해 놓았다'입니다.

a. I have **caused a problem**.
   문제를 일으킨 상태 그대로 있어. (=문제를 일으켜 놓았어.)

b. I have **completed the first step**.
   1단계를 완료(완성)한 상태 그대로 있어. (=1단계를 완료해 놓았어.)

c. I have **selected a topic of my assignment**.
   과제의 주제를 선정한 상태 그대로 있어. (=주제를 선정해 놓았어.)

d. I have **drawn up an outline of the plan**.
   계획의 틀을 작성한 상태 그대로 있어. (=계획의 틀을 작성해 놓았어.)

e. I have **hung blankets from the chairs**.
   의자에 담요를 걸어둔 상태 그대로 있어. (=담요를 의자에 걸어 놓았어.)

f. I have **hurt her**.
   그녀에게 상처를 입힌 상태 그대로 있어. (=그녀에게 상처를 입혀 놓았어.)

g. I have **kept the faith**.
   신념을 간직한 상태 그대로 있어. (=신념을 간직해 놓았어.)

h. I have **opened a restaurant**.
   식당을 개업한 상태 그대로 있어. (=식당을 개업해 놓았어.)

i. I have **stuck posters on the wall**.
   벽에 포스터를 붙인 상태 그대로 있어. (=포스터를 벽에 붙여 놓았어.)

j. I have **torn a page out of the book**.
   책의 한 페이지를 찢은 상태 그대로 있어. (=책의 한 페이지를 찢어 놓았어.)

a문장은 문제를 일으킨 후 해결하지 않은 상태 그대로 있다는 것입니다. b문장은 1단계를 완료해서 다음 단계로 넘어가면 되는 상태에 있다는 것이죠. c문장은 주제를 선정한 후 주제를 바꾸지 않고 선정한 주제 그대로 있다는 것입니다. d문장은 계획의 윤곽을 잡아서 그대로 갖고 있는 상태라는 것입니다. e문장은 담요를 의자에 걸어 놓아 지금도 의자에 걸려 있는 상태라는 것이죠. f문장은 그녀에게 상처를 입힌 후 사과 등을 하지 않아 지금도 그녀가 마음 아픈 상태로 있다는 것입니다. g문장은 신념을 가슴에 새긴 후 신념을 버리거나 바꾸지 않고 그대로 간직하고 있는 상태라는 것이죠. h문장은 식당을 오픈한 후에 폐업하지 않고 지금도 운영하고 있는 상태라는 것입니다. i문장은 벽에 포스터를 붙인 후 떼지 않고 지금도 그대로 붙어 있는 상태라는 것이죠. j문장은 한 페이지를 찢은 후에 다시 붙이지 않고 찢어진 상태 그대로 있다는 것입니다.

a. I have **buried the gold in the garden**.
   금을 정원에 묻은 상태 그대로 있어. (=금을 정원에 묻어 놓았어.)

b. I have **accomplished my aims in life**.
   삶의 목표를 달성한 상태 그대로 있어. (=삶의 목표를 달성해 놓았어.)

c. I have **focused on improving English**.
   영어 향상에 초점을 맞춘 상태 그대로 있어. (=영어 향상에 초점을 맞추어 놓았어.)

d. I have **performed my duty**.
   나의 임무를 완수한 상태 그대로 있어. (=나의 임무를 완수해 놓았어.)

e. I have **succeeded in business**.
   사업에 성공한 상태 그대로 있어. (=사업에 성공해 놓았어.)

f. I have **published Preposition Shock**.
   전치사 쇼크를 출간한 상태 그대로 있어. (=전치사 쇼크를 출간해 놓았어.)

g. I have **converted my car**.
   내 차를 개조한 상태 그대로 있어. (=차를 개조해 놓았어.)

h. I have **booked a room at the hotel**.
   호텔 방을 예약한 상태 그대로 있어. (=호텔 방을 예약해 놓았어.)

i. I have **set the day for the meeting**.
   모임 날짜를 정한 상태 그대로 있어. (=모임 날짜를 정해 놓았어.)

j. I have **hidden her shoes**.
   그녀의 신발을 숨긴 상태 그대로 있어. (=신발을 숨겨 놓았어.)

a문장은 정원에 금덩이를 묻은 후에 파내지 않고 묻은 상태 그대로 있다는 것입니다. b문장은 목표를 달성해서 결과물을 그대로 갖고 있다는 것입니다. 10억 모으는 것이 삶의 목표라면 10억을 갖고 있다는 것이고, 교수가 되는 것이 목표라면 교수가 되어 있다는 것이죠. c문장은 영어실력 향상에 초점을 두고 마음의 변화 없이 지금도 영어에 집중하고 있는 상태라는 것입니다. d문장은 주어진 임무를 완료해서 해야 할 임무가 없거나 다른 임무를 기다리고 있는 상태라는 것입니다. e문장은 사업에 성공해서 돈이 많은 상태 그대로 있다는 것이죠. f문장은 『전치사 쇼크』를 출간해서 절판하지 않고 판매하고 있는 상태라는 것입니다. g문장은 차를 개조해서 원상태로 복구하지 않고 개조한 상태 그대로 있다는 것이죠. h문장은 호텔을 예약한 후에 취소하지 않고 예약해둔 상태 그대로 있다는 것입니다. i문장은 모임 날짜를 결정한 후에 다른 날로 바꾸거나 취소하지 않고 결정한 상태 그대로 있다는 것입니다. j문장은 신발을 숨겨놓은 상태 그대로 있어 그녀가 신발을 찾고 있는 상태라는 것입니다. 위의 문장들을 과거시제로 바꾸어보세요. 그럼 현재의 상황은 알 수 없는 표현이 됩니다.

a. I have **invested some money in a computer company**.
   컴퓨터 회사에 돈을 조금 투자한 상태 그대로 있어. (=돈을 투자해 놓았어.)

b. I have **collected lots of data**.
   많은 자료를 수집한 상태 그대로 있어. (=많은 자료를 수집해 놓았어.)

c. I have **painted a picture on the wall**.
   벽에 그림을 그린 상태 그대로 있어. (=벽에 그림을 그려 놓았어.)

d. I have **taken pictures of her**.
   그녀 사진을 찍은 상태 그대로 있어. (=그녀 사진을 찍어 놓았어.)

e. I have **decorated the Christmas tree**.
   크리스마스트리를 장식한 상태 그대로 있어. (=크리스마스트리를 장식해 놓았어.)

f. I have **adopted a dog from an animal shelter**.
   동물보호소에서 개를 입양한 상태 그대로 있어. (=개를 입양해 놓았어.)

g. I have **swallowed a mosquito**.
   모기를 삼킨 상태 그대로 있어. (=모기를 삼켜 놓았어.)

h. I have **applied to Seoul University**.
   서울대학에 지원한 상태 그대로 있어. (=서울대학에 지원해 놓았어.)

i. I have **refused his proposal**.
   그의 제안을 거절한 상태 그대로 있어. (=그의 제안을 거절해 놓았어.)

j. I have **cut down many trees**.
   많은 나무들을 베어 넘긴 상태 그대로 있어. (=많은 나무를 베어 넘겨 놓았어.)

k. I have **broken the mirror**.
   거울을 깨뜨린 상태 그대로 있어. (=거울을 깨뜨려 놓았어.)

a문장은 컴퓨터 회사에 돈을 투자한 후 돈을 회수하지 않고 더 큰 돈이 되도록 기다리고 있는 상태라는 것입니다. b문장은 많은 자료를 수집해서 그대로 갖고 있는 상태라는 것이죠. c문장은 벽에 그림을 그린 후에 지우지 않고 그대로 있는 상태라는 것입니다. d문장은 사진을 찍은 후에 그 사진을 갖고 있는 상태라는 것이죠. e문장은 크리스마스트리를 장식한 후 장식한 트리를 그대로 갖고 있는 상태라는 것입니다. f문장은 개 한 마리를 입양해서 돌려보내거나 다른 사람 주거나 하지 않고 그대로 키우고 있는 상태라는 것이죠. g문장은 모기를 삼켜서 지금 모기가 배속에 있는 상태라는 것입니다. h문장은 서울대에 원서를 내고 합격 여부를 기다리고 있는 상태라는 것이죠. i문장은 그의 제안을 거절한 후 마음이 바뀌지 않고 거절 상태 그대로 있다는 것입니다. j문장은 나무를 베어 넘겨 많은 나무들이 쓰려져 있는 상태에 있다는 것입니다. k문장은 거울을 깨뜨려 깨진 상태 그대로 있다는 것입니다.

a. Someone has **mixed up all the paper**.
   누군가 모든 서류를 뒤섞은 상태 그대로 있어. (=누군가 서류를 뒤섞어 놓았어.)

b. The US has **relaxed its rules on visas**.
   미국은 비자에 관한 규정을 완화시킨 상태 그대로 있어. (=비자 규정을 완화시켜 놓았어.)

c. He has **displayed his works at the museum**.
   그는 박물관에 그의 작품들을 전시한 상태 그대로 있어. (=작품들을 박물관에 전시해 놓았어.)

d. The flood has **destroyed the road**.
   홍수가 길을 파괴한 상태 그대로 있어. (=홍수가 길을 파괴해 놓았어.)

e. The US has **declared war on terrorism**.
   미국은 테러와의 전쟁을 선포한 상태 그대로 있어. (=테러와의 전쟁을 선포해 놓았어.)

f. He has **committed several crimes**.
   그는 몇 가지 범죄를 저지른 상태 그대로 있어. (=몇 가지 범죄를 저질러 놓았어.)

g. The police have **stopped the bus**.
   경찰이 버스를 세운 상태 그대로 있어. (=경찰이 버스를 세워 놓았어.)

h. I have **invited her to my birthday party**.
   그녀를 나의 생일 파티에 초대한 상태 그대로 있어. (=그녀를 파티에 초대해 놓았어.)

i. I have **decided not to go to PC cafe**.
   나는 PC방에 안가기로 결심한 상태 그대로 있어. (=PC방에 안가기로 결심해 놓았어.)

j. They have **divided the Korean Peninsula**.
   그들이 한반도를 나눈 상태 그대로 있어. (=그들이 한반도를 나누어 놓았어.)

k. I have **postponed the meeting**.
   나는 모임을 연기한 상태 그대로 있어. (=모임을 연기해 놓았어.)

l. He has **called off the birthday party**.
   그는 생일 파티를 취소한 상태 그대로 있어. (=생일 파티를 취소해 놓았어.)

우리말 문법에는 영어의 과거분사가 없습니다. 우리에게 없는 완료개념을 단번에 잡는 것은 어렵습니다. 완료개념을 완벽하게 잡을 수 있도록 많은 예문과 함께 설명을 추가 했습니다. 반복하여 읽으면 완료감각을 자연스럽게 잡을 수 있을 것입니다. 동작동사의 have pp는 '완료상태 그대로 있다'이고 줄여서 표현하면 '완료해 놓았다'입니다. '~해 놓았다'가 자연스러운 동사들은 대부분 동작동사 입니다. 현재완료를 '~해 놓았다'는 어감으로 기억하면 회화와 작문이 상당히 쉬워지지요. 또 영어의 현재완료는 프랑스어, 스페인어 문법에도 있기 때문에 나중에 프랑스어, 스페인어를 배우게 된다면 그대로 적용하면 됩니다. 하나를 제대로 배우면 같은 문법체계의 언어는 쉽게 배울 수 있지요.

UNIT 16 현재완료(have+상태 변화)

■ **현재완료(have+과거분사)** ■
① have(~을 갖고 있다)+동작 완료 = 지금 완료상태 그대로 갖고 있다
② have(~을 갖고 있다)+상태 변화 = 지금 변화상태 그대로 갖고 있다

    동작동사의 과거분사는 완료이고, 상태동사의 과거분사는 변화입니다. 상태는 완료하는(=끝마치는) 것이 아니라 변하는 것이지요. 움직이지 않고 정지해 있는 상태를 어떻게 완료할 수 있나요? '상태가 변했어.'라고 하지 '상태를 완료했어.'라고 하지 않습니다. 완료라는 문법용어는 동작동사에만 해당하는 것입니다. 이 장에선 have+상태 변화를 학습합니다. have는 '그대로 있다'임을 이미 배웠습니다. 'have+상태동사의 과거분사'는 **변화상태 그대로 있다**입니다. 상태가 변했고(=바뀌었고) 변한 상태, 바뀐 상태 그대로 지금까지 있다는 것이죠. have는 '그대로 있다'이기 때문에 우리는 상태 변화가 무엇인지 알면 되는 것입니다.

    a. He wasn't polite. 그는 공손하지 않았어.
    b. He **became** polite, and he **is** polite now. 그는 공손해 졌고, 지금 공손해.
    c. He has **become polite**. 그는 공손하게 된 상태 그대로 있어. (=공손해져 있어.)

    UNIT 12에서 '우리 아이가 달라졌어요.'라는 TV 프로그램을 예로 들어 상태 변화를 설명했습니다. a와 b문장은 상태 변화 과정입니다. 공손하지 않았던 아이가 공손한 사람이 되었고, 지금 공손한 상태 그대로 있다는 것입니다. 공손하지 않았던 아이가 공손한 사람이 되는 것은 성격 변화로 상태 변화입니다. c문장의 become polite는 '공손하게 된 상태'입니다. 과거분사 –ed=have이기 때문에 '공손함을 갖고 있는 상태'가 되는 것이죠. He has(그는 그대로 있어.)+become polite(공손하게 된 상태)로 '그는 공손하게 된 상태 그대로 있어.'를 줄여서 표현하면 '그는 공손해져 있어.'가 됩니다. 과거형 became polite는 '공손해 졌어.'로 과거 어느 시점에 아이가 공손해졌다는 단순한 과거 사실만 알 수 있을 뿐 시간이 지난 지금 아이가 다시 무례해져 있는지 공손해진 상태 그대로 있는지 지금의 상태는 알 수 없습니다. 그래서 b문장처럼 and he **is** polite now를 추가로 말해줘야 그가 지금 공손한 것이죠. 두 문장으로 된 b문장을 한 문장으로 줄여서 표현하면 c문장이 됩니다. 영어의 동사과거형은 현재의 정보를 알려주지 않기 때문에 현재완료 표현이 필요하다는 것을 잊어서는 안 됩니다.

a. He wasn't a singer. 그는 가수가 아니었어.
b. He **became** a singer, and he **is** a singer. 그는 가수가 되었고, 지금 가수야.
c. He has **become a singer**. 그는 가수가 된 상태 그대로 있어. (=그는 가수가 되어 있어.)

a와 b문장은 상태 변화 과정입니다. 가수가 아닌 상태에서 가수가 되었고, 지금 가수로 활동하고 있다는 것입니다. 가수가 아닌 상태에서 가수가 되는 것은 상태 변화로 직업의 변화입니다. 두 문장으로 된 b문장을 한 문장으로 줄여서 표현하면 c문장이 됩니다. c문장의 become a singer는 '가수가 된 상태'입니다. He has(그는 그대로 있어)+become a singer(가수가 된 상태)의 결합으로 '그는 가수가 된 상태 그대로 있어.'를 줄여서 표현하면 '그는 가수가 되어 있어.'입니다. **become=been으로 '~된 상태'입니다.** been은 be(되다)의 과거분사로 become(되다)의 과거분사 become과 같습니다. been=become임을 기억하고 자주 사용되는 been에 익숙해져야 합니다.

a. He was poor. 그는 가난했어.
b. He **became** rich, and he **is** rich now. 그는 부자가 되었고, 지금 부자야.
c. He has **been rich**. 그는 부자가 된 상태 그대로 있어. (=그는 부자가 되어 있어.)

been rich는 '부자가 된 상태'입니다. 가난한 상태에서 부자 상태로 재산상태가 변한 것이죠. 부자 상태란 많은 돈을 갖고 있는 상태입니다. He has(그는 그대로 있어.)+been rich(부자가 된 상태)로 '그는 부자가 된 상태 그대로 있어.'를 줄여서 표현하면 '그는 부자가 되어 있어.'입니다. been rich가 느낌이 오지 않으면 **been** a **rich** man으로 단어를 채워보면 이해가 쉽지요.

a. It has **been warm**. 날씨가 따뜻해진 상태 그대로 있어. (=날씨가 따뜻해져 있어.)
b. It has **been hot**. 날씨가 더워진 상태 그대로 있어. (=날씨가 더워져 있어.)

been warm은 '따뜻해진 상태'로 추운날씨에서 따뜻한 날씨로 날씨 상태가 변한 것이죠. 겨울에서 봄이 되는 계절변화와 같습니다. a문장은 It has(그대로 있어.)+been warm(따뜻해진 상태)의 결합으로 '날씨가 따뜻해진 상태 그대로 있어.'를 줄여서 표현하면 '날씨가 따뜻해져 있어.'가 됩니다. been hot은 '더워진 상태', been cool은 '서늘해진 상태', been cold는 '추워진 상태'입니다.

a. He has **been kind**.
그는 친절하게 된 상태 그대로 있어. (=친절한 사람이 되어 있어.)

b. I have **been sick**.
나는 아프게 된 상태 그대로 있어. (=나는 아픈 사람이 되어 있어.)

c. North and South have **been dangerous**.
남과 북은 위험하게 된 상태 그대로 있어. (=남과 북은 위험해져 있어.)

d. Korea has **been an independent country** since 1945.
한국은 1945년 이후 독립국가가 된 상태 그대로 있어. (=독립국가가 되어 있어.)

e. My room has **been empty** since I left Korea.
내가 한국을 떠난 이후 내 방은 텅 빈 상태 그대로 있어. (=계속 비어 있어.)

f. We have **been married** for 10 years.
우린 10년 동안 기혼자가 된 상태 그대로 있어. (=10년 동안 계속 결혼생활하고 있어.)

● a문장의 been kind는 '친절하게 된 상태'입니다. 친절한 사람이 아니었는데 친절한 사람으로 성격이 변한 것이죠. **been** a **kind** man으로 단어를 채워보면 이해가 빠르지요. been은 '되다(be)'의 과거분사로 '~된 상태'입니다.

● b문장의 been sick은 '아프게 된 상태'입니다. 아프지 않은 상태에서 아픈 상태, 즉 환자가 된 것이죠. 감기가 들거나, 사고를 당하면 아프지 않은 상태에서 been sick상태로 상태가 변하게 됩니다.

● c문장의 been dangerous는 '위험하게 된 상태'입니다. 2013년 4월 북한에서 이제부터 전시 상황에 들어간다고 선언했습니다. 그 선언으로 한반도는 평화로운 상태에서 been dangerous상태로 상태가 변하게 되었지요.

● d문장의 been an independent country는 '독립국가가 된 상태'입니다. 1945년 일본이 항복을 선언함으로써 한국은 독립국가 상태로 변하게 되었고, 그 상태로 지금까지 있지요.

● e문장의 been empty는 '텅 빈 상태'입니다. 이사를 가면 가구로 채워져 있던 방이 been empty상태로 상태가 변하게 됩니다. **been** an **empty** room으로 단어를 채워보면 쉽게 이해가 되죠.

● f문장의 been married는 '기혼자가 된 상태'입니다. **been** a **married** person으로 단어를 채워보면 쉽게 이해가 됩니다. 결혼하면 혼자 살던 독신 상태에서 둘이 사는 been married상태로 상태가 변하게 됩니다. 기혼자가 되어 지금까지 있다고 하면 언제부터, 몇 년 동안 결혼생활을 하고 있는지 궁금해집니다. 그래서 for 10 years(10년 동안), since 1997(1997년 이후로)등을 넣어서 궁금증을 해소해 주는 것이죠.

아래 문장은 지금 내가 갖고 있는 상태입니다. **과거에 나에게 어떤 상태(=상황) 변화가 있었고, 변화된 그 상태를 지금까지 그대로 I have하고 있는 것**입니다. 과거에 나에게 어떤 상태 변화가 있었는지 확인해 보세요.

a. I have **lost my watch**.
   나는 시계를 분실한 상태 그대로 있어. (=분실 상태로 계속 있어.)

b. I have **known her** since I was young.
   내가 어렸을 때부터 그녀를 알고 있는 상태 그대로 있어. (=계속 알고 있어.)

c. I have **had a headache** since this morning.
   오늘 아침부터 두통을 가진 상태 그대로 있어. (=계속 두통을 가지고 있어.)

d. I have **forgotten her phone number**.
   그녀의 전화번호를 잊어버린 상태 그대로 있어. (=잊어버린 채로 계속 있어.)

e. I have **remembered what you said**.
   네가 말한 것을 기억한 상태 그대로 있어. (=계속 기억하고 있어.)

f. I have **wanted to go to China** for a long time.
   오랫동안 중국가기를 원하는 상태 그대로 있어. (=계속 원하고 있어.)

g. I have **loved you** for ages.
   오랫동안 당신을 사랑하는 상태 그대로 있어. (=계속 사랑하고 있어.)

h. I have **been unable to sleep** for an age.
   오랫동안 잠들 수 없게 된 상태 그대로 있어. (=계속 잠들 수 없어.)

i. He has **been dead** since 1997.
   그는 1997년 이후로 죽은 상태 그대로 있어.

● a문장의 lost my watch는 '시계를 분실한 상태'입니다. 시계를 갖고 있는 상태에서 없는(=사라진) 상태로 변한 것이죠. 손목에 시계가 있는 상태를 사진 찍고 사라진 상태를 사진 찍어 두 사진을 비교해 보세요. 상태 변화를 바로 확인할 수 있습니다. 시계를 lost한 상태에서 지금까지 그대로 있다는 것은 지금도 시계를 찾지 못하고 있다는 것이죠. a문장에서 have를 생략하고 과거시제로 말하면 시계를 분실했다는 단순한 과거사실만 알 수 있을 뿐 지금 그 시계를 찾았는지, 아직도 분실상태 그대로 있는지 현재의 상황을 전혀 알 수 없습니다.

● b문장의 known her는 '그녀를 아는 상태'입니다. 그녀를 모르는 상태에서 아는 상태로의 상태 변화입니다. 그녀를 만나기 전에는 그녀에 대한 정보가 없지요. 그녀를 만나 대화를 하면 직업이 무엇인지, 나이가 몇인지, 그녀의 성격이 어떠한지 등등 그녀에 대한 정보를 알고 기억하게 됩니다. 그녀에 관한 정보를 기억하는 상태 그대로 지금까지 있다는 것입니다.

- c문장의 had a headache는 '두통을 갖고 있는 상태'입니다. 나에게 없었던 두통이 생겨난 상태를 말합니다. 두통이 생긴 상태에서 지금까지 그대로 있다는 것이죠.

- d문장의 forgotten her phone number는 '전화번호를 잊어버린 상태'입니다. '잊어버린 상태'란 머리에 갖고 있던 기억이 사라진 상태를 말하죠. 기억이 사라져 기억하지 못하는 상태 그대로 지금까지 있다는 것입니다.

- e문장의 remembered what you said는 '네가 말하는 것을 기억하는 상태'입니다. '기억하는 상태'란 정보를 머리에 갖고 있는 상태를 말하죠. 잊어버리지 않고 기억하는 상태 그대로 지금까지 있다는 것입니다.

- f문장의 wanted to go to China는 '중국가기를 원하는 상태'입니다. 중국 가고 싶은 마음이 없었는데 중국가고 싶은 마음이 생긴 상태를 말합니다. 즉 심리 변화를 말하죠. 마음이 변한 상태에서 그 마음이 변하지 않고 지금까지 그대로 있다는 것입니다.

- g문장의 loved you는 '너를 사랑하는 상태'입니다. 사랑하는 마음이 없는 상태에서 사랑하는 마음이 생긴 상태로 변한 것으로 심리변화를 말합니다. 사랑하는 마음이 생긴 상태에서 그 마음 그대로 지금까지 있다는 것입니다. 과거시제 He loved her는 '그는 그녀를 사랑했어.'로 과거 어느 시점에 그녀를 사랑했다는 단순한 과거사실만 알 수 있을 뿐 지금도 그녀를 사랑하는지, 지금은 더 이상 그녀를 사랑하지 않는지 현재의 상황을 전혀 알 수 없습니다. 영어의 과거시제는 현재의 정보를 알려주지 않는다는 것을 항상 기억해야 합니다.

- h문장의 been unable to sleep은 '잠잘 수 없게 된 상태'입니다. 늘 편안하게 잠을 잤는데 위층에 새로운 사람이 이사 와서 아이들이 매일 쿵쿵 소리를 낸다면 잠잘 수 없는 상태(been unable to sleep)로 상태가 변하게 됩니다.

- i문장의 been dead는 '시체가 된 상태'입니다. 살아있는 사람이 시체 상태로 변한 것이죠. dead는 'a.죽은'으로 형용사입니다. been **a** dead **body**로 채워보면 이해가 빠르지요. 우리는 He died in 1997처럼 '그는 1997년에 죽었어.'라고 합니다. 원어민은 기독교 세계관을 갖고 있기 때문에 죽은 사람도 부활한다는 종교적 믿음을 갖고 있습니다. 그런 기독교적 사고에서 i문장과 같은 표현을 사용하는 것입니다. 즉 부활하지 않고 죽은 상태, 시체 상태 그대로 있다는 것이지요. 이제 상태 변화가 무엇인지 느낌이 오나요?

a. It **has rained** since yesterday.
   어제부터 비가 오는 상태 그대로 있어. (=계속 비가 오고 있어.)

b. I have **lived in Daegu** since 10 years ago.
   나는 10년 전부터 계속 대구에서 살고 있어.

창밖을 보니 맑은 날씨가 흐려지더니 비가 오기 시작합니다. 맑은 날씨 상태를 사진 찍고, 비오는 날씨 상태도 사진 찍어 두 사진을 비교해 보세요. 맑은 상태에서 비오는 상태로의 상태 변화를 확인할 수 있습니다. rained는 비가 오지 않는 상태에서 '비오는 상태'로의 상태 변화입니다. a문장은 비가 오지 않는 상태에서 비오는 상태로 날씨가 변했고, 비가 오는 상태 그대로 지금까지 있다는 것이죠. 두 문장으로 말하고 싶으면 It started raining yesterday, and it is still raining now로 말하세요. **과거분사 rained는 비 내리는 것이 완료되어 비가 그친 상태를 말하는 것이 아니라 비가 오지 않는 상태에서 비가 오는 상태로의 상태 변화**를 말합니다. 비가 그친 상태를 말하고 싶으면 It has stopped raining이라고 하세요. rain은 동작동사이지만 원어민들은 과거분사 rained를 동작 완료로 사용하지 않고 상태 변화로 사용합니다.

b문장의 lived in Daegu는 '대구에서 생활하는 상태'입니다. 거주지가 대구가 아닌 상태에서 거주지가 대구로 변하여(=이사하여) 지금까지 그대로 있다는 것입니다. live는 'live in+장소'로 사용하는데 사는 것은 장소에 사는 것이죠. **live의 과거분사 lived는 거주지의 변화, 즉 장소의 변화**입니다. live는 동작동사이지만 원어민들은 과거분사 lived를 동작 완료로 사용하지 않고 상태 변화로 사용합니다. 동작동사의 과거분사를 상태 변화로 사용하는 경우는 UNIT 22에서 다시 학습합니다.

'have+상태동사의 과거분사'는 '상태 변화 그대로 있다'입니다. 상태가 변했고(=바뀌었고), 변한 상태, 바뀐 상태 그대로 지금까지 있다는 것입니다. 상태 변화란 심리변화, 성격변화, 직업변화, 날씨변화, 국적변화, 소유변화, 장소변화, 환경변화 등 많습니다.

UNIT 17 현재완료(경험)

have pp는 '완료상태 그대로 있다, 변화상태 그대로 있다'입니다. have pp가 '~한 적 있다'가 되는 이유는 완료상태, 변화 상태를 그대로 **기억**하고 있는 것이기 때문에 경험이 되는 것입니다. 완료란 동작(=일, 행동)을 시작해서 완전히 끝마치는 과정을 말하는데 그 과정을 생생하게 **기억**하고 있는 것이 경험이죠. 아무런 이유 없이 have pp가 '~한 적 있다'는 경험이 되는 것이 아닙니다. 경험은 한 번, 두 번 셀 수 있기 때문에 경험을 나타내는 현재완료에는 대부분 횟수를 나타내는 부사 never, no, once, twice, three times, a lot, many와 recently, ever, before등과 함께 사용하게 됩니다. never, no는 한 번도 경험이 없다는 것이고, once(한 번), twice(두 번), three times(3 번), a lot(많이)은 경험의 횟수를 알려줍니다. recently는 '최근에' 무엇을 한 경험이 있다는 것이고, ever는 '지금까지' 살아오면서 무엇을 한 경험이 있다는 것이고, before는 '이전에' 무엇을 한 경험이 있다는 것입니다. 아래 문장에서 횟수를 나타내는 부사를 넣었을 때와 넣지 않았을 때의 의미 차이를 확인해 보세요.

a. Look! There has been a car accident there.
   봐! 저기에 자동차 사고가 일어나 있어. (=자동차 사고가 일어난 상태 그대로 있어.)

b. There has been a car accident there **three times**.
   저기서 자동차 사고가 세 번 일어난 적 있어.

a문장은 교통사고가 일어난 상태 그대로 지금까지 있다는 것이죠. 그래서 사고 현장을 지금 그대로 볼 수 있기 때문에 Look!이라고 하는 것입니다. b문장은 사고가 일어난 상태를 그대로 **기억하고 있다는 것**으로 지금 사고 현장을 볼 수 없습니다. 횟수를 나타내는 부사 three times가 경험임을 알려주고 있습니다.

a. He has been rich.
   그는 부자가 되어 있어. (=부자가 된 상태 그대로 있어.)

b. He has **once** been rich.
   그는 한 때 부자가 되었던 적이 있어.

a문장은 그가 가난한 상태에서 부자상태로 변해 지금도 부자상태로 살고 있다는 것입니다. b문장은 그가 한 때 부자로 있었던(=살았던) 상태를 그대로 **기억하고 있다**는 것으로 지금은 부자가 아니라는 것이죠. 횟수를 나타내는 부사 once가 경험임을 알려줍니다.

a. I have lost my cell phone.
　　난 휴대폰을 분실한 상태 그대로 있어.

b. I have lost my cell phone **twice**.
　　난 휴대폰을 두 번 분실한 적 있어.

a문장은 휴대폰을 분실한 상태 그대로 있어 지금도 휴대폰을 찾지 못한 상태로 있다는 것입니다. b문장은 휴대폰을 분실 했던 상태를 두 번 **기억하고 있다**는 것이지 지금 휴대폰을 분실한 상태에 있다는 것이 아닙니다. 횟수를 나타내는 부사 twice가 경험임을 알려주고 있습니다.

아래 문장들은 내가 have하고 있는 경험들입니다. 경험을 나타내는 현재완료는 대부분 횟수를 나타내는 부사들과 함께 사용합니다. have는 '~을 갖고 있다'는 본래의 뜻이죠. be의 뜻은 '오다, 가다, 와 있다, 가 있다, 다녀오다, 발생하다, 방문하다, 참여하다, 참석하다'입니다. b문장의 been은 '다녀오다', m문장의 been은 '참여하다'는 뜻입니다.

a. I have seen her **before**. 예전에 그녀를 본 적 있어.

b. I have been to **lots of** places. 많은 장소를 다녀온 적 있어.

c. I have eaten Chinese food **once**. 중국 요리를 한 번 먹은 적 있어.

d. I have met **a lot of** people. 많은 사람을 만난 적 있어.

e. I have **ever** run a marathon. 지금까지 마라톤에서 달려본 적 있어.

f. I have **never** spoken to her. 그녀에게 한 번도 말을 걸어본 적 없어.

g. I have visited Shanghai **recently**. 최근에 상해를 방문한 적 있어.

h. I have played Chess **twice**. 체스를 두 번 둔 적 있어.

i. I have **never** broken my promise. 한 번도 약속을 어긴 적 없어.

j. I have sung it to her **many times**. 그녀에게 여러번 노래를 불러준 적 있어.

k. I have taught her Chinese **once**. 한 때 그녀에게 중국어를 가르친 적 있어.

l. I have had **many** different jobs. 많은 직업을 가진 적 있어.

m. I have been in **lots of** movies. 많은 영화에 참여한 적 있어.

n. Our national team hasn't won the World Cup. 국가대표팀은 월드컵을 획득한 적 없어.

o. **Many** cars have crashed on the tree there. 많은 차들이 저기 나무에 충돌한 적 있어.

UNIT 18 과거시제와 현재완료

우리말은 과거시제로 현재의 정보를 알 수 있는 언어이지만 영어는 과거시제로 현재의 정보를 알 수 없는 언어이기 때문에 영어에 현재완료 표현이 필요합니다. 많은 영어 학습자들이 과거시제와 현재완료를 확실하게 구분하지 못하고 있고, 또 회화나 작문에서 현재완료 표현을 잘 사용하지 못하고 있습니다. 영어를 가르치는 많은 분들이 현재완료를 과거로 해석하고 있어 과거시제와 현재완료시제 구분을 더 어렵게 만들고 있지요. 현재완료를 과거로 해석해선 안 됩니다. **현재완료는 현재시제이기 때문에 현재로 해석해야 합니다.** 먼저 '그는 한국을 떠났어.'를 영어로 옮겨 보세요.

a. He left Korea, and he isn't in Korea.
　그는 한국을 떠났고, 한국에 없어.

b. He has left Korea.
　그는 한국을 떠나 있어.

우리말 '그는 한국을 **떠났어**.'는 그가 한국을 떠났고, 지금 그가 한국에 없다는 현재의 정보까지 들어 있습니다. 그러나 He left Korea의 **left**는 그가 한국을 떠났다는 단순한 과거사실만 알려줄 뿐입니다. 영어의 left에는 그가 한국에 없다는 현재의 정보가 들어 있지 않습니다. 그가 지금 한국에 없는지, 다시 한국에 돌아와 한국에 있는지 현재의 상황을 전혀 알 수 없기 때문에 and he isn't in Korea란 현재의 정보를 추가로 말해줘야 그가 한국에 없다는 말이 됩니다. 그래서 우리말 '그는 한국을 **떠났어**.'란 한 문장을 영어로 바꾸면 a문장 He **left** Korea, and he **isn't** in Korea처럼 두 문장으로 말해야 같은 뜻이 됩니다. 대부분의 우리말은 과거시제 한 문장을 듣고 현재의 상황이 어떤지 바로 알 수 있지만 영어 과거시제는 현재의 상황을 전혀 알 수 없기 때문에 현재의 상황을 말해주는 한 문장을 더 말해줘야 하는 것이죠. 이렇게 항상 두 문장으로 표현하면 말하는 사람도, 듣는 사람도 피곤해 지겠지요. 그래서 '과거시제+현재시제'로 된 두 문장을 한 문장으로 줄여서 표현하는 방식이 필요해 졌고 그것이 바로 b문장 현재완료입니다. has left는 has(그대로 있다)+left(떠난 상태)의 결합으로 '떠난 상태 그대로 있다.'를 줄여서 표현하면 '떠나 있다'가 되는 것이죠. 영어 원어민에게 a문장이 아름다운 표현일까요? 아니면 b문장이 더 아름다운 표현일까요? **영어 원어민은 적은 단어로 정확한 의사표현을 하면 그것이 가장 아름다운 언어라고 생각하기 때문에 현재완료 표현을 더 고급스럽고 아름다운 표현이라고 생각합니다.** 이렇게 우리말 과거시제를 영어로 옮기면 과거시제가 아니라 현재완료로 표현해야 하는 경우가 대부분입니다.

아래 a문장들은 우리말 과거시제인데 a문장을 영어로 바꾸면 b문장처럼 두 문장으로 표현해야 합니다. 두 문장으로 된 b문장을 한 문장으로 줄여서 표현하면 c문장 현재완료 표현이 되는 것이죠. 영어 원어민이 일상생활에서 자주 사용하는 표현은 한 문장으로 된 현재완료 표현입니다. 우리말 a문장을 c문장으로 바로 표현할 수 있어야 제대로 배운 영어입니다.

a. 나는 책을 한 권 샀어. (우리말 '샀어.'에는 사서 갖고 있다는 현재의 정보가 들어 있다.)
b. I **bought** a book, and I **have** it now.
c. I **have bought** a book. 나는 책을 구입한 상태 그대로 있어.

a. 나는 열쇠를 분실했어. (우리말 '분실했어.'에는 분실해서 지금 열쇠가 없다는 현재의 정보가 들어 있다.)
b. I **lost** my key, and I **don't have** it.
c. I **have lost** my key. 나는 열쇠를 분실한 상태 그대로 있어.

a. 나는 선물을 받았어. (우리말 '받았어.'에는 받아서 지금 갖고 있다는 현재의 정보가 들어 있다.)
b. I **got** a present, and I **have** it.
c. I **have got** a present. 나는 선물을 받은 상태 그대로 있어.

a. 그는 변호사가 되었어. (우리말 '되었어.'에는 그가 지금도 변호사라는 현재의 정보가 들어 있다.)
b. He **became** a lawyer, and he **is** a lawyer now.
c. He **has become** a lawyer. 그는 변호사가 된 상태 그대로 있어.

우리와 영어 원어민이 과거시제에 갖고 있는 사고방식은 완전히 다릅니다. 우리는 과거시제를 듣고 현재의 상황을 바로 알 수 있지만 영어 원어민은 과거시제를 듣고 현재의 상황을 전혀 알 수 없지요. 영어 원어민은 과거는 흘러간 과거일 뿐 시간이 지난 현재의 상황은 말해주지 않는 이상 알 수 없다는 사고방식입니다. 그래서 현재의 상황을 추가로 말해 줘야 합니다. 영어 원어민에게 너무나 당연한 사고가 한국인인 우리에겐 너무나 이상한 사고인 것이죠.

복습차원에서 c문장들의 have pp를 분해해 보겠습니다. have bought는 have(그대로 있다)+bought(구입 상태)로 '구입 상태 그대로 있다'입니다. 즉 구입해서 지금 그대로 갖고 있다는 것이죠. have lost는 have(그대로 있다)+lost(분실상태)로 '분실 상태 그대로 있다'입니다. have got은 have(그대로 있다)+got(받은 상태)로 '받은 상태 그대로 있다'입니다. 선물을 받아서 누구를 주거나, 분실하지 않고 지금도 그대로 갖고 있다는 것입니다. has become은 has(그대로 있다)+become(된 상태)로 '변호사가 된 상태 그대로 있다'입니다. 변호사가 되어 지금도 변호사란 직업을 그대로 갖고 있다는 것이지요.

아래와 같이 **우리말 과거시제 a문장을 현재완료 b문장으로** 바로 표현할 수 있어야 제대로 된 영어입니다. 지금 나의 영어는 어떤 영어인가요?

a. 나는 그에게 10달러를 빌려줬어. (빌려주고 받지 않은 상태라는 현재의 정보가 들어 있다.)

b. I **have lent** him 10 dollars. 나는 그에게 10달러를 빌려준 상태 그대로 있어.

c. 그는 성공했어. (그는 성공해서 지금 부자라는 현재의 정보가 들어 있다.)

d. He **has succeeded**. 그는 성공한 상태 그대로 있어.

e. 나는 약속했어. (약속했고 그 약속을 지켜야 하는 상태에 있다는 현재의 정보가 들어 있다.)

f. I **have promised**. 나는 약속한 상태 그대로 있어. (=약속해 놓았어.)

g. 나는 정원에 나무를 심었어. (심은 나무가 정원에 그대로 있다는 현재의 정보가 들어 있다.)

h. I **have planted** a tree in the garden. 정원에 나무를 심은 상태 그대로 있어. (=심어놓았어.)

i. 나는 세차했어. (세차해서 차가 깨끗한 상태라는 현재의 정보가 들어 있다.)

j. I **have washed** my car. 나는 세차를 완료한 상태 그대로 있어. (=세차해 놓았어.)

k. 날씨가 추워졌어. (날씨가 추워져 지금도 날씨가 춥다는 현재의 정보가 들어 있다.)

l. It **has been cold**. 날씨가 추워진 상태 그대로 있어. (=추워져 있어.)

m. 그들은 헤어졌어. (그들이 헤어져 지금은 만나지 않는 상태라는 현재의 정보가 들어 있다.)

n. They **have broken up**. 그들은 헤어진 상태 그대로 있어. (=헤어져 있어.)

a문장을 I lent him 10 dollars, and he has the money now, c문장을 He succeeded, and he is rich now처럼 '과거시제+현재시제'로 된 두 문장으로 표현하고 싶은가요? 위와 같이 항상 두 문장으로 친구에게 문자해 보세요. 문자를 보내는 사람도, 받은 문자를 읽는 사람도 상당히 피곤해질 것입니다.

위 문장들의 have pp를 분해해 보면 have lent는 have(그대로 있다)+lent(빌려준 상태), have succeeded는 have(그대로 있다)+succeeded(성공한 상태), have promised는 have(그대로 있다)+promised(약속한 상태), have planted는 have(그대로 있다)+planted(심은 상태), have washed는 have(그대로 있다)+washed(세차 상태), has been cold는 has(그대로 있다)+been cold(추워진 상태), have broken up은 have(그대로 있다)+broken up(헤어진 상태)의 결합입니다. **현재완료는 현재의 상태를 알려주는 현재시제이기 때문에 현재로 해석해야 과거시제와 명확하게 구분할 수 있습니다.** break up은 '헤어지다'인데 『전치사 쇼크』 39p의 설명을 읽어보세요.

이제부터는 영어 학습자들이 읽고도 정확한 뜻을 잘 모르는 과거시제와 현재완료 표현을 비교 설명하겠습니다.

a. ① I **read** the book.   ② I **have read** the book.
b. ① I **wrote** a letter.   ② I **have written** a letter.
c. ① I **saw** the accident. ② I **have seen** the accident.
d. ① I **told** her the news. ② I **have told** her the news.

● a문장의 과거형 read는 '읽었다'이고, 과거분사는 read는 '읽기 완료'입니다. 과거분사의 품사는 명사이기 때문에 '읽기 완료했다'를 명사로 바꾸면 '읽기 완료'가 됩니다. 『전치사 쇼크』를 가져와서 읽어보세요. 1줄 읽어도 읽은 것이고, 10p를 읽어도 읽은 것이고, 전체 다 읽어도 읽은 것입니다. 과거시제 '읽었다'로는 다 읽었는지 덜 읽었는지는 전혀 알 수 없지요. have read는 '읽기 완료상태 그대로 있다'로 한 권 전체를 다 읽어 책의 내용을 알고 있는 상태입니다. ①번 문장처럼 말하면 다 읽었는지 덜 읽었는지 다시 물어봐야 하지만 ②번 문장처럼 말하면 다 읽었다는 말이기 때문에 책의 내용에 대해서 물어 볼 수 있고, 책을 빌려달라고 할 수도 있습니다.

● b문장의 과거형 wrote는 '썼다'이고, 과거분사 written은 '쓰기 완료'입니다. 친구에게 보낼 메일을 작성해 보세요. 1줄 쓴 것도, 10줄을 쓴 것도, 쓰다가 지워 버린 것도, 끝까지 쓴 것도 모두 '썼다'입니다. wrote는 메일을 완성했는지 아닌지는 전혀 알 수 없죠. have written은 '쓰기를 완료한 상태 그대로 있다'로 메일 작성을 완성해 놓아 메일을 보내기만 하면 되는 상태에 있다는 것입니다.

● c문장의 과거형 saw는 '목격했다'이고, 과거분사 seen은 '목격 완료'입니다. 사고 현장을 지나가면서 얼핏 본 것도 saw이고, 보기는 봤는데 기억하지 못하는 것도 saw, 전체 다 본 것 역시 saw입니다. 보기만 하면 saw입니다. have seen은 '목격 완료상태 그대로 있다'로 사고를 지켜봐서 그 내용을 기억하고 있는 것입니다. saw라고 말하는 사람에겐 자세한 내용을 들을 수 없지만 seen한 사람에겐 구체적이고 자세한 내용을 들을 수 있겠지요.

● d문장의 과거형 told는 '말했다'이고, 과거분사 told는 '말 전달 완료'입니다. 하고 싶은 말의 일부만 말해도 '말했다', 나는 말했는데 상대편이 듣지 않아도 '말했다', 나의 말을 상대편에게 전달해도 '말했다'입니다. 즉 입에서 말이 나오기만 하면 '말했다'죠. have told는 '말 전달을 완료한 상태 그대로 있다'입니다. 즉 하고자 하는 말을 상대편에게 전달 완료하여 상대편이 그 내용을 알고 있는 상태로 다시 말할 필요가 없는 상황이라는 것입니다.

a. ① I **heard** his death.　② I **have heard** his death.
b. ① I **called** her.　② I **have called** her.
c. ① I **painted** the chair.　② I **have painted** the chair.

● a문장의 과거형 heard는 '들었다'이고, 과거분사 heard는 '듣기 완료'입니다. 구체적인 내용은 모르고 그가 죽었다는 일부 사실만 들어도 '들었다', 왜 죽었는지 구체적인 내용까지 다 들어도 '들었다'로 듣기만하면 '들었다'죠. have heard는 '듣기 완료상태 그대로 있다'로 들어야 할 내용을 다 들어 모두 기억하고 있다는 것입니다. ②번 문장처럼 말하는 사람에게는 죽음에 대한 자세한 내용을 들을 수 있겠지요.

● b문장의 과거형 called는 '전화했다'이고, 과거분사 called는 '전화 통화 완료'입니다. 내가 전화 했는데 상대편이 받지 않아도 '전화했다'이고, 상대편이 받았지만 내용을 제대로 전달하지 못하고 끊어도 '전화했다', 정상적인 통화를 완료한 것도 '전화했다'입니다. have called는 '전화 통화 완료상태 그대로 있다.'로 전화를 해서 상대편이 전화를 받았고 상대편에게 전달할 내용을 전달 완료한 상태를 말합니다. ②번 문장은 '그녀에게 전화해 놓았다.'로 그녀에게 다시 전화할 필요가 없는 상태임을 알려주는 것이죠.

● c문장의 과거형 painted는 '칠 했다'이고, 과거분사 painted는 '칠 완료'입니다. 의자에 페인트 칠 해보세요. 의자에 한 번 붓질한 것도 '칠했다', 칠하다가 그만둔 것도 '칠했다', 전체 다 칠한 것도 '칠했다'입니다. have painted는 '칠 완료상태 그대로 있다'로 의자에 페인트칠을 완료한 상태로 있다는 것이죠. 과거시제는 완료 여부를 알 수 없는 단순동작이고, 과거분사는 완전히 끝마친 완료동작입니다.

■ 핵심 포인트 ■

우리말 과거시제 '~했다', '~되었다'에는 '지금까지 그대로 있다'는 현재의 정보가 들어 있습니다. 즉 우리말 과거시제에는 영어의 have(그대로 있다)가 이미 들어 있는 것이죠. 영어 과거시제에는 현재의 정보가 들어 있지 않습니다. 그래서 우리말 과거시제를 영어 한 문장으로 옮기면 '완료상태+그대로 있다(have), 변화 상태+그대로 있다(have)'가 됩니다. 우리말과 영어가 갖고 있는 사회적 약속이 전혀 다르다는 것을 항상 기억해야 합니다.

UNIT 19 already, just, yet

already는 '벌써, 이미'로 생각했던 것보다 더 일찍 일이 일어났다는 것입니다. '**벌써** 완료 해 놓았다', '**벌써** 했다'로 '벌써'라는 단어의 의미 때문에 현재완료를 쓰든 과거를 쓰든 같은 의미가 됩니다. already는 c문장처럼 문장 끝에도 사용합니다.

    a. Did you call her? I have already called her. (=I already called her.)
        그녀에게 전화 했어? 이미 그녀에게 전화해 놓았어. (=그녀에게 이미 전화했어.)

    b. He has already arrived. (=He already arrived.)
        그는 이미 도착해 있어. (=그는 이미 도착했어.)

    c. I have bought the ticket already. (=I bought the ticket already.)
        이미 그 표를 사 놓았어. (=이미 그 표를 샀어.)

just는 '이제 막, 방금(a short time ago)'입니다. '**방금** 완료해 놓았다', '**방금** 했다'로 '방금'이란 단어의 의미 때문에 현재완료를 쓰든 과거를 쓰든 같은 의미가 됩니다.

    a. I have just finished my homework. (=I just finished my homework.)
        방금 숙제를 끝내 놓았어. (=방금 숙제를 끝마쳤어.)

    b. He has just come here. (=He just came here.)
        그는 방금 여기에 와 있어. (=그는 방금 여기 왔어.)

yet은 '아직, 지금까지도'로 의문문과 부정문에만 사용합니다. 어떤 일이 아직 일어나지 않아 일어나길 기대하고 있다는 것이죠. '**아직** 안 해 놓았다.', '**아직** 안 했다.'로 '아직'이란 단어의 의미 때문에 현재완료를 쓰든 과거를 쓰든 같은 의미가 됩니다. yet은 주로 문장 끝에 사용하고 반대말은 already입니다.

    a. I haven't mailed it yet. (=I didn't mail it yet.)
        아직 메일을 발송 안 한 상태로 있어. (=아직 메일을 발송 안 했어.)

    b. He hasn't started his job yet. (=He didn't start his job yet.)
        그는 아직 일을 시작 안한 상태로 있어. (=그는 아직 일을 시작 안 했어.)

현재완료와 과거시제는 다르지만 already, just, yet에 있어서 '현재완료=과거'인 것은 '벌써, 방금, 아직'이라는 단어의 뜻 때문입니다. **현재시점을 기준으로 가까운 시간 내에서 발생하는 일이기 때문에 현재완료로 표현하든, 과거로 표현하든 같은 의미가 되는 것이죠.** 원어민은 현재완료를 더 많이 사용합니다.

UNIT 20 과거완료(had pp)

과거완료는 'had+과거분사'입니다. 과거완료는 현재완료가 일반화된 15C부터 사용된 것이 아니라 17C이후부터 사용하기 시작했습니다. **have** pp가 있으면 당연히 **had** pp도 있어야 한다는 논리에서 문법학자들이 시제 사용법을 확대해 나갔고 서적의 일반화, 대중교육 등을 통하여 보통 사람들도 자연스럽게 사용하게 된 것이죠. have pp는 '완료상태 그대로 있다, 변화상태 그대로 있다'입니다. had pp는 '완료상태 그대로 있었다, 변화상태 그대로 있었다'로 have의 해석만 had로 바꾸어 주면 됩니다. UNIT 15, UNIT 16, UNIT 17로 돌아가 have의 해석을 had로 바꾸어 보세요. 그러면 과거완료를 별도로 학습할 필요가 없습니다.

a. The train **has left**. 기차는 떠나가 있어.
b. The train **had left** when we arrived. 우리가 도착했을 때 기차는 떠나가 있었어.
c. The movie **has already started**. 영화는 이미 시작해 있어.
d. The movie **had already started** when we got there.
   우리가 거기에 도착했을 때 영화는 이미 시작해 있었어.
e. His son **has been** a doctor. 그의 아들은 의사가 되어 있어.
f. When he went back to his country, his son **had been** a doctor.
   그가 그의 나라로 돌아갔을 때, 그의 아들은 의사가 되어 있었어.
g. I **have never seen** her. 그녀를 한 번도 본 적 없어.
h. I **had never seen** her. 그녀를 한 번도 본 적 없었어.

● a문장의 has left는 지금 기차가 기차역에서 떠나가 있는 것이고, b문장의 had left는 우리가 도착한(arrived) 과거시점에 기차가 이미 떠나가 있었다는 것입니다. '떠나가 있다'의 '있다'를 과거형 '있었다'로 바꾸면 되지요.

● e문장의 has been은 아들이 의사가 되어 지금 의사로 있다는 것이고, b문장의 had been은 그가 went back한 과거시점에 아들은 이미 의사가 되어 의사로 있었다는 것입니다. '되어 있다'의 '있다'를 과거형 '있었다'로 바꾸면 됩니다.

● g문장의 have seen은 현재를 기준으로 본 적 있다는 경험을 나타내는 것이고, h문장의 had seen은 과거의 어느 시점을 기준으로 본 적 있었다는 것입니다. '본 적 있다'의 '있다'를 과거형 '있었다'로 바꾸면 됩니다.

UNIT 21 현재완료진행형(have been V-ing)

　현재완료진행형은 현재에서 완료하고 계속 진행되는 것으로 '계속 하고 있는 중이다'라고 공식화해 놓았습니다. '현재(have)+완료(been)+진행형(V-ing)'이란 단어의 뜻을 그대로 결합한 것이죠. have been V-ing를 현재완료진행형이라는 공식으로 암기하고 있는데 동작이 끝난(=완료된) 직전 과거 표현으로 사용하면 무슨 뜻인지 몰라 당황하는 영어 학습자들이 너무나 많습니다. 사람이 갖고 있는 본능적인 사고체계가 완전히 무너져 버리기 때문이죠. V-ing는 '동작 **중**'임을 나타내는데 V-ing에 '동작 **완료**'란 뜻이 또 있으니 당황할 수밖에 없지요. 사람의 사고체계를 무너뜨리는 현재완료진행형이란 문법용어는 바로 폐기해야 합니다.

> ■ have been V-ing ■
> ① 계속 하고 있는 중이다 (동작 중)
> ② 조금 전까지 계속 했었다 (조금 전에, 방금 막 끝냈다=동작 완료)

　have been V-ing는 have+been V-ing의 결합입니다. have는 '그대로 있다'이고 been V-ing은 '동작 중, 동작 완료'입니다. have(그대로 있다)+been V-ing(동작 중)으로 결합하면 '동작 중인 상태 그대로 있다'로 줄여서 표현하면 '계속하고 있는 중이다'입니다. have(그대로 있다)+been V-ing(동작 완료)로 결합하면 '동작 완료상태 그대로 있다'를 줄여서 표현하면 '조금 전까지 계속 했었다'로 조금 전에, 방금 막 끝냈다는 직전 과거 표현이 됩니다. 그럼 왜 been V-ing가 '동작 중'과 '동작 완료'라는 두 가지 뜻을 동시에 갖고 있을까요? 우리는 UNIT 6에서 -ing의 역사를 배웠고 -ing는 '동작 중'과 동작이 끝난 '과거개념' 모두를 갖고 있음을 배웠습니다. -ing의 역사는 너무나 중요합니다.

　have been V-ing만 보고는 동작 중인지, 동작이 끝났는지 알 수 없습니다. **have been V-ing는 대화를 하는 상황에 따라 그 뜻이 달라집니다. 동작 중인 모습을 보고 사용하면 '계속 하고 있는 중이다.'이고, 동작이 끝난 상태에서 사용하면 '조금 전까지 계속 했었다.'는 직전 과거 표현이 됩니다.** 직전 과거란 조금 전에, 방금 막 끝난 행동으로 현재의 상황과 관련되어 있습니다. 동작 중인지 동작이 끝났는지는 눈으로 보면 알 수 있겠지요.

1 have been V-ing는 '~을 계속 하고 있는 중이다'입니다.

have been V-ing는 have(그대로 있다, (시간)을 보내다)+been V-ing(동작 중)으로 '동작 중인 상태 그대로 있다, 동작중인 상태로 시간을 보내다'를 줄여서 표현하면 '계속 하고 있는 중이다'입니다. have를 had로 바꾸면 '계속 하고 있는 중 **이었다**'가 되지요. have been V-ing는 **계속** 하고 있는 것이기 때문에 언제부터, 얼마 동안 계속 하고 있는지 궁금해지죠. 그래서 since(~부터), for(~동안)와 결합하여 자주 사용됩니다.

a. My wife **has been making up** for an hour.
   아내는 한 시간 동안 화장을 계속 하고 있어.

b. I **have been waiting for** my friend.
   난 친구를 계속 기다리고 있어.

c. It **has been raining** for 3 hours.
   3시간 동안 계속 비가 내리고 있어.

d. He **has been studying** English for 2 years.
   그는 2년 동안 영어 공부를 계속하고 있어.

e. She **has been working** in the bank since 1999.
   그녀는 1999년 이후로 은행에서 계속 일하고 있어.

f. I **have been looking for** Jack since this morning.
   난 아침부터 잭을 계속 찾고 있어.

been V-ing은 '계속 하고 있는 중'으로 계속 하고 있다는 것은 쉬지 않고 계속 하고 있는 것과, 중단 했다가 다시 계속하는 것까지 모두 포함하는 것입니다. a문장은 한 시간 동안 계속 화장만 하고 있는 것 일수도 있고, 전화를 받거나 아이들 밥을 챙겨주기 위해 잠시 중단했다가 계속 화장하는 것일 수도 있습니다. c문장은 3시간 동안 비가 내리다가 그치다가 하면서 계속 비가 오고 있는 중일수도 있고, 중단 없이 계속 비가 오고 있는 중일 수도 있습니다. 중요한 것은 말을 하고 있는 지금 계속 비가 오고 있는 중이라는 것이죠.

d문장은 영어를 공부하다가 안하다가를 반복하면서 지금 또는 요즈음도 영어 공부를 계속하고 있다는 것입니다. 쉬는 시간도 없이 영어 공부만 계속 하는 사람은 없지요. **V-ing는 '동작 중'으로 말을 하고 있는 지금, 또는 요즈음 무엇을 하고 있는 중이라는 것**입니다. V-ing 개념이 확실하지 않으면 UNIT 6, UNIT 7을 복습하세요.

2 have been V-ing는 '조금 전까지 계속 했었다'로 직전 과거 표현입니다.

have been V-ing는 have(그대로 있다)+been V-ing(동작 완료)로 '동작 완료상태 그대로 있다'를 줄여서 표현하면 '조금 전까지 계속 했었다'입니다. 계속 하고 있던 동작(=행동, 일)을 조금 전에, 이제 막 끝마쳤다는 것이죠. 영어 학습자들이 가장 어려워하는 부분 중에 하나이기 때문에 구체적인 상황을 예로 들어 설명하겠습니다.

a. Let's go to play computer games. 컴퓨터 게임하러 가자.
b. I **have been playing** computer games. 나 조금 전까지 컴퓨터 게임 계속 했었어.

길거리에서 친구를 만났습니다. 친구에게 컴퓨터 게임하러 가자고 a문장처럼 제안하니 친구는 조금 전까지 컴퓨터 게임을 계속 했었다고 b문장처럼 대답합니다. have been playing은 '조금 전까지 게임을 했었어.'입니다. b문장을 '컴퓨터 게임을 계속 하고 있는 중이야'로 옮기면 길거리에서 서 있는 사람이 컴퓨터 게임을 계속 하고 있다는 황당한 말이 됩니다.

a. Is it raining? 비오고 있어?
b. No, but the road is wet. It **has been raining**. 아니, 그런데 길은 젖어 있어. 비가 계속 왔었어.

비가 오고 있냐고 a가 물으니 b는 **비는 오지 않고 길은 젖어있는 상태**라고 대답 합니다. has been raining은 '조금 전까지 비가 계속 왔었어.'입니다. b문장의 has been raining을 '비가 계속 오고 있는 중이야.'로 옮기면 황당한 대답이 됩니다. 비가 안 온다고 대답한 후에 비가 계속 오고 있다고 말한다면 바보 같은 소리죠. 비가 오고 있는 중인지, 비가 그친 상태인지는 밖을 내다보면 알 수 있습니다.

a. Let's go for a walk. 산책가자.
b. I am very tired. I **have been working** hard all day. 나 매우 피곤해. 하루 종일 열심히 일 했었어.

퇴근 후에 집에 있는데 아이들이 산책가자고 합니다. 그때 b문장처럼 흔히 말하게 되지요. have been working은 '계속 일 했었어.'입니다. b문장의 have been working을 '계속 일하고 있는 중이야.'로 옮긴다면 퇴근해서 집에 있는 사람이 회사에서 계속 일하고 있다는 황당한 말이 되어 버리지요.

have been V-ing는 상황어로 상황에 따라 그 뜻이 달라짐을 명심해야 합니다. 동작 중인 모습을 보고 사용하면 '계속 하고 있는 중이다'이고 동작이 끝난 상태에서 사용하면 '조금 전까지 계속 했었다'는 직전 과거 표현이 됩니다.

a. Where have you been? I **have been looking for** you for an hour.
   어디 다녀왔니? 널 한 시간 동안 찾고 있었어.

b. You **have been watching** English News Y.
   여러분은 영어 뉴스 Y를 시청하셨습니다.

c. Mom, look at this. Somebody **has been eating up** my cake.
   엄마 이것 보세요. 누군가 나의 케이크를 다 먹었어요.

d. You're out of breath. **Have** you **been running**?
   너 숨을 헐떡이네. 너 달리기 했었니?

e. How long **have** you **been drinking**?
   얼마나 오랫동안 술을 마셨어?

● a문장은 찾고 있던 친구가 나타나 친구를 이미 찾은 상황에서 한 말입니다. 도착해서 눈앞에 있는 친구를 보고 '너를 계속 찾았었어.'라고 말하지 '너를 계속 찾고 있는 중이야.'라고 말하지 않습니다.

● b문장은 아나운서가 영어 뉴스방송을 끝마치고 마지막으로 하는 멘트입니다. 위와 같은 멘트를 남기고 영어뉴스는 끝나지요. b문장이 '여러분은 영어 뉴스 Y를 계속 시청하고 있는 중입니다.'란 뜻이 되려면 그 멘트 다음에 새로운 뉴스가 계속 이어져야 합니다.

● c문장은 남겨둔 케이크를 누군가 다 먹어치우고 케이크가 없는 상태에서 한 말입니다. has been eating이 '계속 먹고 있는 중이야'가 되려면 누군가 케이크를 먹고 있는 모습을 지금 눈앞에서 볼 수 있어야 합니다.

● d문장은 달리기를 끝내고 숨을 헐떡이며 앉아 있는 사람에게 한 질문입니다. 앉아 있는 사람에게 '너 달리기 계속 하고 있니?'라고 물으면 바보 같은 질문이죠. 누군가 달리고 있는 모습을 보고 have been running을 사용하면 '계속 달리고 있는 중이야.'가 됩니다.

● e문장은 술을 많이 마신 후에 술집에서 자고 있거나, 아니면 돌아와 집에서 자고 있는 사람을 깨우면서 흔히 하는 말입니다. 드라마에서 자주 보는 장면이죠. 물론 누군가 술을 마시고 있는 상황에서 e문장을 사용하면 '얼마나 오랫동안 술을 마시고 있는 거야?'가 됩니다.

3. have been doing의 역사

It has been raining이란 문장을 보고 현재완료진행형이란 공식을 적용하여 '비가 계속 오고 있는 중이다.'로 무작정 해석해선 안 됩니다. 그것은 I am going to the library를 현재진행형이란 공식을 적용하여 '도서관에 가고 있는 중이야.'로 무작정 해석해선 안 되는 것과 같지요. 확실한 개념정리를 위해 보충 설명합니다.

a. It has been raining.
　① 비가 계속 오고 있는 중이야.　② 비가 조금 전까지 계속 왔었어.

b. I am going to the library.
　① 나는 도서관에 가고 있는 중이야.　② 나는 도서관에 갈 계획이야.

c. 도서관에 간다.
　① 도서관에 가고 있는 중이야.　② 도서관에 갈 계획이야.

d. ① 저기 가는 사람 누구야? (가는=가고 있는)
　② 내일 교회 가는 사람 있어? (가는=갈 예정인)

a문장을 비가 오고 있는 모습을 보고 사용하면 '계속 비가 오고 있는 중이다.'이고 비가 그친 상태에서 사용하면 '조금 전까지 비가 계속 왔었다.'라는 직전 과거 표현이 됩니다. b문장을 도서관에 가고 있는(=동작 중) 상황에서 사용하면 '나는 도서관에 가고 있는 중이야.'가 되지만 도서관에 가고 있지 않은 상황에서 사용하면 '나는 도서관에 갈 예정이야.'가 됩니다. V-ing는 사용하는 상황에 따라 그 뜻이 달라지는 상황어입니다. V-ing가 동작 중인지 동작이 끝났는지는 눈으로 보면 알 수 있지요.

c문장의 우리말 '간다' 역시 상황에 따라 그 뜻이 달라집니다. 어디에 가고 있는 친구에게 '어디 가니?'라고 물었을 때 '도서관에 **간다**.'라고 대답했다면 그 뜻은 ①번 문장입니다. 그러나 '내일 어디 가니?'라고 물었을 때 '도서관에 **간다**.'라고 대답했다면 그 뜻은 ②번 문장이 됩니다. 우리말 현재시제 '간다'는 '가고 있는 중이다'와 '갈 계획이다'라는 두 가지 뜻을 갖고 있는 상황어입니다. d문장의 '가는' 역시 상황에 따라 뜻이 달라지는 상황어입니다. ①번 문장의 '가는'은 '가고 있는'으로 동작 중임을 말하지만 ②번 문장의 '가는'은 '갈 예정(=계획)인'입니다. **모든 언어는 상황에 따라 뜻이 달라지는 상황어적 특성이 있는데 영어는 다른 언어에 비해 상황어가 월등히 많습니다.** 현재진행형, 현재완료진행형과 같은 문법공식이 왜 위험한지 이제 아시겠지요? 상황에 따라 뜻이 달라지는 상황어를 공식으로 만들면 공식에서 벗어나는 많은 예외가 발생하게 됩니다.

이제 have been V-ing의 역사로 넘어가겠습니다. have been V-ing는 중세 영국의 시인 초우서(Chaucer:1343~1400)의 글에서 처음 발견되었다고 합니다. 그런데 have been V-ing를 보통 사람들이 사용하기 시작한 시기는 19C 이후라고 합니다. 즉 19C 이전에 have been V-ing는 주로 작가들이나 지식인들이 글을 쓸 때나 사용하던 표현이라는 것이죠. have been V-ing는 '계속 하고 있는 중이다'입니다. 그런데 have been V-ing에 '조금 전까지 계속 했었다.'는 의미의 직전 과거 표현이 추가된 이유는 현재완료 have pp를 보완할 필요가 있었기 때문입니다.

   a. I have **done** shopping.
      나는 쇼핑을 끝내 놓았어.

   b. I have **been doing** shopping.
      나는 쇼핑을 이제 막(=조금 전에) 끝내 놓았어.

a문장의 done shopping은 '쇼핑을 끝마친 상태'입니다. 쇼핑을 끝마친 시점이 1주 전인지, 어제인지, 조금 전인지 완료시점을 전혀 알 수 없습니다. 즉 현재완료 have done은 have와 done과의 시간 간격을 전혀 알 수 없습니다. b문장의 been doing shopping은 '**조금 전에 쇼핑을 끝마친 상태**'입니다. 조금 전에, 이제 막 쇼핑을 끝마쳐 쇼핑한 물건을 갖고 있는 상황에서 한 말이죠. **have done을 사용하면 동작이 언제 끝났는지 완료 시점을 알 수 없지만 have been doing을 사용하면 현재시점을 기준으로 조금 전에, 이제 막 끝났음을 생생하게 표현할 수 있습니다.** 물론 b문장을 쇼핑을 하고 있는 중에 사용하면 '계속 쇼핑을 하고 있는 중이야.'입니다.

been V-ing는 be+V-ing(~하고 있는 중이다)의 be가 과거분사 been으로 바뀐 것입니다. 과거분사는 동작 완료죠. **be+V-ing의 be(am, are, is)를 been으로 바꾸면 하고 있던 동작을 완료한 것이기 때문에 been V-ing은 동작 완료가 되는 것입니다.** V-ing는 과거개념도 갖고 있기 때문에 been(완료)+V-ing(과거개념)를 동작이 끝난 동작 완료로 사용해도 전혀 이상하지 않습니다.

독일어는 현재시제와 현재동작형(진행형)이 같고 현재완료와 과거시제가 같은 언어입니다. 즉 독일인들의 사회적 약속이 그렇다는 것이죠. 영어의 시작이 독일어인데 현대 영어는 독일어와 달리 현재시제와 현재동작형이 전혀 다른 언어이고, 현재완료와 과거시제가 전혀 다른 언어입니다. 그것은 영국이 프랑스의 식민 지배를 받으면서 영국인이 갖고 있던 독일인 사고방식이 프랑스인의 사고방식으로 바뀌었기 때문입니다. 그렇지만 16C까지만 해도 영국인들은 현재진행형을 사용해야 할 곳에 현재시제를 사용했고, 현재완료를 사용해야 할 곳에 과거시제를 사용했다고 합니다. 영국인이 갖고 있던 본래의 사고방식, 즉 독일인의 사고방식이 16C까지만 해도 그대로 남아 있었습니다.

오늘날의 have pp는 15~16C에 일반화되었고, had pp는 17C이후, have been doing과 be being pp는 19C이후 일반화 되었습니다. 'have pp가 있으면 had pp도 있어야 한다, have been doing에서 been doing을 been(완료)으로 보면 동작 완료이지만 doing(동작 중)으로 보면 동작 중이 된다, be doing이란 능동 표현이 있으면 be being done이란 수동 표현도 있어야 한다.'와 같은 수학적, 과학적 논리로 문법학자들이 시제를 하나씩 개발하였고, 영어문법서와 대중교육을 통하여 오늘날의 현대영어로 정착한 것입니다. 우리가 배우는 시제는 원어민이 처음부터 사용하던 전통적인 표현방식이 아닙니다. 영국이 프랑스의 식민지로 있는 동안 영국인은 농노였기 때문에 지역 간의 교류가 없었습니다. 15C경에는 남쪽과 북쪽에 있는 영국인이 대화를 하려면 통역이 필요한 수준이었다고 합니다. 17C 이후 다양한 영어사전, 영어문법서들이 출현하고 학교에서 영어를 정규 과목으로 지정하여 가르침으로써 영어가 안정된 것이지요. 대중들은 영어사용에 자신이 없어 영어문법서와 학교 교육에 의존하는 경향이 있었기 때문에 문법학자들이 만든 영어시제들이 일반화될 수 있었던 것입니다. 18C 이후의 영어문법서들은 대중에게 큰 영향을 미쳤고 19C에는 적어도 856권의 영어문법서들이 발간되었다고 합니다. 이렇게 영어 시제가 흘러온 역사를 알고 시제를 배우면 영어학습에 많은 도움이 될 것입니다.

UNIT 22 have done과 have been doing

have done과 have been doing의 뜻이 같은 경우가 있습니다. 주로 how long, since, for와 함께 사용하는 경우죠. have **done**과 have **been doing**이 같은 뜻이라는 것은 done과 been doing이 같다는 것입니다. 왜 done=been doing이 같은 뜻이 되는지 하나씩 살펴보겠습니다.

a. It has **rained** since lunchtime. (상태 변화-지속)
b. It has **been raining** since lunchtime. (계속 동작 중)
점심시간 이후로 비가 계속 오고 있는 중이야.

a문장의 rained는 '비오는 상태'입니다. 비가 오지 않던 상태에서 비오는 상태로 날씨 상태가 변하는 것이 rained입니다. has(그대로 있다)+rained(비오는 상태)의 결합으로 '비오는 상태 그대로 있다'입니다. '비오는 상태 그대로 있다'와 '계속 비가 오고 있는 중이다'는 같은 뜻이죠. rain은 -ing를 붙여 사용하는 동작동사이기 때문에 rained를 동작 완료로 본다면 '비 내리는 것 완료'로 비가 그쳐 더 이상 비가 오지 않는 상태라는 말이 됩니다. 그러나 **영어 원어민은 과거분사 rained를 동작 완료가 아니라 상태 변화로 인식합니다.** 꽤 알려진 강사분이 a문장이 틀린 문장이라고 강의하고, 책에도 그렇게 강조해 놓았더군요. a문장이 틀린 문장인지 아닌지는 원어민에게 물어보면 바로 알 수 있습니다. 과거분사 개념을 모르다보니 일본영문법을 바탕으로 그런 결론을 내려버린 것이죠.

동작동사의 과거분사는 동작 완료입니다. 그러나 **원어민들은 일부 동작동사의 과거분사는 동작 완료가 아닌 상태 변화로 인식합니다.** b문장의 been raining은 '계속 비가 오고 있는 중'이죠. has(그대로 있다)+been raining(계속 비오고 있는 중)의 결합으로 '계속 비가 오고 있는 중이다'가 됩니다. a문장은 상태가 변하여 그 상태로 지금까지 지속(=계속)되고 있다는 것이고, b문장은 계속 동작 중이라는 것으로 a와 b문장은 같은 뜻입니다. 느낌의 차이가 있다면 과거분사 rained는 상태 변화이고, been raining은 빗소리가 들리고, 빗물이 뚝뚝 떨어지는 동작입니다. 회화에선 has been raining을 훨씬 더 많이 사용합니다. has been V-ing은 19C이후에 보통사람들도 자연스럽게 사용했다고 앞에서 설명 했습니다. a문장은 원어민이 전통적으로 사용하던 표현방식이고, b문장은 19C이후 추가된 새로운 표현 방식임을 알면 이해가 빠르고 왜 두 가지 표현방식이 존재하는지 바로 알 수 있지요.

아래 **a문장**들은 '상태 변화–지속'이고, **b문장**들은 '계속 동작 중'으로 두 문장은 같은 뜻입니다. have been V-ing는 '계속 하고 있는 중이다'로 위에서 학습한 만큼 별도의 설명이 필요 없을 것입니다. 우리식 사고로 쉽게 이해되지 않는 a문장들을 자세히 설명하겠습니다.

a. I have **felt dizzy** since this morning.
b. I have **been feeling dizzy** since this morning.
나는 아침부터 현기증을 계속 느끼고 있는 중이야.

a. He has **lived** in Daegu.
b. He has **been living** in Daegu.
그는 대구에서 계속 살고 있는 중이야.

a. I have **waited** here for an hour.
b. I have **been waiting** here for an hour.
나는 여기서 한 시간 동안 계속 기다리고 있는 중이야.

● feel은 동작동사이지만 원어민은 과거분사 felt를 동작 완료가 아닌 상태 변화로 사용합니다. 과거분사 felt를 동작 완료로 사용하면 느끼는 것을 완료하여 더 이상 느끼지 않는 상태라는 황당한 표현이 됩니다. felt dizzy는 '현기증을 느끼는 상태'입니다. 머리에 현기증이 없는 상태에서 현기증을 가진 상태로 머리 상태가 변화한 것이죠. have(그대로 있다)+felt dizzy(현기증을 느끼는 상태)의 결합으로 '현기증을 느끼는 상태 그대로 있다'는 '계속 현기증을 느끼고 있다'와 같은 뜻이 됩니다.

● live는 동작동사이지만 원어민은 과거분사 lived를 동작 완료가 아닌 상태 변화로 사용합니다. lived in Daegu는 '대구에 살고 있는 상태'입니다. 대구에 살지 않던 사람이 대구로 이사 가서 대구에 계속 있는 것으로 장소의 변화를 말합니다. 장소의 변화란 거주지의 변화죠. He has(그대로 있다)+lived in Daegu(대구에 사는 상태)의 결합으로 '대구에서 사는 상태 그대로 있다'는 '대구에서 계속 살고 있다'와 같은 뜻이 됩니다.

● wait는 동작동사이지만 원어민은 과거분사 waited를 동작 완료가 아닌 상태 변화로 사용합니다. 과거분사 waited를 동작 완료로 사용하면 기다리는 것을 완료하여 더 이상 기다리지 않는 상태라는 황당한 표현이 됩니다. 사람을 기다리는 것은 약속장소에 도착하여 그곳에 계속 있는 것이죠. waited here는 '여기서 기다리는 상태'로 장소의 변화를 말합니다. have(그대로 있다)+waited here(여기서 기다리는 상태=여기에 도착한 상태)의 결합으로 '여기에 기다리는 상태 그대로 있다'는 '여기서 계속 기다리고 있다'와 같은 뜻이 됩니다.

아래 a문장들의 과거분사는 상태 변화가 아니라 동작 완료입니다. 한 번의 동작을 완료한 것이 아니라 완료 동작을 계속 반복하는 것입니다. have been V-ing는 '계속 하고 있는 중이다'입니다. V-ing는 말을 하고 있는 지금 또는 요즈음 무엇을 하고 있는 중이라는 것이죠. 우리 사고방식으로 쉽게 이해되지 않는 a문장들을 자세히 설명하겠습니다.

a. I have **studied** English for 12 years.
b. I have **been studying** English for 12 years.
나는 12년 동안 영어 공부를 계속 하고 있어.

a. I have **played** the piano since I was five.
b. I have **been playing** the piano since I was five.
나는 다섯 살부터 피아노를 계속 치고 있어.

a. I have **worked** for a bank for 10 years.
b. I have **been working** for a bank for 10 years.
나는 10년 동안 은행에서 계속 근무하고 있어.

● 과거분사 studied는 동작 완료입니다. 학교 1교시 수업은 영어인데 9시에 수업을 시작하여 9시 50분에 수업을 완료(=종료)하죠. 『전치사 쇼크』를 펼쳐 영어 공부를 하다가 수학 공부를 하기 위하여 책을 덮으면 영어 공부를 완료(=종료)합니다. 영어 공부를 시작해서 끝마치는 동작, 즉 '학습 **시작**-학습 **중**-학습 **완료**'라는 완료동작 studied를 우리는 계속 반복하면서 살고 있습니다. a문장은 12년 동안 완료동작 studied를 계속 반복하고 있다는 것입니다.

● 과거분사 played는 동작 완료입니다. 위에서 설명한 studied와 같은 개념이죠. 피아노 덮개를 열고 피아노를 치다가 더 이상 치기 싫으면 피아노 치는 것을 완료(=종료)하고 덮개를 덮으세요. '치기 **시작**-치는 **중**-치기 **완료**'가 과거분사 played입니다. a문장은 다섯 살부터 지금까지 피아노 치는 완료동작 played를 계속 반복하고 있다는 것입니다.

● 과거분사 worked는 동작 완료입니다. 아침 9시에 출근하여 저녁 7시에 일을 완료(=종료)하고 퇴근하는 것이 직장인의 일상생활이죠. 과거분사 worked는 '업무 **시작**-업무 **중**-업무 **완료**'라는 완료 동작으로 직장인은 매일 과거분사 worked를 반복하고 있지요. a문장은 10년 동안 출퇴근 하는 완료동작 worked를 계속 반복 하고 있다는 것입니다. b문장들은 19C이후 일반화 된 것으로 원어민은 전통적인 표현 방식인 a문장보다 신식 표현인 b문장을 더 많이 사용합니다. 신식 표현이 나오면 구식 표현보다 신식 표현을 더 선호하게 되지요.

UNIT 22

UNIT 23 since, for

1. since는 '~부터', for는 '~동안'입니다.

have pp의 have는 '그대로 있다, (시간)을 보내다'이기 때문에 언제부터, 얼마 동안 그대로 있는지 궁금증을 유발합니다. 그래서 have pp는 since, for와 자연스럽게 결합됩니다. since는 '과거의 어느 시점부터 지금까지'이기 때문에 since뒤에는 과거시점을 알려주는 표현이 와야 합니다.

a. I have **been married** since 1996.
나는 1996년부터 결혼생활을 하고 있어. (=기혼자가 된 상태+그대로 있어.)

b. He has **been** in America since last year.
그는 지난해 이후로 미국에 가 있어. (=미국에 도착한 상태+그대로 있어.)

c. I have **seen** him once since last month.
나는 지난달 이후로 그를 한 번 본 적 있어. (=본 상태+그대로 있어.)

d. It has **been raining** for two hours.
2시간 동안 계속 비가 내리고 있어. (=계속 비가 오고 있는 중+그대로 있어.)

e. I have **known** her for a long time.
난 오랫동안 그녀를 알고 지내. (=아는 상태+그대로 있어.)

f. I have **wanted** someone like you for ages.
난 오랫동안 당신 같은 사람을 원하고 있어요. (=원하는 상태+그대로 있어.)

2. since와 for가 들어간 표현은 해석에 주의할 필요가 있습니다.

아래 문장을 보면 과거분사의 의미가 달라진다는 것을 알 수 있습니다.

a. I have **cleaned** the staircase. (한 번의 동작)
나는 계단을 청소해 놓았어. (=청소 완료상태 그대로 있어.)

b. I have **cleaned** the staircase **for years**. (동작의 반복)
나는 여러 해 동안 계단을 청소하고 있어.

a문장의 have cleaned는 have(그대로 있다)+cleaned(청소 완료)의 결합으로 '청소 완료상태 그대로 있다'를 줄여서 표현하면 '청소해 놓았다'가 됩니다. 청소를 완료해서 계단이 깨끗한 상태로 있다는 것이죠. **a문장의 과거분사 cleaned는 한 번의 동작 완료입니다.** 그런데 for years가 들어간 b문장은 청소를 완료해 놓아 계단이 깨끗한 상태라는 것이 아니라 여러 해 동안 계단 청소를 **반복**하고 있다는 것입니다.

b문장은 '청소시작-청소 중-청소 완료'라는 완료동작 cleaned를 여러 해 동안 반복하고 있다는 것이죠. b문장의 have cleaned는 have been cleaning과 같은 뜻입니다. 앞 장에서 배운 것과 같습니다.

a. I have **planted** flowers in the garden. (한 번의 동작)
      나는 정원에 꽃을 심어 놓았어. (=심은 상태 그대로 있어.)

  b. I have **planted** flowers in the garden **since 2010**. (동작의 반복)
      나는 2010년부터 정원에 꽃을 심고 있어.

a문장의 have planted는 have(그대로 있다)+planted(심기 완료)의 결합으로 '심은 상태 그대로 있다'를 줄여서 표현하면 '심어 놓았다'가 됩니다. planted는 한 번의 동작이 완료되어 있는 상태죠. 그러나 since 2010이 들어간 b문장은 정원에 꽃을 심어놓았다는 것이 아니라 2010년부터 정원에 꽃을 심는 행위를 계속 **반복**하고 있다는 것입니다. b문장은 '심기 **시작**-심는 중-심기 **완료**'라는 완료동작 planted를 2010년부터 지금까지 계속 **반복**하고 있다는 것입니다. b문장의 have planted는 have been planting과 같은 뜻입니다.

  a. I have **driven** a truck **for 20 years**. (동작의 반복)
      난 20년 동안 트럭을 운전하고 있어.

  b. I have **helped** Mom **since** when I was 10. (동작의 반복)
      난 10살 이후로 어머니를 돕고 있어.

have cleaned는 '청소해 놓았다.'로 자연스러운데 위 문장의 have driven을 '운전해 놓았다', have helped를 '도와 놓았다'라고 하면 어색하고 이상한 말이 됩니다. a문장의 driven a truck은 '운전시작-운전 중-운전완료'라는 완료동작을 20년 동안 계속 **반복**하고 있다는 것입니다. a문장의 have driven은 have been driving과 같은 뜻이죠. b문장은 어머니를 돕는 완료동작을 10살 이후로 계속 **반복**하고 있다는 것입니다. 어머니가 설거지 하라고 하면 '설거지 시작-설거지 중-설거지 완료', 방청소 하라고 하면 '청소 시작-청소 중-청소 완료'라는 완료동작 helped를 지금까지 계속 반복하고 있다는 것입니다. b문장의 have helped는 have been helping과 같은 뜻입니다. 'have+과거분사'에서 과거분사가 한 번의 동작인 경우에는 '~해 놓았다'가 되고, 한 번의 동작이 아닌 경우에는 완료동작을 계속 반복하고 있다는 것입니다.

■ 과거분사 핵심 포인트 ■
① 과거분사가 1번의 동작인 경우에는 '완료상태 그대로 있다'이다.
② 과거분사가 1번의 동작이 아닌 경우에는 완료 동작의 반복을 나타낸다.

UNIT 24 how long과 when

　how long은 '얼마나 오랜 시간을'입니다. '얼마나 오랜 시간을 **보냈느냐?**'로 how long은 시간을 보내는 것이기 때문에 뒤에 현재완료 have pp가 와야 합니다. have는 '(시간)을 보내다'죠. when(=what time)은 '언제'입니다. '언제 **했느냐?**'로 when은 행위가 일어난 과거 시점을 묻는 것이기 때문에 과거시제와 함께 사용해야 합니다. how long은 얼마나 오랜 시간을 보내고 있는지 묻는 것이기 때문에 b문장처럼 **since** 1997, **for** ten years와 자연스럽게 결합되는 것이죠. when은 언제 했는지 발생한 과거 시점을 묻는 것이기 때문에 d문장의 **in 1997**, ten years **ago**처럼 과거 시점을 알려주는 부사와 함께 사용하는 것입니다. 단어가 갖고 있는 의미를 정확하게 파악하면 왜 현재완료와 결합하고 왜 과거시제와 결합하는지 무작정 암기할 필요가 없습니다.

　e문장의 have been married는 have(그대로 있다)+been(~된 상태)+ married(기혼자)로 '기혼자가 된 상태 그대로 있다'입니다. 기혼자가 되어 그대로 있다는 것은 결혼해서 결혼생활을 지속하고 있다는 것이죠. married는 'a.결혼한'인데 **a** married **person**으로 단어를 채워보면 married는 'n.결혼한 사람(=기혼자)'임을 바로 알 수 있습니다. get married는 get(되다)+married(기혼자)로 '기혼자가 되다'를 줄여서 표현하면 '결혼하다'가 됩니다.

a. How long have you known Jack?
　얼마나 오랫동안 잭을 알고 있나요?

b. I have known Jack since 1997 / for ten years.
　1997년부터 / 10년 동안 난 잭을 알고 지내.

c. When did you first meet Jack?
　언제 잭을 처음 만났나요?

d. I met Jack in 1997 / ten years ago.
　1997년에 / 10년 전에 잭을 만났어.

e. How long have they been married?
　그들은 얼마나 오랫동안 결혼생활하고 있나요?

f. They have been married since 2010 / for 5 years.
　2010년부터 / 5년 동안 그들은 결혼생활하고 있어.

g. When did they get married?
　언제 그들은 결혼 했나요?

h. They got married in 2010 / 5 years ago.
　2010년에 / 5년 전에 그들은 결혼 했어.

UNIT 25 완료, 경험, 계속, 결과는 왜 엉터리인가?

'현재완료는 과거에서 시작하여 현재에 완료하는 것으로 완료, 경험, 계속, 결과 용법이 있다.'고 일본학자들은 공식화 했습니다. 이는 완료개념 자체를 모르는 쓰레기 공식입니다. 현재완료는 과거에서 시작해서 현재에 완료하는 것이 아닙니다. 현재완료는 '완료상태 그대로 있다, 변화상태 그대로 있다'입니다. 완료는 동작 완료로 동작동사에만 해당합니다. 상태는 변하는 것이지 완료하는 것이 아니지요. 완료할 수 없는 상태동사까지 완료개념에 넣어서는 안 됩니다. 또 동작동사의 과거분사가 완료인데 다시 '완료, 경험, 계속, 결과'로 완료용법이 또 있다고 합니다. 이런 엉터리 공식을 암기하면 회화와 작문에서 현재완료 표현을 마음대로 사용할 수 없게 됩니다. 왜 엉터리인지 하나씩 설명하겠습니다.

1 현재완료의 완료용법

'완료용법은 과거에서 시작하여 지금 막 끝난 것을 나타내며 already, just, yet등과 함께 자주 사용 된다.'고 설명합니다. a문장에서 just를 생략해 보세요. He has come here는 '그는 여기 와 있어.'입니다. 그가 여기 와서 다른 곳에 가지 않고 도착한 상태 그대로 여기에 있다는 것이죠. 그런데 그가 10년 전에 왔는지, 1년 전에 왔는지, 어제 왔는지, 방금 왔는지 그가 도착 완료한 시점이 언제인지는 전혀 알 수 없습니다. 그래서 방금 도착했다고 말하고 싶을 때 just(방금)를 넣어주는 것이죠. **현재완료란 과거에서 시작하여 현재에서 완료하는 것이 아닙니다. 동작 완료상태 그대로 지금까지 있다는 것입니다.** 그대로 있는 시간이 천년, 백년, 1달, 1주, 1시간, 10분, 1초일 수도 있습니다. 부사 already, just, yet는 동작 완료시점이 현재와 매우 가깝다는 것을 알려줄 뿐이지 already, just, yet를 넣어 완료용법이 되는 것이 아닙니다. **already, just, yet가 있든 없든 동작동사의 과거분사는 완료이기 때문에 완료용법이 별도로 있어야할 이유가 없습니다.** 완료 용법 따위는 없습니다. already, just, yet은 UNIT 19에서 학습했습니다.

a. He has (**just**) come here. 그는 (방금) 여기에 와 있어.
b. I have (**already**) finished my homework. 난 (이미) 숙제를 끝마쳐 놓았어.
c. I haven't decided it (**yet**). 난 (아직) 결정해 놓지 않았어.

2 현재완료의 경험용법

'경험용법은 과거에서 현재까지의 경험으로 ever, never, before, once, twice, a lot 등과 자주 사용된다.'고 설명합니다. have pp가 왜 경험을 나타내는지 설명하지 않고 공식 암기를 강요해선 안 됩니다. **경험이란 과거에 일어났던 일을 잊어버리지 않고 일어난 상태 그대로 생생하게 기억하고 있는 것**을 말합니다. have pp는 '완료상태 그대로 있다, 변화상태 그대로 있다'인데 완료상태, 변화상태를 잊어버리지 않고 **그대로 기억**하고 있으니 그것이 경험입니다. a문장은 차와 차가 충돌한 상태 그대로 있어서 지금 사고 현장을 볼 수 있습니다. 그러나 b문장은 사고가 일어난 상태 그대로 있다는 것이 아니라 사고가 일어난 상태를 지금까지 **그대로 기억**하고 있다는 것이기에 경험을 나타냅니다.

a. There has been a car accident there. 저기에 사고가 일어나 있어.
b. There has been a car accident there once. 저기서 한 번 사고가 난 적 있어.
c. He has once been rich. 그는 한 때 부자가 되었던 적이 있어.
d. I haven't seen her for ages. 오랫동안 그녀를 본 적 없어.

3 현재완료의 계속용법

'계속용법은 과거부터 현재까지 계속 되는 것으로 for, since와 자주 사용된다.'고 설명합니다. have pp에서 have는 '그대로 있다, (시간)을 보내다'입니다. **have라는 단어 자체가 계속의 의미를 갖고 있어 현재완료 전체가 계속의 의미를 갖고 있습니다.** 그럼에도 일부를 별도로 떼어 내어 계속용법이 있다고 하니 엉터리인 것이죠. 바로 위의 d문장을 보세요. for와 since가 있다고 해서 계속용법이 아닙니다. 또 계속용법을 '지금까지 계속 ~해 왔다'라고 하는 것은 너무나 황당합니다. a문장을 '지금까지 계속 아파 왔다.', b문장을 '지금까지 계속 의사가 되어 왔다.'로 옮겨 보세요. 어떻게 계속 아파오고, 어떻게 계속 의사가 되어 올 수 있나요? a문장은 멀쩡한 사람이 아픈 사람으로 변해 아픈 상태(=환자 상태) 그대로 있다는 것이고, b문장은 의사가 아니었던 사람이 의사로 변해 직업이 의사인 상태 그대로 지금까지 있다는 것입니다.

a. He has **been sick** since yesterday.
   그는 어제부터 계속 아파. (=아픈 상태 그대로 있어.)
b. She has **been a doctor** since 1997.
   그녀는 1997년부터 의사가 되어 있어. (=의사가 된 상태 그대로 있어.)
c. I have **known her** for ages.
   난 오랫동안 그녀를 알고 있어. (=알고 있는 상태 그대로 있어.)

4 현재완료의 결과용법

'결과용법은 과거의 동작이나 상태의 결과가 현재까지 영향을 미치는 것을 나타낸다.'고 설명합니다. **과거의 동작이나 상태의 결과가 현재까지 영향을 미친다는 말을 쉽게 이해 할 수 있나요?** 과거의 동작이나 상태의 결과가 무엇인지 먼저 알아야 하고 또 현재까지 어떻게 영향을 미치는지도 알아야 합니다. 현재완료는 '완료상태 그대로 있다, 변화상태 그대로 있다'입니다. a문장의 have bought는 '구입상태 그대로 있다'를 줄여서 표현하면 '구입해 놓았다'입니다. b문장의 have cleaned는 '청소 완료상태 그대로 있다'로 줄여서 표현하면 '청소해 놓았다'입니다. c문장의 has gone은 서울에 '간 상태(=도착한 상태) 그대로 있다'로 줄여서 표현하면 '가 있다'입니다. '~해 놓았다', '~가 있다'처럼 현재완료가 갖고 있는 우리말 어감을 기억하면 과거의 동작과 상태의 결과가 현재까지 어떤 영향을 미치는지 고민할 필요가 없습니다. 청소를 완료하면 깨끗한 방이라는 결과가 있듯이 동작을 완료하면 결과가 있습니다. '완료=결과'가 되는 것입니다.

a. I **have bought** a book.
책을 구입한 상태 그대로 있어. (=책을 구입해 놓았어.)

b. I **have cleaned** my room.
방 청소를 완료한 상태 그대로 있어. (=방을 청소해 놓았어.)

c. He **has gone** to Seoul.
그는 서울에 도착한 상태 그대로 있어. (=그는 서울에 가 있어.)

■ 현재완료(have+과거분사) ■

a. have(~을 갖고 있다)+동작 완료 = 지금 완료상태 그대로 있다

b. have(~을 갖고 있다)+상태 변화 = 지금 변화상태 그대로 있다

완료상태, 변화상태를 지금 생생하게 기억하고 있으면 그것이 경험이다

UNIT 26 미래시제는 없다

일본영문법에서 가장 위험한 것 중 하나가 미래시제라는 문법용어입니다.

　일본 문법학자들은 영어 시제를 went(과거시제)-go(현재시제)-will go(미래시제)로 보았습니다. 존재하지 않는 미래시제를 만들고, 미래시제에는 will 또는 shall을 사용해야한다고 정의한 것은 사람이 갖고 있는 본능적인 사고체계를 완전히 무너뜨리는 것입니다. '왕래발착 동사는 미래시제가 현재시제를 대신한다. 시간부사절과 조건부사절은 미래시제 대신에 현재시제를 사용하고, 명사절에는 미래시제 그대로 쓴다.'는 공식은 미래시제에 will을 사용해야 한다는 엉터리 공식 때문에 생겨난 예외 공식입니다. 미래진행형이 미래진행형이 아닌 경우가 있고, 미래완료가 미래완료가 아닌 경우가 있습니다. 미래시제라는 문법용어는 사람이 갖고 있는 본능적 사고체계를 무너뜨려 영어뿐만 아니라 다른 외국어 학습까지도 망쳐놓고 있습니다. 미래시제란 문법용어를 머릿속에서 완전히 지워야 합니다.

　언어에서 시제는 현재시제와 과거시제만 있을 뿐 미래시제는 존재하지 않습니다. 미래는 말을 하고 있는 시점 이후의 시간을 말합니다. 미래는 확실히 일어나는 확실한 미래와 일어날지 일어나지 않을지 잘 모르는 불확실한 미래가 있습니다. **확실한 미래는 현재시제를 사용하고, 일어날지 일어나지 않을지 잘 모르는 불확실한 미래는 추측하는 것이 언어와 상관없이 모든 사람들이 갖고 있는 본능적인 사고체계입니다.** 우리말, 영어, 중국어, 일본어, 독일어, 프랑스어 등 모든 언어는 확실한 미래는 현재시제로 표현하고, 불확실한 미래는 추측으로 표현합니다. will은 미래시제를 나타내는 특별한 단어가 아닙니다. will은 '~일 것이다'라는 추측의 뜻과 '~하겠다'는 뜻을 가진 일반 단어일 뿐입니다.

■ 미래시제 학습의 핵심 ■
① 미래시제는 없다. 시제는 현재시제와 과거시제만 존재한다.
② 확실한 미래는 현재시제로 표현한다.
③ 불확실한 미래는 추측하여 표현 한다.

1 불확실한 미래는 추측하여 표현 합니다.

will은 '~일 것이다'는 뜻으로 현재든 미래든 상관없이 불확실할 때, 추측할 때 사용합니다.

사람들은 불확실한 상황에서는 현재든, 미래든 추측 표현을 하게 되지요. 그것은 언어와 상관없이 모든 사람들이 갖고 있는 언어적 본능입니다. will의 핵심은 불확실에 있습니다.

a. He will come tonight. 그는 오늘밤에 올거야.
b. The exam will be very difficult. 시험은 매우 어려울 거야.
c. I'm sure you will pass the test. 난 네가 그 시험에 통과할 거라고 확신해.
d. It will rain tomorrow. 내일 비가 올 거야.
e. She won't know what to do. 그녀는 무엇을 해야할지 모를 거야.
f. Don't worry. We'll arrive on time. 걱정 마. 우린 정시에 도착할거야.
g. He **will** be sleeping **now**. 그는 지금 자고 있는 중일 거야.
h. Let's wait. She **will** be coming **now**. 기다리자. 그녀는 지금 오고 있는 중일 거야.
i. I think he**'ll** be taking a shower **now**. 내 생각엔 그는 지금 샤워중일 거야.

● a문장에 will이 사용된 것은 tonight이란 미래부사가 있어서 사용된 것이 아닙니다. 그가 올지 안 올지 잘 모르는 불확실한 상황에서 그가 올 거라고 추측(=예측, 예상)되기 때문에 추측의 will을 사용한 것입니다.

● b문장은 말하는 시점 이후인 미래에 시험을 치르는 것이기 때문에 will을 사용한 것이 아닙니다. 시험이 어려울지 쉬울지 잘 모르는 불확실한 상황에서 시험이 어려울 것이라고 추측(=예측, 예상)되기 때문에 추측의 will을 사용한 것이죠. 이번 시험은 매우 어렵게 출제되니 시험 준비를 철저하게 하라고 선생님이 이미 말했다면 확실한 미래이기 때문에 추측의 will을 생략해야 합니다.

● c문장은 시험에 합격할지 불합격할지는 시험결과가 나오기 전에는 아무도 알 수 없죠. 그래서 시험에 합격할 것이라고 추측하는 것입니다. d문장은 내일 비가 올 거라고 추측하는 것이죠. 일기예보도 내일 비올 확률이 어떻다고 추측하지 내일 비가 온다고 확실하게 말하지 않습니다. 내일의 자연현상은 아무도 알 수 없기 때문에 추측하는 것이지요.

● g~i문장의 will be V-ing는 미래진행형이 아니라 모두 현재의 추측입니다. g문장에서 will을 빼면 '그는 잠자고 있는 중이야.'로 현재의 사실을 말하는 것이고, will을 넣으면 잠자고 있는지 아닌지 잘 모르는 상황에서 잠자고 있을 거라고 현재의 상황을 추측하는 것입니다. 시간부사 now가 미래가 아니라 현재임을 알려주고 있지요.

2 확실한 미래는 현재시제로 표현합니다.

미래는 확실히 일어나는 확실한 미래와, 일어날지 일어나지 않을지 알 수 없는 불확실한 미래가 있습니다. 확실한 미래는 현재시제로 표현하고 불확실한 미래는 추측하는 것이 언어와 상관없이 모든 사람들이 갖고 있는 본능적인 사고체계임을 잊어서는 안 됩니다.

a. The train leaves Seoul at 12 on Sunday. 기차는 일요일 12시에 서울을 떠나.
b. I have an interview next Monday. 나 다음 주 월요일에 면접 있어.
c. Tomorrow is Saturday. 내일은 토요일이야.
d. I start my new job tomorrow. 나 내일 새로운 일을 시작해.
e. The movie begins at 7 tonight. 영화는 오늘밤 7시에 시작해.

● a문장은 열차 출발시간입니다. 일요일 12시에 출발하는 기차표를 예매하면 그 기차는 일요일 12시에 떠나죠. 확실한 미래이기 때문에 불확실을 나타내는 추측의 will을 사용할 필요가 없습니다. 일요일 12시 출발의 기차표를 들고 '기차는 일요일 12시에 떠날 거야.'라고 will을 넣어 불확실하게 말하지 않습니다.

● b문장은 다음주 월요일에 면접이 확정되어 있는 확실한 미래이기 때문에 불확실을 나타내는 추측의 will을 사용할 필요가 없지요. 다음 주에 면접 날짜가 확정되어 있는 사람이 '다음 주에 면접이 있을 거야.'라고 자신의 일을 불확실하게 말하지 않습니다.

● c문장은 오늘이 금요일이면 내일이 토요일인 것은 확실한 미래이기 때문에 불확실을 나타내는 추측의 will을 넣을 필요가 없습니다.

● d문장은 모든 준비를 끝마치고 내일 새로운 일을 시작하는 사람이 '내일 새로운 일을 시작할 거야.'라고 자신의 일을 불확실하게 추측하여 말하지 않습니다.

● e문장은 설명이 필요 없죠. 영화 시작시간 역시 기차 출발시간처럼 확실한 미래이기 때문에 불확실의 will이 필요 없습니다.

이렇게 미래에 일어날 일이지만 확실히 일어나는 확실한 미래에는 현재시제를 사용합니다. will은 일어날지 일어나지 않을지 잘 모르는 불확실한 상황에서 추측할 때 사용하는 것이죠. **확실, 불확실은 사람이 갖고 있는 이성적인 판단에 따르면 되는 것입니다.**

3 미래를 표현하는 방법은 will 이외에도 많습니다.

확실하다고 판단되는 확실한 미래는 현재시제를 사용하고, 불확실하다고 판단되는 불확실한 미래는 '~일 것이다'라고 추측하여 표현합니다. 미래시제란 문법용어를 머릿속에서 완전히 지워야 합니다. 미래를 나타내는 표현 방법은 아래와 같이 다양합니다.

a. He may come tonight. 그는 오늘 밤에 올지 몰라.
b. She could come tomorrow. 그녀는 내일 올 수도 있어.
c. I am leaving next week. 나는 다음주에 떠날 예정이야.
d. He is going to leave on Sunday. 그는 일요일에 떠날 예정이야.
e. We are supposed to meet him at 7. 우리는 7시에 그를 만나기로 예정되어 있어.
f. We are to meet her tonight. 우리는 오늘밤에 그녀를 만날 예정이야.

● a문장의 may는 '~일지 모른다'이고, b문장의 could는 '~할(일)수도 있다'로 may(might)의 동의어입니다. will come은 '올 거야'로 올 확률이 대략 70~80%정도입니다. may come과 could come을 사용하면 '올지도 모른다'로 올 확률이 50% 정도로 낮아지죠. will을 미래 조동사라고 한다면 may와 could 역시 미래 조동사라고 해야겠지요. will, may, could는 모두 추측 조동사입니다.

● c문장은 '현재진행형은 가까운 미래에도 사용한다.'는 공식 때문에 미래에 사용하는 것이 아닙니다. 'be+V-ing'는 '~할 계획이다'인데 UNIT 7에서 이미 학습 했습니다.

● d문장의 be going to do는 '~할 예정(=계획)이다'로 'be+V-ing'와 같은 뜻입니다. 자세한 설명은 다음 장에서 이어집니다.

● e문장의 be supposed to do는 '~할 것으로 예정되어 있다'로 자주 사용되는 표현입니다. be(있다)+supposed(예정된 상태)+to do(~할 것)의 결합이죠. 수동태와 to부정사를 배우면 바로 이해될 것입니다.

● f문장의 be to역시 '~할 예정이다'입니다. be to가 왜 '~할 예정이다'는 뜻이 발생하는지는 UNIT 88에서 학습합니다.

UNIT 27 will, be going to

will은 '~일 것이다, ~하겠다'이고, be going to '~일 것이다, ~할 예정(=계획)이다'입니다. will과 be going to는 전혀 다른 뜻입니다.

1 will과 be going to는 '~일 것이다'로 추측할 때 사용합니다.

will과 be going to를 우리말로 옮기면 '~일 것이다'이지만 분명한 차이가 있습니다. 그럼에도 불구하고 'will=be going to'로 해 놓은 책들이 너무나도 많습니다. **will은 주관적인 추측이고, be going to는 객관적인 추측**입니다. 주관적인 추측은 근거 없이 막연하게 추측하는 것이고, 객관적인 추측은 누군가에게 제시 할 수 있는 근거를 갖고 추측하는 것이지요. be going to do는 be(이다)+going(가고 있는 중)+to do(~할 것)의 결합으로 앞으로의 상황이 '~할 것으로 가고 있는 중이다'를 줄여서 표현하면 '~일 것이다'로 객관적인, 근거 있는 추측이 되는 것입니다.

a. It will rain tomorrow. 내일 비올거야.
b. It is going to rain. Look at those black clouds. 비올거야. 저 검은 구름들을 봐.
c. He will die within an hour. 그는 한 시간 이내에 죽을 거야.
d. He is going to die within an hour. 그는 한 시간 이내에 죽을 거야.
e. He is going to run into the wall. 그는 벽과 충돌할 거야.
f. I am tired. I am going to be sick. 피곤해. 몸이 아플 거야.

● a문장은 내일 비가 올 거 같다고 막연하게 추측(=예측, 예상)하는 것입니다. b문장은 하늘의 먹구름을 보고 비가 올 거라고 추측하는 것으로 눈에 보이는 먹구름이 객관적인 추측의 근거가 되는 것입니다.

● c문장은 막연한 추측입니다. d문장은 사람이 중상을 입었거나, 다쳐서 피를 흘리고 있거나, 쓰러져 의식이 없는 등 눈에 보이는 객관적인 근거가 있는 상황에서 추측하는 것입니다.

● e문장은 스마트폰에 푹 빠져서 또는 큰 짐을 안고 앞에 벽이 있는지도 모르고 벽을 향해 걸어가고 있는 사람을 보고 추측하는 것이죠. f문장은 몸에 이상이 있음을 느끼고 있는 상황에서 추측하는 것입니다. **be going to를 들으면 말하는 사람이 어떤 객관적인 정보를 바탕으로 추측하고 있다는 것을 알아야 합니다.** will은 주관적인 추측이고, be going to는 객관적인 추측입니다.

2 will은 '~하겠다', be going to는 '~할 예정(=계획)이다'입니다.

will은 '~하겠다(=want)'로 말을 하는 시점에 무엇을 하겠다고 즉흥적으로 결정할 때 사용합니다. 즉흥적인 결정이기 때문에 실제 행동으로 옮겨지지 않는 경우도 많지요. be going to는 '~할 예정(=계획)이다'로 말을 하는 시점 이전에 이미 결정해 놓은 것을 말해주는 것입니다. 구체적인 실행 계획을 세운 것이기 때문에 대부분 행동으로 옮겨지지요. 예정(豫定)은 '미리 예, 정할 정'으로 **이미 결정해 놓았다**는 것입니다. will과 be going to는 전혀 다른 뜻임에도 불구하고 'will=be going to'로 설명해 놓은 책들이 많습니다. '~하겠다'와 '~할 예정(=계획)이다'가 어떻게 같은 뜻이 될 수 있나요?

a. What would you like to drink? I**'ll** have some coffee. 뭐 마실래? 커피 마실게.
b. Goodbye, I**'ll** call you later. 안녕, 나중에 전화할게.
c. I have something to do. / I**'ll** help you. 나 할 일이 있어. / 내가 널 도울게.
d. I promise. I **won't** tell him the fact. 약속해. 그에게 그 사실을 말 안할게.
e. I**'m going to** play tennis with her tomorrow. 내일 그녀와 테니스 칠 계획이야.
f. We**'re going to** go to the beach tonight. 우리는 오늘밤에 해변에 갈 계획이야.
g. He**'s going to** quit his job in a month. 그는 한 달 후에 직장을 그만둘 계획이야.
h. I**'m going to** put in for Seoul University. 나 서울대학에 지원할 계획이야.

a문장은 '뭐 마실래?'라고 물었을 때 커피를 마시겠다고 즉흥적으로 대답하는 것입니다. be going to를 사용하여 '커피를 마실 계획이야.'라고 말하면 친구가 커피 줄 것을 미리 예상하고 커피 마실 것을 계획해 놓았다는 황당한 말이 됩니다. c문장은 친구가 할 일이 있다고 할 때 도와주겠다고 즉흥적으로 대답하는 것이죠. be going to를 사용하여 '너를 도와 줄 계획이야.'라고 말하면 친구가 할 일이 있을 것을 미리 예상하고 도와 줄 계획을 준비해 놓았다는 황당한 말이 됩니다. a~d문장은 모두 말을 하는 시점에 즉흥적으로 '~하겠다'는 것입니다.

e문장은 그녀와 테니스 치기로 **이미 계획해 놓은 것**을 알려 주는 것입니다. 즉 말을 하는 시점 이전에 이미 그녀와 테니스 치기로 결정하고 테니스 칠 계획을 세워 놓았다는 것이죠. f문장은 해변으로 여행갈 계획을 이미 세워 놓았다고 말해주는 것입니다. **will은 말을 하는 시점에 즉흥적으로 하겠다는 것이고, be going to는 말을 하는 시점 이전에 이미 결정해 놓은 계획을 알려주는 것입니다.** put in for는 '~에 지원하다'로 『전치사쇼크』 250p를 읽어보세요.

3 be going to do와 be+V-ing는 '~할 예정(=계획)이다'로 같은 뜻입니다.

'be+V-ing'가 '~할 계획이다'의 뜻이 발생하는 이유는 UNIT 7에서 자세히 설명했습니다. be going to do를 분해해 보면 be(있다)+going(진행=예정, 계획)+to do(~할)로 '~할 예정(=계획)이 있다'를 줄여서 표현하면 '~할 예정(=계획)이다'가 됩니다. go는 자동사로 'vi.진행하다'이고 going은 동명사로 'n.진행, 계획, 예정'입니다. 단어의 의미를 있는 그대로 결합해 보면 그 뜻을 쉽게 파악할 수 있고 무작정 암기할 필요가 없습니다.

a. I am seeing her tonight. 오늘밤에 그녀를 만날 계획이야.
 =I am going to see her tonight.
b. She is buying a car. 그녀는 차를 살 계획이야.
 =She is going to buy a car.
c. He is going to America next month. 그는 다음 달 미국에 갈 계획이야.
 =He is going to go to America next month.

be+V-ing와 be going to do는 구분 없이 사용합니다. 그렇지만 엄밀하게는 뉘앙스의 차이가 있습니다. be+V-ing는 무엇을 하기로 결정하고 구체적인 준비까지 해 놓았다는 느낌을 주고, be going to do는 무엇을 하기로 결정만 해 놓은 상태로 구체적인 준비는 곧 할 것이라는 느낌을 줍니다. 예를 들어 a문장의 I am seeing her는 그녀와 만나기로 계획하고 그녀와 만날 약속시간까지 잡아 놓았다는 느낌을 주고, I am going to see her는 그녀와 만나기로 계획만 세워 놓은 상태로 곧 약속시간을 잡을 것이라는 느낌을 줍니다. 뉘앙스를 알면 회화에 도움이 되지요.

UNIT 28 will be V-ing

will be V-ing는 미래진행형이 아닙니다. will be V-ing는 아래와 같이 3가지 뜻을 갖고 있습니다.

① 지금 ~하고 있는 중일 것이다 (현재의 추측)
② 그때 ~하고 있는 중일 것이다 (미래의 추측)
③ ~할 계획이다 (미래의 계획)

1 will be V-ing는 미래진행형이 아닙니다.

미래진행형이란 문법용어는 지워버려야 합니다. will은 미래시제를 나타내는 특별한 단어가 아니라 현재든 미래든 불확실할 때, 추측 할 때 사용하는 보통 단어일 뿐이죠. will be V-ing은 '**지금** ~하고 있는 중일 것이다', '**그때**~하고 있는 중일 것이다'입니다. 현재동작형(=진행형) be+V-ing앞에 추측의 will을 놓은 것으로 현재에 사용하면 현재의 추측, 미래에 사용하면 미래의 추측이 됩니다.

a. He **will** be eating **now**.
   그는 지금 식사하고 있는 중 일거야. (현재의 추측)

b. He **will** be eating **by 7 pm**.
   그는 7시쯤엔 식사하고 있는 중 일거야. (미래의 추측)

c. Don't call her. She **will** be sleeping **now**.
   그녀에게 전화하지 마. 그녀는 지금 자고 있는 중 일거야. (현재의 추측)

d. Let's wait a bit. He **will** be coming **now**.
   좀 더 기다려보자. 그는 지금 오고 있는 중 일거야. (현재의 추측)

e. I **will** be working **tonight**. Don't wait for me.
   나는 오늘밤에 일하고 있는 중 일거야. 나 기다리지 마. (미래의 추측)

f. If you come **at 4**, I **will** be playing football.
   네가 4시에 오면, 난 축구하고 있는 중 일거야. (미래의 추측)

a문장과 b문장의 will be eating은 is eating앞에 will을 놓은 것으로 '식사하고 있는 중일 것이다'입니다. 현재시제임을 알려주는 시간부사 now를 붙이면 '지금 식사하고 있는 중일 것이다'로 현재의 추측이 되고, 미래시제임을 알려주는 시간부사 by 7 pm을 붙이면 '7시쯤엔 식사하고 있는 중일 것이다'로 미래의 추측이 됩니다. **will be V-ing는 미래진행형이란 공식이아니라 현재에 사용하면 현재의 추측, 미래에 사용하면 미래의 추측이 됩니다.**

2 will be V-ing은 '~할 계획이다'입니다.

will be V-ing와 be+V-ing는 같은 뜻입니다. be+V-ing는 '~할 계획이다'임을 앞에서 배웠죠. will be doing은 '~할 계획이다'는 뜻의 be+V-ing앞에 '~하겠다'는 의지의 will을 넣은 것입니다. **be동사 앞에 will을 넣는 것은 이미 세워 놓은 계획을 행동으로 옮기겠다는 의지를 추가하는 것입니다.** 과거엔 be+V-ing로 사용했는데 앞에 will을 넣어 표현하는 방식이 추가된 것입니다. 이렇게 언어는 계속 변하는 것이죠.

a. I **will be staying** home tomorrow. 난 내일 집에 있을 계획이야.
   =I**'m staying** home tomorrow.
b. **Will** you **be seeing** Cristin tonight? 너 오늘 밤에 크리스틴 만날 계획이야?
   =**Are** you **seeing** Cristin tonight?
c. I**'ll be seeing** her at the party. 난 그녀를 파티에서 만날 계획이야.
   =I**'m seeing** her at the party.
d. He**'ll be arriving** in London on Sunday. 그는 일요일에 런던에 도착할 계획이야.
   =He**'s arriving** in London on Sunday.

UNIT 29   will have done

will have done은 미래완료가 아닙니다. will have done을 미래완료란 공식으로 외웠는데 미래완료가 아닌 문장을 만나면 또 당황하게 되지요. will은 미래시제를 나타내는 단어가 아니라 현재든 미래든 상관없이 잘 모르는 불확실한 상황에서 추측할 때 사용하는 단어임을 잊어서는 안 됩니다. 미래시제는 없습니다.

a. He **has heard** the news. 그는 그 소식을 들어서 알고 있어. (현재의 사실)
b. He **will have heard** the news **by now**. 그는 지금쯤 그 소식을 들어서 알고 있을 거야. (현재의 추측)
c. He **will have heard** the news **by tomorrow**. 그는 내일쯤 그 소식을 들어서 알고 있을 거야. (미래의 추측)

a문장의 has heard는 현재의 사실을 말하는 것입니다. b문장은 그는 **지금쯤** 그 소식을 들어서 알고 있을 것이라고 현재의 상황을 추측하는 것이죠. b문장은 미래완료가 아닙니다. c문장은 그는 **내일쯤** 그 소식을 들어서 알고 있을 것이라고 미래의 상황을 추측하는 것입니다. will have heard는 '들어서 알고 있을 것이다'로 현재를 알려주는 시간부사 by now(지금 쯤)를 붙이면 현재의 추측이 되고, 미래를 알려주는 시간부사 by tomorrow(내일 쯤)을 붙이면 미래의 추측이 됩니다. will have heard만으로는 현재의 추측인지 미래의 추측인지 알 수 없습니다.

a. He **has left** Seoul. 그는 서울을 떠나 있어. (현재의 사실)
b. He **will have left** Seoul **by now**. 그는 지금쯤 서울을 떠나 있을 거야. (현재의 추측)
c. He **will have left** Seoul **by tomorrow**. 그는 내일쯤 서울을 떠나 있을 거야. (미래의 추측)

d. The football game **has ended**. 축구 경기는 끝나 있어.
e. The football game **will have ended by now**. 지금쯤 축구 경기는 끝나 있을 거야.
f. The football game **will have ended by 5 pm**. 5시쯤 축구 경기는 끝나 있을 거야.

g. I'm sure she will have finished the work by now.
  지금쯤 그녀가 일을 끝내 놓고 있을 거라고 확신해.

h. He will have finished it by the time she comes back.
  그녀가 돌아올 즈음에는 그는 그것을 끝내 놓고 있을 거야.

i. By October, almost half of the staff will have left.
  10월쯤, 직원 중 거의 절반 정도가 회사를 떠나 있을 거야.

UNIT 30 엉터리 시제 공식 타파하기

'미래시제에는 will을 사용한다.'는 엉터리 공식 때문에 예외 공식이 많이 생겼습니다. 그 중에서 대표적인 두 가지는 바로 폐기해야 합니다.

1 '왕래발착동사는 미래를 나타내는 부사와 함께 사용하면 현재시제로 미래시제를 나타낸다.'는 공식은 바로 폐기하세요. 처음 이 공식을 접하는 영어학습자는 왕래발착동사라는 불필요한 문법용어부터 익혀야 합니다.

a. He comes back tomorrow. 그는 내일 돌아와. (확실)
b. He will come back tomorrow. 그는 내일 돌아 올거야. (추측)

c. She leaves Seoul next week. 그녀는 다음 주에 서울을 떠나. (확실)
d. She will leave Seoul next week. 그녀는 다음 주에 서울을 떠날 거야. (추측)

e. They arrive at 9 pm. 그들은 밤 9시에 도착해. (확실)
f. They will arrive at 9 pm. 그들은 밤 9시에 도착할 거야. (추측)

왕래발착(往來發着)이란 '갈 왕, 올 래, 출발할 발, 도착할 착'으로 come, go, start, arrive등이 왕래발착동사입니다. a문장은 왕래발착동사 come과 tomorrow라는 시간부사가 결합한 공식에 의해 will을 사용하지 않고 현재시제를 사용한 것이 아닙니다. a문장은 미래의 일이지만 확실한 사실을 말하는 것입니다. 내일 돌아간다고 그가 직접 알려주었거나 아니면 주변 사람들이 알려줘서 그가 내일 돌아온다는 사실을 알고 있는 상황에서 하는 말이지요. 그가 돌아오는 것은 내일(=미래)이지만 확실한 미래이기 때문에 추측의 will이 필요 없는 것입니다. b문장은 내일 그가 돌아올지 돌아오지 않을지 잘 모르는 불확실한 상황에서 돌아 올 것이라고 추측(=예측, 예상)하는 것입니다. **확실한 미래는 현재시제를 사용하고, 불확실한 미래는 추측하는 것이 모든 언어가 갖고 있는 공통된 규칙**입니다. 이것은 우리말, 일본어, 중국어, 프랑스어, 독일어 등등 모든 언어에 적용되는 규칙입니다. 머릿속에서 미래시제란 문법용어를 지우지 않으면 영어뿐만 아니라 다른 외국어 학습까지 어려워집니다.

2 '시간부사절, 조건부사절은 미래의 일이라도 현재시제를 쓴다. 그러나 명사절인 경우에는 미래시제 그대로 사용한다.'라는 공식 또한 엉터리입니다. 원어민은 대화할 때 부사절인지 명사절인지 따져가며 will을 선택할까요?

❶ 시간부사절에는 왜 추측의 will을 넣어서는 안 될까요? 부사절이란 문장 전체를 생략해도 핵심 의미를 전달하는데 지장이 없는 절을 말합니다. 아래 a문장에서 before you eat breakfast를 생략하고 Wash your hands만 말해도 말의 핵심 의미 전달에는 아무런 지장이 없기 때문에 부사절인 것이죠.

> a. Wash your hands **before you eat breakfast**. 아침 먹기 전에 손 씻어라.
> b. I will call you **when I get home**. 집에 도착한 후에 네게 전화할게.
> c. Wait here **till I come back**. 내가 돌아올 때까지 여기서 기다려.
> d. I will go out **after I finish my work**. 일을 끝마친 후에 난 외출할 거야.
> e. I don't know **when he will come**. 나는 그가 언제 올 것인지 몰라.

a~d문장은 시간부사절입니다. a문장의 before you eat breakfast는 '네가 아침을 먹기 전에' 인데 우리말을 분해해 보면 '너는 아침을 먹는다. 그 이전에'가 되지요. 네가 아침을 먹는 것은 미래의 일이지만 확실히 일어나는 일이죠. 확실한 미래는 현재시제를 사용합니다. b문장의 '집에 도착한 후에'는 '나는 집에 도착한다. 그 후에'로 내가 집에 도착하는 것은 확실히 일어나는 확실한 미래입니다. c문장의 '내가 돌아올 때까지'는 '나는 돌아온다. 그 때까지'로 내가 돌아오는 것은 확실한 미래입니다. 이와 같이 **미래의 일이지만 확실히 일어나는 확실한 미래에는 현재시제를 사용합니다.** 시간부사절이 나오면 위와 같이 우리말을 분해해 보세요. 그럼 왜 추측의 will이 필요 없는지 바로 알게 됩니다. c문장에 will을 넣어보세요. 내가 돌아올지 돌아오지 않을지 잘 모르는 불확실한 상황이지만 여기서 기다리라는 황당한 말이 됩니다.

e문장은 명사절입니다. e문장은 명사절이어서 will(~일 것이다)을 넣는 것이 아닙니다. 그가 **언제** 돌아올 것인지 모르는 **불확실한** 미래이기 때문에 추측의 will을 넣는 것입니다. b문장의 when은 '~한다. 그 때'이고 e문장의 when은 '언제'라는 뜻으로 when의 쓰임이 전혀 다르죠. will의 선택은 확실한 미래인지 불확실한 미래인지로 결정하는 것이지 부사절인지 명사절인지로 결정하는 것이 아닙니다. 확실한 미래에는 현재시제를, 일어날지 일어나지 않을지 잘 모르는 불확실한 미래에는 추측의 will을 사용하는 것입니다.

❷ '조건부사절은 미래의 일이라도 현재시제를 쓴다. 그러나 명사절인 경우에는 미래시제 그대로 사용한다.'라는 공식은 조건부사절에는 will을 사용해서는 안 되고, 명사절인 경우에는 will을 사용해야 한다는 것이죠. 왜 엉터리인지 설명하겠습니다.

a. If it is fine tomorrow, we will start.
   내일 날씨가 좋으면, 우리는 출발할 거야.

b. If you pass the driving test, you will get your licence.
   네가 면허 시험에 통과하면, 넌 면허증을 받을 거야.

c. If you **will** study music, I won't get in your way.
   네가 음악을 공부하겠다면, 나는 반대하지 않을 거야.

d. If you **will** go to America, go alone.
   네가 미국에 가겠다면, 혼자 가거라.

e. I don't know if he **will** come tonight.
   나는 그가 오늘밤에 올지 안 올지 몰라.

f. I wonder if she **will** like this book.
   나는 그녀가 이 책을 좋아할지 안 좋아할지 궁금해.

a~d문장은 조건부사절이고 e~f문장은 명사절입니다. 그런데 c~d문장은 조건부사절인데도 will이 사용되었지요. 위의 공식이 엉터리임을 바로 알 수 있습니다. 그럼 도대체 언제 if절에 will을 사용하고 언제 will을 사용하지 않을까요? 원어민은 조건부사절인지 명사절인지 따져가며 will을 선택하는 것이 아니라 if와 will이 갖고 있는 단어의 의미 결합으로 will을 선택합니다. if의 뜻은 '~하면, ~인지 아닌지(whether)'이고, will의 뜻은 '~일 것이다, ~하겠다(want)'입니다.

a문장의 If it is fine tomorrow를 분해해 보면 It is fine(날씨가 좋다.)+If it is true(그것이 사실이면)의 결합입니다. 내일이 되었을 때 날씨가 좋은 것이 확실(=사실)할 때 출발하겠다는 것이죠. b문장의 If you pass the driving test는 You pass the driving test(너는 면허시험에 합격한다.)+If it is true(그것이 사실이면)의 결합입니다. 네가 면허시험에 합격한 것이 확실(=사실)할 때 면허증을 받게 된다는 것이죠. **if절은 미래에 일어날 일이지만 확실히 일어나는 것을 전제조건으로 하기 때문에 추측의 will을 사용해선 안 되는 것입니다.** a문장의 if절에 will을 넣으면 내일 날씨가 좋을지 좋지 않을지 불확실하지만 출발하겠다, 즉 무조건 출발하겠다는 말이 됩니다. b문장의 if절에 will을 넣으면 네가 시험에 합격할지 불합격할지 불확실하지만 너는 면허증을 받게 된다, 즉 무조건 면허증을 받게 된다는 황당한 말이 됩니다. 고등학교 1학년 수학과정에 명제가 있습니다.

'p이면 q이다'라는 수학공식은 p라는 조건이 참(=사실)일 때, q라는 결론에 도달한다는 것입니다. p라는 전제조건이 사실임(=확실)을 말하는 것이기 때문에 불확실을 뜻하는 추측의 will이 필요 없는 것이죠. 'if(~하면)+will(~일 것이다)'는 수학적, 과학적, 상식적 논리에 어긋나는 표현이기 때문에 **will을 사용하지 않는 것입니다.**

그럼 c~d문장은 조건부사절인데 왜 will이 사용되었을까요? c~d문장의 will은 '~일 것이다'는 뜻의 추측이 아니라 '~하겠다(=want)'는 뜻입니다. c문장의 If you will study~는 If you want to study~와 같은 뜻이죠. if(~면)절과 want의 결합은 자연스럽죠. c~d문장은 조건부사절이지만 will을 사용했습니다. will이 want의 뜻이기 때문에 상관없는 것이죠. 원어민은 if와 will의 뜻을 결합하여 그 뜻이 이상한 경우에는 will을 사용하지 않고 자연스러운 경우에는 will을 사용하는 것입니다.

> ① if가 '~면'인 경우 '~일 것이다'는 추측의 will을 사용하면 황당한 말이 된다.
> ② if가 '~면'인 경우 '~하겠다'는 want의 will은 사용해도 자연스런 말이 된다.

e~f문장은 명사절입니다. 그런데 e~f문장에서 if의 뜻은 '~면'이 아니라 '~인지 아닌지'입니다. if가 whether의 의미로 사용된 것이죠. know는 '~을 알다', wonder는 '~을 궁금해 하다'는 타동사로 뒤에는 목적어가 와야 합니다. 목적어 자리엔 명사가 오는데 '접속사+주어+동사'라는 절 또한 명사 기능을 하기 때문에 명사절이라고 하는 것이죠. e~f문장의 if절은 목적어이기 때문에 생략하면 말의 핵심 의미가 전달되지 않습니다. **if절이 명사절이어서 will을 사용하는 것이 아니라 if가 갖고 있는 뜻이 '~인지 아닌지'로 불확실을 나타내기 때문에 불확실을 의미하는 추측의 will을 사용해야 말이 됩니다.** e문장에서 will을 생략해 버리면 그가 오늘 밤에 오는 것은 확실한 사실인데 그 사실을 모른다는 황당한 말이 되지요. if의 뜻과 will의 뜻을 결합해 보면 will이 필요한지 불필요한지 바로 알 수 있는데 부사절인지 명사절인지 따져가며 공식으로 암기해야 할까요?

# UNIT 31 영어 시제 총정리

영어의 12시제

	진행형	완료형	완료진행형
미 래	will be doing	will have done	
현 재	be doing	have done	have been doing
과 거	were doing	had done	had been doing

위의 영어 12시제 공식을 우리말로 옮기면 대부분 엉터리가 됨을 앞에서 자세하게 설명했습니다. 영어시제는 시간과 동작 상태의 균형 잡힌 결합입니다. 과거와 현재는 시간을 알려주고 현재분사(동작 **중**)와 과거분사(동작 **완료**)는 동작 상태를 알려주는 것이죠. 영어시제는 아래와 같이 현재와 과거 2시제로 단순화시켜 학습하면 매우 쉽습니다.

영어의 2시제

시간＼동작	현재분사(동작 중)	과거분사(동작 완료, 상태 변화)
현 재		
과 거		

❶ 언어의 시제는 현재시제와 과거시제로 2시제만 존재할 뿐 미래시제란 없습니다. 확실한 미래는 현재시제를 사용하고 불확실한 미래는 추측하는 것입니다. will은 미래를 나타내는 미래조동사가 아니라 현재든 미래든 불확실할 때 사용하는 추측조동사입니다.

❷ 진행형이란 용어는 버리고 동작형이란 용어를 사용해야 합니다. 현재동작형이란 문법용어를 사용하면 말을 하고 있는 지금 또는 요즈음 동작 중이란 것을 바로 알 수 있고, 과거동작형이란 용어를 사용하면 과거 어느 시점에 동작 중이었다는 것을 용어에서 바로 알 수 있습니다. 또 '동작 **중**–동작 **완료**'로 현재분사와 과거분사와의 상관관계를 알 수 있고, 과거분사는 현재분사와 연결되어 있는 것으로 과거와는 전혀 상관없다는 것도 알 수 있지요.

❸ 현재완료는 현재에 완료하는 것이 아니라 '완료상태 그대로 있다, 변화상태 그대로 있다'입니다. 완료상태, 변화상태를 그대로 **기억**하고 있으면 경험이 됩니다. 과거완료는 '완료상태 그대로 있었다, 변화상태 그대로 있었다'로 have가 had로 바뀔 뿐입니다.

❹ have been V-ing를 동작 중인 상황에서 사용하면 '계속 하고 있는 중이다'이고, 동작이 끝난 상황에서 사용하면 '조금 전까지 계속 했었다'로 조금 전에, 방금 막 끝난 동작 완료를 나타냅니다. 동작 중인지 동작이 끝났는지는 눈으로 보면 알 수 있지요. been V-ing에서 been(완료)에 초점을 두면 '동작 완료'이고 V-ing(동작 중)에 초점을 맞추면 '동작 중'이 됩니다. V-ing는 진행형이 아니라 동작형입니다. 현재완료진행형이란 문법용어를 현재완료동작형으로 바꿔보세요. '현재+완료동작'으로 지금 동작을 완료한 상태에 있다는 것임을 바로 알 수 있습니다.

영어는 상황어가 매우 많은 언어입니다. 상황어란 사용하는 상황에 따라 그 뜻이 달라지는 것을 말합니다. 우리는 '선물(present)'라는 명사를 동사 자리에 놓는다고 해서 'vt.~을 주다'는 뜻이 발생하지 않습니다. 그러나 영어단어 present는 명사자리에 놓으면 'n.선물', 형용사 자리에 놓으면 'a.지금의', 동사 자리에 놓으면 'vt.~을 주다'로 사용하는 상황에 따라 그 뜻이 달라지죠. 이렇게 영어 단어는 사용하는 상황에 따라서 그 뜻이 달라지는 상황어입니다.

시제에서 상황어를 찾아볼까요? cleaning은 청소 중인 모습을 보고 사용하면 현재분사 '청소 중'이지만 청소 중이 아닌 상태에서 사용하면 '청소'라는 동명사가 됩니다. cleaned는 과거로 사용하면 '청소했다.'이고 과거분사로 사용하면 '청소완료'가 됩니다. 또 과거분사 cleaned는 1번의 동작인 경우에는 '청소 완료상태'이고 1번의 동작이 아닌 경우에는 청소완료라는 완료동작이 계속 반복됨을 나타냅니다. been cleaning을 청소 중인 모습을 보고 사용하면 '계속 청소 중'이지만 청소를 끝마친(=완료한) 상태에서 사용하면 '청소완료'로 직전 과거 표현이 됩니다. 이와 같이 **영어는 사용하는 상황에 따라 그 뜻이 달라지는 상황어가 매우 많은 언어이기 때문에 영어문법을 공식화하면 안 됩니다.** 상황에 따라 뜻이 달라지는 것은 조동사, 수동태, 분사, 부정사 등 문법영역 전반에 나타나기 때문에 우리는 영어가 상황어라는 것을 항상 기억해야 합니다. 100년 전에 만든 일본영문법이 항상 예외를 동반하는 엉터리 영문법이 될 수밖에 없었던 것은 영어가 상황어라는 것을 무시한 채 영문법을 공식화했기 때문입니다.

CHAPTER 3

Modal Verbs
조동사

UNIT 32　조동사
UNIT 33　can, be able to
UNIT 34　could, was able to
UNIT 35　could have pp, couldn't have pp
UNIT 36　may, might
UNIT 37　must, have to
UNIT 38　will
UNIT 39　would
UNIT 40　should, ought to, shall, had better
UNIT 41　used to와 would
UNIT 42　동사원형
UNIT 43　추측 표현 총정리

UNIT 32 조동사

조동사(**助**動詞)는 '도울 조'라는 한자에서 알 수 있듯이 동사 앞에 사용되어 동사를 도와주는(=보조하는) 동사입니다. 조동사는 will, would, can, could, must, may, might, shall, should, ought to, used to등으로 우리는 조동사를 깊이 있게 학습해야 합니다. 주어 바로 뒤에 등장하는 것이 조동사이기 때문에 조동사의 뜻을 모르면 문장 전체의 뜻을 파악하지 못하게 되는 경우가 많기 때문이죠. **조동사 학습의 핵심은 조동사는 불확실할 때 추측하는 역할을 하고, 조동사 과거형은 단어만 보고 시제를 알 수 없는 상황어라는 것입니다.** 아래 문장을 보세요.

a. He **is** a thief. 그는 도둑이야.
b. He **must** be a thief. 그는 도둑임에 틀림없어.
c. He **could** be a thief. 그는 도둑일수도 있어.
d. He **may** be a thief. 그는 도둑일지도 몰라.

a문장은 확실한 사실을 말하는 것입니다. 그가 도둑이 아니었을 때는 말의 책임이 뒤따르게 되죠. 그래서 잘 모르거나 불확실할 때 사람들은 본능적으로 추측(=예측, 예상) 표현을 하게 됩니다. b문장처럼 '그는 도둑임에 틀림없어.'라고 말했는데 그가 도둑이 아니었을 때 '내가 잘못 알았나봐.'라고 피해 나갈 수 있는 것이죠. 아니면 d문장처럼 '그는 도둑일지도 몰라.'라고 말했다면 그가 도둑이 아니었을 때 말에 대한 책임에 더욱 더 자유로워집니다. 대부분의 조동사 will, would, can, could, must, may, might, shall, should, ought to는 추측의 뜻을 갖고 있습니다. 조동사하면 제일 먼저 추측이 떠올라야 합니다. **조동사의 기본 기능은 불확실할 때 추측하는 것입니다.** 이제 아래 문장을 보세요.

I **could** eat a horse. 난 말 한 마리를 먹을 수 있었어.

하나의 문장을 제시하고 위와 같이 해석해 놓은 책들이 상당히 많습니다. could를 무작정 can의 과거형으로 해석하는 것은 일본 영문법에 물들어 있는 것이고 조동사의 핵심을 간과하고 있는 것이죠. 조동사 과거형 could, would, should, might는 과거에 사용하면 과거, 현재에 사용하면 현재, 미래에 사용하면 미래가 됩니다. can의 과거형은 could, will의 과거형은 would라는 식이 아니라 **조동사 과거형은 하나의 독립된 단어로 기억해야 합니다.** Where are you going?은 '너 어디 가고 있니?'와 '너 어디 갈 계획이야?'로 대화하는 상황에 따라 그 뜻이 달라지는 상황어입니다.

I **could** eat a horse 또한 대화하는 상황에 따라 그 뜻이 달라지는 상황어입니다. 아래 문장들을 보세요.

   a. I **was** hungry. I **could** eat a horse. 난 배고팠어. 난 말 한 마리를 먹을 수 있었어.
   b. I **am** hungry. I **could** eat a horse. 난 배고파. 난 말 한 마리를 먹을 수도 있어.
   c. I **could** go on a trip **tomorrow**. 나 내일 여행 갈 수도 있어.

I **could** eat a horse라는 문장 하나만으로는 과거인지, 현재인지 알 수 없습니다. a문장의 could는 과거에 사용하여 '~할 수 있었어'입니다. I **was** hungry라는 문장이 과거임을 알려주고 있지요. b문장의 could는 현재에 사용하여 '~할 수도 있어'입니다. I **am** hungry라는 문장이 현재임을 알려주고 있습니다. c문장의 could는 미래에 사용하여 '~할 수도 있어'입니다. tomorrow라는 단어가 미래임을 알려주고 있지요. 이와 같이 **조동사의 과거형은 시제에 상관없이 과거, 현재, 미래 모두에 사용하는 단어입니다.** 조동사의 과거형은 단어만으로는 시제를 알 수 없는 상황어이기 때문에 조동사의 과거형을 사용할 때는 시간을 명확하게 알려 주어야 합니다. 한국어의 동사 과거형은 예외 없이 항상 과거로만 사용 하지만 영어 동사과거형은 상황에 따라 현재와 미래에도 사용하기 때문에 시제에 대한 유연한 사고를 가져야 합니다.

원어민은 실현 불가능한 일을 표현할 때 가정법을 사용합니다. 가정법엔 조동사의 과거형 would, could, should, might를 사용하는데 왜 가정법에 조동사의 과거형을 사용할까요? **조동사는 불확실할 때 추측하는 기능을 하는데, 조동사의 과거형은 불확실에서 더 멀리 간 것이기에 완전 불확실, 완전 불가능을 나타냅니다.** 그래서 가정법에 조동사의 과거형을 사용하는 것이죠. 조동사의 핵심 개념을 모르면 나중에 배울 가정법 학습이 어려워집니다.

> ■ 조동사 학습의 핵심 ■
> ① 조동사의 기본 기능은 추측이다.
> ② 조동사 과거형은 과거, 현재, 미래 모두에 사용 한다.
>   -조동사 과거형은 단어만으로 시제를 알 수 없는 상황어다.

UNIT 33 can, be able to

1 can은 동작 동사 '~하다'와 결합하면 '~할 수 있다', 상태 동사 '~이다'와 결합하면 '~일 수 있다'로 옮겨집니다. can을 능력, 가능, 허락, 추측, 요청에 사용한다고 암기하기보다 '**~ㄹ 수 있다**'는 어감을 기억하고 여러 문장을 읽어보면 can의 의미를 모두 잡을 수 있습니다. a문장의 can은 유창하게 할 수 있다는 능력이고, b문장의 can은 올 수 있다는 가능입니다. c문장의 can은 전화를 사용 할 수 있는지 없는지 허락을 구하는 것이고, d문장의 can은 사실일 수 있다고 추측하는 것입니다. e문장의 can은 창문을 열어 줄 수 있는지 없는지 요청하는 것이죠. can은 '~ㄹ 수 있다'로 기억하면 모든 뜻을 잡을 수 있습니다.

a. I can speak English fluently. 난 영어를 유창하게 할 수 있어.
b. Suzan can't come to the party tomorrow. 수잔은 내일 파티에 올 수 없어.
c. Can I use your cell phone? 너의 전화 쓸 수 있어?
d. Can it be true? 그것이 사실일 수 있어?
e. Can you open the window? 창문 열어줄 수 있나요?

2 be able to는 '~할 수 있다'로 능력의 can을 대신해서 사용 할 수 있습니다.
일반적으로 회화에선 be able to보다 can을 더 많이 사용합니다. 영어 원어민은 적은 단어 수로 정확한 표현을 하면 그것이 가장 아름다운 언어라고 생각하기 때문이죠. can't는 be unable to와 같습니다. c문장의 can앞에 might를 넣어 보세요. 그럼 might can이 되죠. 원어민은 조동사를 겹쳐서 사용하지 않습니다. 그래서 can 대신에 be able to를 사용하여 d문장처럼 might be able to로 사용합니다. e문장은 will can으로 조동사를 겹쳐서 사용할 수 없기 때문에 can을 대신해서 be able to를 사용하여 will be able to로 사용하는 것입니다. f문장은 must can으로 사용할 수 없기 때문에 must be able to로 사용하는 것이죠.

a. Are you able to speak Chinese? 너 중국어 할 수 있니?
b. I am able to solve the problem. 난 그 문제를 풀 수 있어.
c. He can come tomorrow. 그는 내일 올 수 있어.
d. He might be able to come tomorrow. 그는 내일 올 수 있을지도 몰라.
e. She will be able to lead our class. 그녀는 우리 반을 이끌어 갈 수 있을 거야.
f. One must be able to adjust to the changes. 사람은 변화에 적응할 수 있어야 해.
g. We were unable to identify the fingerprints. 우리는 지문을 식별할 수 없었어.

3 can't have pp는 '~했을 리가 없다, ~이었을 리가 없다'입니다.

can't는 '~일 수가 없다'로 '~일 리가 없다'와 같은 뜻입니다. 앞으로 '조동사 have pp'를 계속 학습하게 되는데 무작정 공식으로 암기해서는 안 됩니다. 암기했던 공식으로 해석이 안 되는 문장을 만나면 문법적으로 틀린 문장이 아닌지 의심하는 영어 학습자가 많습니다. '조동사 have pp'에 왜 그런 뜻이 발생하는지 단어 간의 결합원리를 익혀야 합니다.

a. He can't have been a robber.
그는 도둑이었을 리가 없어.

b. Ron can't have been happy.
론은 행복했을 리가 없어.

c. He can't have gone there yesterday. He was at home.
그는 어제 거기 갔을 리가 없어. 그는 집에 있었어.

d. Linda can't have bought a house.
린다가 집을 샀을 리가 없어.

e. They can't have seen me.
그들이 나를 봤을 리가 없어.

f. She can't have known about it.
그녀가 그것에 대해 알았을 리가 없어.

a문장은 과거 사실을 말하는 He was a robber의 was앞에 can't를 넣어 추측한 것입니다. can't was라는 표현은 없습니다. 조동사 뒤에는 동사원형을 사용하는데 can't+is도 can't be가 되고, can't+was도 can't be가 된다면 우리말 문법에서 '했었다, 했다, 한다'를 구분하지 않고 사용하는 것과 같습니다. **시제가 서로 다를 때 하나를 완료형 have pp로 바꾸어 시제 차이를 알려 주는 것이 원어민의 시제변환 규칙입니다.** can't(현재)+was(과거)는 시제가 서로 다르기 때문에 was를 완료형 have been으로 바꾸어 can't have been이 되는 것이죠. '~일 리가 없다(can't)+이었다(was)'를 줄여서 표현하면 '~이었을 리가 없다'가 됩니다. c문장은 과거사실 He went there의 went 앞에 can't를 넣은 것이죠. can't went에서 went를 완료형 have gone으로 바꾸어 can't have gone이 된 것입니다. '~일 리가 없다(can't)+갔다(went)'를 줄여서 표현하면 '갔을 리가 없다'가 됩니다. d문장은 can't+bought(과거)의 결합에서 bought가 have bought로 바뀌어 can't have bought가 된 것입니다. '~일 리가 없다(can't)+샀다(bought)'를 줄여서 표현하면 '~샀을 리가 없다'입니다. e문장은 '~일 리가 없다(can't)+ saw(봤다)'의 결합에서 can't have seen이 된 것이죠. **'조동사+과거시제'의 결합에서 과거시제가 완료형 have pp로 바뀌어 '조동사 have pp'가 된 것임을** 알면 공식으로 암기할 필요 없이 정확한 뜻을 파악할 수 있습니다.

4 can을 사용한 관용 표현이 있습니다. **관용표현**이란 습관적으로 사용하는 표현이라는 것이죠. 'can't but +동사원형, can't help –ing'는 '~할 수 밖에 없다'입니다.

a. I can't but laugh. 난 웃지 않을 수 없어. (=난 웃을 수밖에 없어.)
b. I can't help laughing.

a문장을 과거엔 I can't **do anything** but **I must** laugh로 표현했습니다. I can't (do anything) but (I must) laugh에서 괄호가 모두 생략되어 I can't but laugh가 된 것이죠. but뒤에 동사원형이 사용된 것은 I must라는 조동사가 생략되어 있기 때문입니다. I can't do anything but I must laugh를 그대로 해석하면 '난 웃어야하는 것을 제외하곤 어떠한 것도 할 수 없어.'입니다. 이것을 줄여서 표현하면 '난 웃을 수밖에 없어.'가 되지요. but은 '단지(only), ~을 제외하고(except), 그러나'로 여기서 but은 '~을 제외하고'입니다. b문장에서 help의 뜻은 avoid(vt.~을 피하다)입니다. avoid는 동명사(-ing)를 목적어로 사용하죠. help가 'vt.~을 피하다'라는 뜻이 있는 것을 알면 되는 것입니다. '난 웃는 것을 피할 수 없어.'를 줄여서 표현하면 '난 웃을 수밖에 없어.'가 되지요.

a. We **can't** praise him **too** much. 우리는 그를 아무리 칭찬해도 지나치지 않아.
b. We **can't** praise him **enough**.
c. We **can't** be **too** careful of our health. 건강에 관해 아무리 주의해도 지나치지 않아.

a~b문장은 같은 뜻으로 can't~too, can't~enough는 '**아무리 ~해도 지나치지 않다**'입니다. 위 문장을 단어 그대로 해석하면 a문장은 '우리는 그를 너무 많이 칭찬할 수 없어.'이고, b문장은 '우리는 그를 충분히 칭찬 할 수 없어.'로 이상한 해석이 됩니다. 영문법은 수학적 개념을 도입하여 완성된 것이라고 영어의 역사에서 설명했지요. $-2 \times -3 = +6$으로 마이너스 곱하기 마이너스는 플러스가 됩니다. We **can't** praise him **too** much를 보면 한 문장에 마이너스 개념의 부정어가 두 개 들어 있습니다. 과거 영국인은 부정의 부정은 강한 부정으로 사용했는데 수학적 개념이 영어에 도입된 이후로 부정의 부정은 강한 긍정으로 사용하게 되었습니다. too는 '필요 이상으로, 지나치게'로 부정(-)의 뉘앙스를 갖는 단어입니다. can't~too는 수학적 개념이 도입된 표현으로 부정의 부정은 강한 긍정이 되어 '아무리 ~해도 지나치지 않다'는 뜻이 된 것입니다. 그리고 too much의 동의어가 enough이기 때문에 a와 b문장은 같은 뜻이 되는 것이죠.

UNIT 34 could, was able to

could는 can의 과거이기도 하지만 can의 과거가 아니기 때문에 could를 하나의 독립된 단어로 기억해야 합니다. **could를 과거로 사용하면 '~할 수 있었다'**이고, **could를 현재나 미래에 사용하면 '~할 수도 있다'**입니다. 조동사 과거형은 시간을 알 수 없는 상황어이기 때문에 단어만 보고 시제를 판단해서는 절대 안 됩니다.

1 could는 can의 과거형으로 '~할 수 있었다'입니다.

a문장에선 when she **was** six, b문장에선 when I **was** young, c문장에선 because I **was** sick, d문장에선 I **was** hungry가 과거시제임을 알려주기 때문에 could가 can의 과거형으로 사용된 것입니다.

a. She **could** play the piano when she **was** six. 그녀는 6살 때 피아노를 칠 수 있었어.
b. He **could** swim fast when he **was** young. 그는 어렸을 때 빨리 수영할 수 있었어.
c. I **couldn't** enjoy my trip because I **was** sick. 난 아파서 여행을 즐길 수 없었어.
d. I **was** hungry, so I **could** eat a horse. 난 배가 고파서 말 한 마리를 먹을 수 있었어.

2 could는 '~할 수도 있다, ~일 수도 있다'로 현재나 미래에 사용합니다.

could는 can의 과거형보다는 현재나 미래에 더 많이 사용합니다. 할 수도 있고, 안 할 수도 있다는 것은 할지도 모르고 안 할지도 모른다는 것이죠. 그래서 could의 동의어는 may와 might입니다. 'could=may, might'임을 기억하세요.

a. He could be right. 그가 옳을 수도 있어. (=그가 옳을지도 몰라.)
b. Let's wait a bit. He could be coming. 좀 더 기다리자. 그가 오고 있는 중일 수도 있어.
c. Shut up! I could kill you. 닥쳐! 널 죽여 버릴 수도 있어.
d. Your book could be in my car. 너의 책이 내 차 안에 있을 수도 있어.
e. I'm really hungry. I could eat a horse. 나 정말 배고파. 말 한 마리를 먹을 수도 있어.
f. We could go on a trip tomorrow. 우리는 내일 여행갈 수도 있어.
g. I could go to the movies tonight. 나 오늘밤에 영화 보러 갈 수도 있어.
h. Pick up the phone. It could be Jack. 전화 받아봐. 잭일 수도 있어.
i. I could come to you if you want. 네가 원하면 너에게 갈 수도 있어.
j. I'm so tired. I could sleep for a month. 너무 피곤해. 한 달 동안 잘 수도 있어.

3 **could를 사용하여 물으면 공손한 표현이 됩니다.**

could는 '~할 수도 있다'입니다. '~도'라는 어감을 느껴보세요. 그럼 공손함이 느껴질 것입니다. a문장에서 can의 어감은 말해줄 수 있는지 없는지 단도직입적으로 묻는 것이죠. 처음보거나 친하지 않은 사람에게 단도직입적으로 물으면 듣는 사람은 부담감을 느끼게 되고 듣기에 따라선 약간 기분 나쁘거나 무례함을 느낄 수도 있습니다. 그러나 b문장처럼 could를 사용하면 말해줄 수도 있는지 묻는 것이기 때문에 듣는 사람이 부담감을 느끼지 않게 됩니다. '~도'라는 한 글자를 넣었을 뿐인데 사람의 기분을 살피고 예의 있게 하는 말이 되지요. Could you~는 '~해 줄 수도 있나요?'로 '~해 주시겠어요?'와 같은 뜻입니다.

a. Can you tell me the way to the station? 역으로 가는 길 말해줄 수 있나요?
b. Could you tell me the way to the station? 역으로 가는 길 말해 주시겠어요?
c. Could you lend me your cell phone? 휴대폰 좀 빌려 주시겠어요?
d. Could you phone back later? 나중에 전화해 주시겠어요?
e. Could you please fasten your seat belt? 안전벨트를 매주시겠어요?
f. Could you lower the air conditioner? 에어컨 좀 약하게 틀어 주시겠어요?

4 **could와 was able to를 우리말로 옮기면 '~할 수 있었다'입니다. 그러나 사용함에 있어서 분명한 차이가 있습니다.** could는 과거에 **지속적으로** 할 수 있었던 일에 사용하고, was able to는 과거의 어떤 구체적인 상황에서 **한 번** 할 수 있었던 일에 사용합니다. was able to를 could의 동의어로 기억해서는 안 됩니다. a와 b문장은 과거에 지속적으로 할 수 있었다는 것입니다. 그러나 c문장은 그녀를 설득해야 할 어떤 상황이 있었고, 그녀를 설득했다는 것입니다. d문장은 그들을 구조해야 할 어떤 상황이 있었고, 그들을 구조했다는 것이죠. **was able to는 어떤 구체적인 상황에서 할 수 있었고, 그것을 실제로 했다는 것까지 알려 줍니다.** was able to의 to에 주목하세요. to는 이미 동작이 끝난 과거개념입니다. to부정사는 미래개념만 있는 것이 아니라 과거개념도 갖고 있습니다. 자세한 내용은 to부정사 편에서 설명합니다.

a. He could speak four languages then. 그는 그 때 4개 언어를 할 수 있었어.

b. I could swim fast when I was young. 난 어렸을 때 빨리 수영 할 수 있었어.

c. I was able to persuade her. 난 그녀를 설득할 수 있었어. (그래서 그녀를 설득했어.)

d. We were able to rescue them. 우린 그들을 구조할 수 있었어. (그래서 그들을 구조했어.)

e. She was able to help him. 그녀는 그를 도울 수 있었어. (그래서 그를 도왔어.)

5 couldn't는 '~할 수 없었다'로 wasn't able to와 같습니다.

할 수 없었다는 것은 전반적인 능력이든, 특정한 어떤 상황이든 모두 할 수 없어서 하지 못했다는 것입니다. could와 was able to는 다르지만 couldn't와 wasn't able to는 같습니다.

a. I couldn't get a ticket. 난 표를 구할 수 없었어. (그래서 표를 못 구했어.)
 = I wasn't able to get a ticket.

b. I couldn't persuade her. 난 그녀를 설득할 수 없었어. (그래서 그녀를 설득 못했어.)
 = I wasn't able to persuade her.

c. We couldn't rescue them. 우린 그들을 구할 수 없었어. (그래서 그들을 구하지 못했어.)
 = We weren't able to rescue them.

d. I couldn't help my friend. 나는 친구를 도울 수 없었어. (그래서 친구를 돕지 못했어.)
 = I wasn't able to help my friend.

UNIT 35 could have pp, couldn't have pp

1 could have pp는 '~할 수도 있었다'입니다.

반드시 기억해야 하는 것은 할 수도 있었는데 하지 않았다는 것입니다. 아래 문장들은 내가 할 수도 있었는데 실제로는 하지 않았던 일들입니다. a문장은 과거 사실 I went to the party의 went앞에 could(~할 수도 있었다)를 넣어 could have gone이 된 것입니다. '~할 수도 있었다(could)+갔다(went)'를 줄여서 표현하면 '갈 수도 있었다'가 되지요. b문장은 그녀와 키스를 할 수도 있었지만 키스하지 않았다는 것입니다. I kissed her의 kissed앞에 could를 넣어 could have kissed가 된 것입니다. 나머지 문장들도 분해해서 결합해 보세요.

a. I could have gone to the party. 난 파티에 갈 수도 있었어. (그런데 안 갔어.)
b. I could have kissed her. 난 그녀와 키스할 수도 있었어. (그런데 키스 안 했어.)
c. I could have hit him. 난 그를 때릴 수도 있었어. (그런데 안 때렸어.)
d. I could have bought the car. 난 그 차를 살 수도 있었어. (그런데 안 샀어.)
e. I could have helped him. 난 그를 도울 수도 있었어. (그런데 돕지 않았어.)
f. I could have told a lie. 난 거짓말을 할 수도 있었어. (그런데 거짓말 안 했어.)

2 could have pp는 '~했을지도 모른다'입니다.

could는 '~할 수도 있다'로 '~할지도 모른다(may, might)'의 동의어입니다. a문장은 He went to the bank의 went앞에 could(~할 수도 있다)를 넣어 could went가 could have gone이 된 것입니다. '~할 수도 있다(could)+갔다(went)'는 '갔을 수도 있다(=갔을 지도 모른다)'입니다. could have pp는 may(might) have pp와 같은 뜻인데 보통은 may, might를 더 많이 사용하기 때문에 could를 사용하여 표현하면 무슨 뜻인지 몰라 당황하게 되는 경우가 많습니다. 그래서 단어와 단어를 결합하여 의미를 파악해야 하는 것이죠.

a. He could have gone to the bank.
   그는 은행 갔을지도 몰라. (=그는 은행 갔을 수도 있어.)
b. You could have left your bag in my car.
   네 가방을 내 차안에 두었을지도 몰라. (=네 가방을 내 차안에 두었을 수도 있어.)
c. They could have seen us.
   그들이 우리를 봤을지도 몰라. (=그들이 우리를 봤을 수도 있어.)

> **3** couldn't have pp는 '~할 수도 없었다'입니다.
> 숨어 있는 뜻은 하려고 해도, 하고 싶어도 여건이 되지 않아 할 수도 없었다는 것입니다.

a. Lisa couldn't have gone out last night.
   리사는 어젯밤에 외출할 수도 없었어. (그래서 외출 못했어.)

b. I couldn't have fixed my car.
   난 내 차를 수리할 수도 없었어. (그래서 수리 못했어.)

c. She couldn't have driven.
   그녀는 운전할 수도 없었어. (그래서 운전 못했어.)

d. I couldn't have lent her any money.
   난 그녀에게 돈을 빌려줄 수도 없었어. (그래서 빌려주지 못했어.)

e. Ken couldn't have contacted her.
   켄은 그녀에게 연락할 수도 없었어. (그래서 연락하지 못했어.)

f. Jack couldn't have helped me.
   잭은 나를 도울 수도 없었어. (그래서 돕지 못했어.)

a문장은 엄마가 외출하지 못하도록 막았거나, 밤늦게까지 일을 하고 있었다거나 등등의 이유로 외출하고 싶어도 외출 할 수도 없었다는 것입니다. a문장은 과거사실 Lisa went out의 went앞에 **couldn't(~할 수도 없었다)**를 넣은 것으로 과거시제 went out이 완료형 have gone out으로 바뀐 것입니다. couldn't(~할 수도 없었다)+went out(외출했다)를 줄여서 표현하면 '외출할 수도 없었다'가 됩니다. b문장은 couldn't(~할 수도 없었다)+fixed(수리했다)의 결합에서 couldn't have fixed가 된 것이죠. 차를 수리할 줄 몰랐거나, 수리할 장비가 없어서 수리를 하고 싶어도 수리할 수 없었다는 것입니다. 나머지 문장들도 모두 'couldn't(~할 수도 없었다)+과거시제'의 결합에서 couldn't have pp가 된 것입니다. c문장은 그녀가 운전면허가 없었거나, 몸이 아픈 상태여서 운전을 하고 싶어도 운전할 수 없었다는 것입니다. d문장은 멀리 있었거나, 돈이 없어서 돈을 빌려주고 싶어도 빌려줄 수 없었다는 것이죠. e문장은 전화번호를 몰랐거나, 전화가 없어서 그녀에게 연락을 하고 싶어도 연락할 수 없었다는 것입니다. f문장은 돕고 싶어도 도울 형편이나 능력이 되지 않아 도울 수 없었다는 것입니다. 이제 어감이 정확하게 잡혔나요?

4 **could have pp는 공식처럼 암기하고 있는 '~할 수도 있었다', '~했을지도 모른다'가 아닌 경우가 있습니다.** 이제부터 공식처럼 암기했던 '조동사 have pp'의 뜻에서 벗어나는 예외 표현이 나오기 시작합니다.

a. She has finished the work. (사실)
그녀는 일을 끝마쳐 두고 있어.

b. She could have finished the work **by now**. (현재의 추측)
그녀는 지금쯤 그 일을 끝마쳐 두고 있을지도 몰라.

c. He has heard the news. (사실)
그는 그 소식을 들어서 알고 있어.

d. He could have heard the news **by now**. (현재의 추측)
그는 지금쯤 그 소식을 들어서 알고 있을지도 몰라.

a문장은 사실을 말하는 것입니다. b문장은 a문장의 has finished앞에 could를 넣어 could+has finished가 결합된 것입니다. could는 may(might)의 동의어로 '~일 수도 있다'입니다. could have finished는 '~일 수도 있다(could)+끝내 놓고 있다(has finished)'의 결합으로 '끝내 놓고 있을 수도 있다'는 현재의 추측입니다. by now는 '지금 쯤'이죠. **현재의 추측임을 알려주기 위하여 by now를 붙여서 말하는 것입니다.** could는 '~일 수도 있다'로 현재의 추측이고 현재완료는 현재시제죠. 그리고 by now가 현재시제임을 알려주고 있습니다. 그래서 b문장은 현재의 추측이 되는 것입니다. 조동사 과거형은 단어만으로 시제를 알 수 없는 단어이기 때문에 시간부사 등을 넣어서 과거인지 현재인지 미래인지를 명확하게 알려주어야 듣는 사람이 착각하지 않습니다.

c문장은 사실을 말하는 것이고 d문장은 c문장의 has heard앞에 could를 넣어 could+has heard가 결합된 것입니다. '~일 수도 있다(could)+들어서 알고 있다(has heard)'를 결합하면 '들어서 알고 있을 수도 있다'입니다. b와 d문장에 could 대신에 동의어 may, might를 넣어도 같은 뜻입니다. could 대신에 must를 넣어보세요. 그럼 '알고 있음에 틀림없어.'가 됩니다. could대신에 '~일 것이다'는 뜻을 가진 will, should, ought to를 넣어 보세요. 그럼 '알고 있을 거야.'가 됩니다.

'조동사 have pp'를 공식으로 암기하면 그 뜻에서 벗어나는 문장을 만나면 당황하게 되고, 오히려 문법적으로 틀린 문장이 아닌지 의심하게 됩니다. **'조동사 have pp'는 '조동사+과거'의 결합에서 과거가 완료형 have pp로 바뀐 경우와 '조동사+have pp'의 결합이 있다는 것을 반드시 기억해야 합니다.**

UNIT 36 may, might

1 **may, might는 '~일지도 모른다'입니다.** 50% 정도의 가능성이 있을 때 추측하는 표현으로 원어민은 may와 might를 같은 의미로 사용합니다. '~일지도 모른다'는 '~일 수도 있다'와 같은 뜻이기 때문에 may(might)=could임을 앞에서 설명했습니다. may를 무조건 '~일지도 모른다'로 외울 필요는 없습니다. '아마 ~일거야'와 같은 뜻이지요.

a. He may be a lawyer. 그는 변호사일지도 몰라.
b. It may be hard, but I won't give up.
   그것이 어려울지도 몰라, 그렇지만 포기하지 않을 거야.
c. Stay a little longer. She may be coming now.
   좀 더 기다리자. 그녀가 지금 오고 있는 중일지도 몰라.
d. You may become famous someday. Every dog has his day.
   너도 언젠가는 유명해질지 몰라. 쥐구멍에도 볕들 날이 있으니까.
e. You may not believe it, but that's true.
   네가 믿지 않을지 모르지만, 그것은 사실이야.

2 **may는 '~해도 좋다'로 허가입니다.** may는 격식(=예의)을 갖춘 딱딱한 표현으로 일상 회화에선 can을 많이 사용합니다. 친한 사이에 may를 사용하면 오히려 거리감을 느끼고 어색하겠죠. 들어가도 되는지, 전화를 사용해도 되는지 허락을 구하는데 No, you may not 또는 No, you can't처럼 '아뇨, 안돼요.'라고 직설적으로 대답하면 허락을 구한 사람은 민망하게 됩니다. 그래서 I'm sorry you can't, I'm afraid you can't처럼 '미안하지만 안돼요.'로 부드럽게 거절하는 것이 좋습니다. may not은 '~해서는 안 된다'로 약한 금지입니다.

a. May I come in? Yes, you may. 들어가도 좋은가요? 예, 좋아요.
b. Can I come in? No, you can't. 들어갈 수 있나요? 아뇨, 들어올 수 없어요.
c. May I use your telephone? 당신 전화 사용해도 좋은가요?
d. Can I use your telephone? 당신 전화 사용할 수 있나요?
e. You may not go out at night. 너 밤에 외출하면 안 돼.
f. You may not take photos here. 이곳에서 사진을 찍어서는 안 돼.

3 **may have pp는 '~이었을지도 모른다, ~했을지도 모른다'입니다.**

may와 might는 같기 때문에 might have pp또한 같은 뜻입니다. a문장은 Jack was rich의 was 앞에 may(~일지도 모른다)를 넣어 may+was의 결합에서 may have been이 된 것입니다. '~일지도 모른다(may)+이었다(was)'를 줄여서 표현하면 '~이었을지도 모른다'입니다. c문장은 He went off의 went 앞에 might(~일지도 모른다)를 넣어 might have gone off가 된 것입니다. '~일지도 모른다(might)+떠났다(went off)'를 줄여서 표현하면 '떠났을지도 모른다'가 되지요. 나머지 문장들은 분해해서 직접 결합해 보세요.

a. Jack may have been rich. 잭은 부자였을지도 몰라.
b. Nick may have been a musician. 닉은 음악가였을지도 몰라.
c. He isn't here. He might have gone off. 그는 여기 없어. 그는 떠났을지도 몰라.
d. Her father might have died of cancer. 그녀 아버지는 암으로 죽었을지도 몰라.
e. He might have gone to the bank. 그는 은행에 갔을지도 몰라요.

4 **may have pp는 공식으로 암기하고 있는 '~이었을지도 모른다, ~했을지도 모른다'가 아닌 경우가 있습니다.** '조동사 have pp'는 '조동사+과거'와 '조동사+have pp'의 결합이 있음을 이미 배웠습니다. a문장은 확실한 사실을 말하는 것이죠. a문장의 has앞에 추측의 may를 넣으면 may+has arrived가 됩니다. '~일지도 모른다(may)+도착해 있다(has arrived)'를 결합하면 '도착해 있을지도 모른다'가 되지요. c문장의 has앞에 might를 넣으면 might+has ended가 됩니다. '~일지도 모른다(might)+끝이나 있다(has ended)'를 결합하면 '끝이나 있을지도 모른다'가 됩니다. by now라는 시간부사가 현재 상황임을 알려주고 있지요.

a. He has arrived there. 그는 거기에 도착해 있어. (사실)
b. He may have arrived there **by now**.
   그는 지금쯤 거기에 도착해 있을지도 몰라. (현재의 추측)
c. The football game has ended. 축구경기는 끝이 나 있어. (사실)
d. The football game might have ended **by now**.
   축구경기는 지금쯤 끝이나 있을지도 몰라. (현재의 추측)
e. The meeting may have begun **by now**.
   지금쯤 모임은 시작해 있을지도 몰라. (현재의 추측)

UNIT 37   must, have to

1 **must는 '반드시 해야 한다'입니다.** 우리는 '~해야 한다'는 표현이 하나입니다. 그런데 영어는 must, have to, should, ought to로 4개가 있습니다. must와 have to가 동의어이고, should와 ought to가 동의어입니다. must는 '**반드시** 해야 한다'로 어원은 '하지 않으면 안 된다'입니다. 하지 않으면 피해보고, 손해 보는 일이 있기 때문에 반드시 해야 한다는 것이죠. '안하면 안 된다.'는 '반드시 해야 한다, 꼭 해야 한다.'입니다. 참고로 일본어는 '~해야 한다'로 표현하지 않고 '~하지 않으면 안 된다'로 표현합니다. 여러 언어를 비교해 보면 비슷한 사고가 많지요.

a. You must go to the store before it closes.
 넌 문 닫기 이전에 상점에 가야해.

b. I must register my bike to take part in the race.
 난 경주에 참가하기 위하여 자전거를 등록해야 해.

c. You must get on the plane by 9:30.
 여러분은 9시 30분까지 비행기에 탑승해야 합니다.

d. You must give in your homework by tomorrow.
 여러분은 내일까지 숙제를 제출해야 합니다.

e. I must get up early tomorrow. I have an interview.
 난 내일 일찍 일어나야 해. 면접이 있어.

f. You must use it by the end of the month.
 당신은 이달 말까지 그것을 사용해야 합니다.

 a문장은 문 닫기 이전에 상점에 가지 않으면 물건을 사지 못하는 피해를 입을 수 있기 때문에 반드시 문 닫기 이전에 가야한다는 것입니다. b문장은 자전거를 등록하지 않으면 경주에 참여하지 못하는 피해를 입을 수 있기 때문에 반드시 등록해야 한다는 것이죠. c문장은 9시 30분까지 탑승하지 않으면 그 비행기를 타지 못하는 피해를 입을 수 있기 때문에 그 시간까지 반드시 탑승해야 한다는 것입니다. d문장은 내일까지 숙제를 제출하지 않으면 그 이후로는 숙제를 받지 않기 때문에 반드시 내일까지 제출해야 한다는 것이죠. e문장은 내일 일찍 일어나지 않으면 면접에 차질이 발생하기 때문에 반드시 일찍 일어나야 한다는 것입니다. f문장은 이달 말까지 그것을 사용하지 않으면 유효기간이 지나 사용하지 못하는 피해를 입을 수 있기 때문에 반드시 사용해야 한다는 것이지요. **must는 그렇게 하지 않으면 피해를 입을 수 있기 때문에 '반드시, 꼭 해야 한다'입니다.** take part in은 '~에 참여하다', give in은 '~을 제출하다'입니다. 『전치사 쇼크』 204p, 198p의 설명을 읽어보세요. 암기할 필요 없이 기억될 것입니다.

2 have to는 '반드시 해야 한다'로 must의 동의어입니다.

have to는 have(~을 갖고 있다)+to V(~할 것)로 '~할 것을 갖고 있다'입니다. 앞으로 해야할 일을 갖고 있는데 그것을 하지 않으면 피해를 보고 손해를 보는 것은 당연하죠. '~할 일을 갖고 있다'를 다른 말로 표현하면 '반드시 해야 한다'가 됩니다. have to는 have got to do에서 got이 생략된 표현입니다. got은 과거분사로 got to V는 '~할 것을 갖고 있는 상태'입니다. 해야할 것을 갖고 있는 상태 그대로 있어 그 일을 반드시 해야 한다는 것이죠.

a. You have to get up early tomorrow. Your train leaves at 7.
   넌 내일 일찍 일어나야 해. 기차가 7시에 떠나.

b. This store is closed. We have to go to another place.
   이 가게는 닫혀 있어. 우린 다른 곳에 가야 해.

c. I have to come back after school early.
   나는 방과 후에 일찍 돌아가야 해.

d. There was nobody, so I had to go.
   사람이 아무도 없어서 내가 가야만 했어. (그래서 나는 갔어.)

e. I may have to go to France next week.
   나 다음주에 프랑스 가야 할지도 몰라.

f. We will have to prepare for the future.
   우리는 미래를 위하여 준비를 해야 할 거야.

a문장은 일찍 일어나지 않으면 기차를 놓치는 피해를 입기 때문에 일찍 일어나야 한다는 것입니다. b문장은 다른 가게를 찾지 않으면 필요한 물건을 사지 못하는 피해를 입기 때문에 다른 가게를 찾아야 한다는 것이죠. c문장은 일찍 귀가하지 않으면 어머니에게 혼이 나는 등 피해를 입을 수 있기 때문에 일찍 돌아가야 한다는 것입니다. d문장에서 had to는 '~해야만 했다'입니다. must는 과거형이 없기 때문에 had to를 대신 사용하는 것이죠. 그리고 **had to에서 반드시 알아야 하는 것은 해야만 해서 실제로 그렇게 했다**는 것입니다. 우리말은 '해야만 했다. 그렇지만 하지 않았다.'라고 말할 수 있지만 had to는 '해야만 했다. 그래서 그렇게 했다.'로 우리말과는 다르지요. to부정사는 미래개념만 있는 것이 아니라 동작이 끝난 과거개념도 있다고 was able to에서 설명했습니다. 이렇게 to부정사에 대한 개념을 미리 잡아두면 나중에 배울 to부정사 학습이 쉬워지겠죠. e문장의 may have to는 may must에서 must가 have to로 바뀐 것입니다. f문장의 will have to는 will must에서 must가 have to로 바뀐 것입니다. 영어 원어민은 조동사 2개를 겹쳐서 사용하지 않습니다.

3 mustn't는 '~해서는 안 된다', don't have to는 '~할 필요가 없다'입니다.

mustn't는 해서는 안 된다고 강력하게 금지하는 것이죠. **don't have to는 할 필요가 없다는 뜻인데 숨어 있는 뜻은 원하면 해도 상관없다는 것입니다.** must의 부정형과, have to의 부정형은 그 뜻이 완전히 다릅니다. a~b문장의 mustn't는 하지 말라고 강력하게 금지하는 것입니다. c문장은 내일 일찍 일어날 필요가 없는데 일찍 일어나도 상관없다는 것이고, d문장은 정장할 필요가 없지만 정장해도 상관없어서 정장한다는 것입니다. e문장은 갈 필요가 없지만 가도 상관없다는 것이죠. don't have to는 할 필요가 없지만 해도 상관없다는 것입니다. 표현이 갖고 있는 정확한 뉘앙스를 알지 못하면 회화에서 어려움을 겪게 됩니다.

a. You must not cheat in exams. 시험에 부정행위를 해서는 안 돼.
b. We mustn't miss this opportunity. 우린 이 기회를 놓쳐서는 안 돼.
c. I don't have to get up early tomorrow. 나 내일 일찍 일어날 필요 없어.
d. He doesn't have to dress up, but he usually does. 그는 정장할 필요가 없어. 그런데 보통 그렇게 입어.
e. You don't have to go there. 넌 거기 갈 필요가 없어.

4 must는 '~임에 틀림없다'입니다.

must는 어떤 일이 사실이라고 확신할 때 사용합니다. 사람은 잘 모를 때 본능적으로 추측 표현을 하게 됩니다. a문장은 사실일 때 하는 말이죠. a문장처럼 말했다가 그가 전과자가 아닌 경우에는 말에 대한 책임이 뒤따릅니다. 그래서 단정지어 말하지 않고 b문장처럼 '~임에 틀림없다'고 추측하는 것이죠. '~임에 틀림없다'는 '확실히 ~일 것이다'와 같은 뜻입니다. is앞에 must를 놓으니 must be가 됩니다. c문장에서 You are tired(너는 피곤해.)라는 말은 어색한 말이죠. 다른 사람이 피곤한지 피곤하지 않은지는 알 수 없기 때문에 단정지어 말할 수 없지요. 그래서 추측하는 것입니다. c문장의 have been working은 '일 했었어.'로 동작이 끝난 직전 과거표현입니다. 모르면 UNIT 21로 돌아가서 복습하세요.

a. He is an ex-convict. 그는 전과자야.
b. He must be an ex-convict. 그는 전과자임에 틀림없어.
c. You have been working all day. You must be tired. 너는 하루 종일 일했어. 너는 피곤함에 틀림없어.
d. Let's wait a little longer. She must be coming. 좀 더 기다려 보자. 그녀는 오고 있는 중임에 틀림없어.

5 mustn't는 '~아님에 틀림없다', can't는 '~일 리가 없다'입니다.

mustn't와 can't는 동의어로 mustn't는 미국인들이 주로 사용하고 can't는 영국인들이 주로 사용합니다.

a. He mustn't be tired. 그는 피곤하지 않음에 틀림없어.
b. She mustn't be at home. 그녀는 집에 없음에 틀림없어.
c. He can't be happy. 그는 행복할 리가 없어.
d. That can't be true. 그것은 사실일 리가 없어.
e. His word can't be right. 그의 말이 옳을 리가 없어.

6 must have pp는 '~했음에 틀림없다, ~이었음에 틀림없다'입니다.

'must+과거'에서 과거가 have pp로 바뀐 것으로 '~임에 틀림없다+~했다(동작)'는 '~했음에 틀림없다'가 되고, '~임에 틀림없다+~이었다(상태)'는 '~이었음에 틀림없다'가 됩니다. 앞에서 학습한 것이라 쉽게 응용이 될 것입니다.

a. They must have gone out. 그들은 외출했음에 틀림없어.
b. She must have heard the news. 그녀는 그 소식을 들었음에 틀림없어.
c. He must have been a pianist. 그는 피아니스트였음에 틀림없어.
d. He mustn't have known the fact. 그는 그 사실을 몰랐음에 틀림없어.
e. She must have lost a lot of weight. 그녀는 살을 많이 뺐음에 틀림없어.
f. He must have loved you so much. 그가 너를 많이 사랑했음에 틀림없어.

a문장은 They went out이라는 문장의 went앞에 must를 놓은 것입니다. 그들이 외출했는지는 확실히 모르지만 집에 없으니 외출했음에 틀림없다고 추측하는 것이죠. must+went out이 must have gone out이 된 것입니다. **시제가 서로 다를 때 하나를 완료형(have pp)으로 바꾸어 주는 것이 원어민의 시제변환 규칙**이죠. '~임에 틀림없다(must)+외출했다(went out)'를 줄여서 표현하면 '외출했음에 틀림없다'가 됩니다. c문장은 He was a pianist라는 문장의 was앞에 must를 놓은 것입니다. must+was가 must have been이 된 것이죠. '~임에 틀림없다(must)+피아니스트였다(was)'를 줄여서 표현하면 '피아니스트였음에 틀림없다.'가 됩니다. d문장은 She knew the fact의 knew앞에 mustn't를 놓은 것입니다. mustn't+knew가 mustn't have known이 된 것이죠. 나머지 문장들은 직접 분해해서 결합해 보세요.

7 must have pp는 공식으로 암기하고 있는 '~했음에 틀림없다, ~이었음에 틀림없다'가 아닌 경우가 있습니다. '조동사 have pp'는 '조동사+과거'의 결합과, '조동사+have pp'의 결합이 있음을 이미 배웠습니다. a문장은 must+heard(과거)의 결합이고 b문장은 must+have heard(현재완료)의 결합입니다. b와 d문장에서 must대신에 will, should, ought to, may, might, could를 넣어 보세요. 확신의 강도만 다를 뿐이지 모두 현재의 추측입니다. will, should, ought to는 '~일 것이다'이고 may, might, could는 '~일지도 모른다'입니다.

a. She must have heard the news. (과거의 추측)
   그녀는 그 소식을 들었음에 틀림없어.

b. She must have heard the news **by now**. (현재의 추측)
   그녀는 지금쯤 그 소식을 들어서 알고 있음에 틀림없어.

c. He must have left London. (과거의 추측)
   그는 런던을 떠났음에 틀림없어.

d. He must have left London **by now**. (현재의 추측)
   그는 지금쯤 런던을 떠나 있음에 틀림없어.

■ 너무나 중요한 '조동사 have pp' ■

고등학교 교과 과정까지 나오는 '조동사 have pp'는 대부분 '조동사+과거'의 결합입니다. 문법 난이도를 조절하기 때문에 '조동사+현재완료'의 결합은 거의 나오지 않습니다. 그러나 드라마나 영자신문, 소설 등을 보면 암기했던 공식에서 벗어나는 표현들이 가끔 등장합니다. 그래서 '조동사 have pp'는 '조동사+과거'의 결합과 '조동사+현재완료'의 결합이 있음을 반드시 알고 있어야 합니다.

UNIT 38 will

will은 현재든 미래든 불확실한 상황에서 추측(=예측, 예상)하는 **추측조동사**입니다. will은 미래를 나타내는 미래조동사가 아님을 시제에서 배웠습니다. will은 자주 사용되고 많은 뜻을 갖고 있어 그 뜻을 깊이 있게 알아두어야 합니다.

1 **will은 '~일 것이다'입니다.** will은 현재든 미래든 상관없이 잘 모르는, 불확실한 상황에서 추측할 때 사용합니다. 아래 문장에서 will을 생략하면 확실한 사실을 말하는 것입니다.

a. It will rain tomorrow. 내일 비가 올 거야.
b. He will be in his office now. 그는 지금 사무실에 있을 거야.
c. She will be sleeping now. 그녀는 지금 자고 있는 중일 거야.

2 **will은 '~하겠다'입니다.** will은 대화중에 **즉흥적인 결정**을 내릴 때 사용합니다. '~하겠다'고 즉흥적으로 내리는 결정은 실제 행동으로 옮겨지지 않는 경우도 많습니다. 그래서 **will은 불확실한 것**입니다. will을 '~할 예정이다'로 설명해 놓은 책은 바로 버리세요.

a. I will come to you now. 지금 너에게 갈게.
b. I will call you back later. 나중에 다시 전화할게.
c. Will you come right now? 지금 당장 오겠니?
d. I will now begin the first chapter. 지금 제 1장을 시작하겠습니다.

3 **will은 '~고집 한다'입니다.**
will은 '~하겠다'는 의지에서 의미가 확장되어 '~고집 한다'입니다. 의지가 강해지면 고집이 되는 것이죠. 주로 부정형 won't로 사용하여 '~안 하려고 한다'입니다.

a. The door won't open. 문이 안 열리려고 해.
b. My car won't start. I don't know why. 내 차가 출발을 안 하려고 해. 이유를 몰라.
c. She won't listen to my advice. 그녀는 나의 충고를 듣지 않으려고 해.
d. You will have your own way in everything. 넌 모든 일에 너의 방식대로 하려고 해.

4 will은 '~을 원하다(want)'입니다. '~하겠다'와 '~을 원하다'는 비슷한 뜻이죠. if절 안에 will이 사용되면 그 뜻은 대부분 want입니다. '~일 것이다'라는 추측의 will은 if(~면)와 함께 사용하지 못하죠. 기억나지 않으면 UNIT 30으로 돌아가 복습하세요.

   a. Come whenever you will (come). 네가 오고 싶을 때 언제라도 와.
   b. If you will go, go alone. 네가 가기를 원한다면(=가겠다면), 혼자 가거라.
   c. If you will not go, I will not go, either. 네가 가길 원하지 않으면(=안 가겠다면), 나도 안 가겠어.

5 will은 '~하곤 한다'입니다. will은 '~하곤 한다'로 주로 긍정문에서만 사용하여 현재의 습관을 나타냅니다. 부정형 '안 하곤 한다'는 말 자체가 어색한 표현이기 때문에 사용하지 않는 것이죠. would는 '~하곤 했다'로 과거의 습관을 나타냅니다.

   a. He will often come to see me on Sunday. 그는 일요일에 가끔 나를 보러 오곤 해.
   b. I will often sit up all night / playing computer games. 난 종종 밤새도록 앉아 있곤 해. / 컴퓨터 게임을 하면서
   c. He will spend hours on the telephone. 그는 전화기에 붙어서 몇 시간씩 보내곤 해.

6 will은 '~하기 마련이다, ~하는 습성이 있다'입니다.
아래 문장들을 여러번 읽어두세요.

   a. Accidents will happen. 사건은 일어나게 마련이야.
   b. Oil will float on water. 기름은 물위에 뜨게 마련이야.
   c. Boys will be boys. 애들은 애들이기 마련이야.
   d. A bear will not touch a dead body. 곰은 죽은 몸에는 손대지 않는 습성이 있어.

7 will은 'n.의지, 소망, 유언 vt.유언하다'입니다.
'~하겠다'라는 뜻을 명사로 바꾸면 'n.의지'가 됩니다. 사람이 죽으면서 남기는 의지는 유언이기 때문에 will에 '유언, 유언하다'는 뜻이 발생합니다.

   a. He doesn't have the will to live. 그는 삶의 의지가 없어.
   b. He willed a lot of money to his child. 그는 자식에게 많은 돈을 유언으로 남겼어.

UNIT 39 would

would를 will의 과거형으로 기억해선 안 됩니다. would가 will의 과거형으로 사용되는 경우보다는 현재, 미래의 뜻으로 더 많이 사용되기 때문에 would를 하나의 독립된 단어로 기억해야 합니다.

1 would는 '~이었을 것이다,' '~일 것이다'입니다.

would가 will의 과거형인 '~이었을 것이다'로 사용되는 경우는 아래의 a~b문장처럼 반드시 과거시제임을 알려주는 부사어가 수반되어야 합니다. 조동사의 과거형은 단어만으로 시제를 알 수 없는 상황어이기 때문이죠. c~d문장처럼 시제일치에 의해서 will을 would로 바꾼 경우에는 would를 '~일 것이다'로 옮겨야 자연스럽습니다. c문장은 He will be in his office앞에 I thought가 와서 will을 과거형 would로 바꾼 것입니다. 과거에 있었던 일이라는 것을 알려주기 위하여 will을 would로 바꾸지만 '~일 것이다'로 옮겨야 자연스럽죠.

a. She **would** be five **when she left** Seoul. 그녀가 서울을 떠났을 때는 5살이었을 거야.
b. He **would** be at the hospital **at that time**. 그는 그때 병원에 있었을거야.
c. I **thought** he **would** be in his office. 나는 그가 사무실에 있을거라고 생각했어.
d. He **said** that she **would** not come. 그는 그녀가 오지 않을거라고 말했어.

2 would는 '~하겠다'입니다.

시제일치로 will을 would로 바꾼 경우 would를 '~하겠다'로 옮겨야 자연스럽습니다. a문장은 I will go alone앞에 I said가 와서 will을 would로 바꾼 것이죠. a문장을 '나는 혼자 갔겠다고 말했어.'라고 말해 보세요. would를 '~했겠다'로 옮기면 우스꽝스런 말이 됩니다.

a. I **said** that I **would** go alone. 나는 혼자 가겠다고 말했어.
b. I **thought** that I **would** work on Sunday. 난 일요일에 일해야겠다고 생각했어.

3 would는 '~고집 했다'입니다.

will이 '~고집 한다'로 현재의 고집이기 때문에 would는 '~고집 했다'로 과거의 고집이 되는 것이죠. a문장은 비틀즈의 명곡 Yesterday의 가사입니다.

a. Why she had to go I don't know, She wouldn't say.
   왜 그녀가 가야했는지 나는 몰라. 그녀는 말 안 하려고 고집했어.

b. I couldn't know her age. She wouldn't tell me.
   난 그녀 나이를 알 수 없었어. 그녀는 나에게 말 안 하려고 고집했어.

4 would는 '~하곤 했다'입니다.

will이 '~하곤 한다'로 현재의 습관을 나타내기 때문에 would는 '~하곤 했다'로 과거의 습관이 되는 것이죠. UNIT 41에서 used to와 비교하여 다시 설명합니다. would는 '~하곤 했다'로 긍정문에만 사용합니다. '안 하곤 했다'는 말 자체가 어색한 말이기 때문에 부정형으로 사용하지 않는 것이죠.

a. He would often come to see me on Sunday. 그는 일요일에 종종 나를 보러 오곤 했어.
b. I would often sit up all night reading a book. 나는 종종 책을 읽으면서 밤을 새곤 했어.
c. Whenever I was down, I would go to the East Sea. 나는 힘들 때마다, 동해에 가곤 했어.

5 would는 요청하거나 부탁할 때 사용합니다.

Will you~로 물으면 '~하겠어요?'로 직설적으로 묻는 느낌이기 때문에 would로 물으면 좀 더 부드러운 표현이 되죠. 부탁하는 입장에서 직설적으로 물으면 듣는 사람은 부담을 갖기 때문에 would를 사용하는 것이 좋습니다. 요청이나 부탁을 할 때는 could, would를 주로 사용합니다.

a. Would you do me a favor? 부탁 하나 들어 주실래요?
b. Would you tell me the way to the airport? 공항 가는 길 알려주시겠어요?
c. Would you open the window? 창문 좀 열어 주실래요?

6 would는 want의 동의어입니다.

우리는 would like to에 익숙하죠. would like가 want의 동의어입니다. will에서 배운바와 같이 if절 안에 사용되는 will과 would의 뜻은 대부분 want입니다.

a. I would like to go fishing tomorrow. 나 내일 낚시 가고 싶어.
b. If you would succeed, at first, you must get up early. 네가 성공하고 싶으면 먼저 일찍 일어나야 해.
c. I would rather stay at home than go out. 난 외출보다 차라리 집에 머무르고 싶어.

UNIT 40 should, ought to, shall, had better

1 should는 '당연히 해야 한다', '~하는 것이 좋다'입니다.

must, have to는 '**반드시** 해야 한다'입니다. 하지 않으면 피해를 볼 수 있기 때문에 반드시, 꼭 해야 한다는 것이죠. 그러나 should, ought to는 '**당연히** 해야 한다'입니다. 상식적으로 판단해서 당연히 해야 한다는 것은 '~하는 것이 좋다'로 충고나 조언을 하는 것입니다. must, have to를 들으면 반드시 해야 하기 때문에 부담감을 느끼지만 should, ought to를 들으면 반드시 해야 한다는 부담감이 없죠. 왜냐하면 하지 않더라도 피해를 보는 그런 일은 발생하지 않기 때문입니다. 이제 확실하게 정리 되었나요? ought의 어원은 own으로 have의 동의어입니다. ought to역시 have to와 같은 단어 조합인데 have to는 '반드시 해야 한다'로, ought to는 '당연히 해야 한다'로 의미를 구분해서 사용합니다. 영국인의 조상인 앵글로색슨족은 욕심이 많아서 절대로 단어를 버리는 법이 없었습니다. 그들은 단어를 버리지 않고 뜻을 구분하여 사용했습니다. 그래서 영어 단어가 풍부하고 뜻이 세분화 되어 있는 것이죠. 아래 문장들을 읽어보세요. should, ought to를 사용한 표현들은 행동으로 옮기지 않는다고 해서 피해를 보거나 손해를 보는 일이 발생하지 않는다는 것을 알 수 있습니다. 그리고 **ought to의 부정은 ought not to**입니다. f문장은 공부하는 것이 바람직하고 당연하지만 공부를 하지 않는다고 해서 피해를 보는 그런 일은 발생하지 않기 때문에 공부를 하지 않고 영화를 보러 가겠다는 것입니다.

a. You look tired. You should go home early.
   너 피곤해 보여. 일찍 집에 가는 것이 좋겠어.

b. His job is too dangerous. He should look for another job.
   그의 직업은 너무 위험해. 그는 다른 직업을 찾는 것이 좋겠어.

c. I need a change. I should go off for a week.
   난 변화가 필요해. 난 일주일 동안 떠나는 것이 좋겠어.

d. Where is Jack? He should be here by now.
   잭 어디 있어? 그는 지금쯤 여기 있어야 해.

e. Should I invite her to the party?
   내가 그녀를 파티에 초대해야 하나요?

f. I ought to study tonight, but I'll go to the movies.
   오늘밤에 공부해야 하지만 영화 보러 갈 거야.

g. You ought not to say so.
   넌 그렇게 말하지 않는 것이 좋아.

2 should, ought to는 '(당연히)~일 것이다'입니다.

should, ought to는 당연히 그럴 것이라고 **근거가 있는(=객관적인) 추측**을 할 때 사용합니다. 그러면 근거 있는 추측이 무엇이며 will과는 어떤 차이가 있을까요? It will rain tomorrow는 '내일 비 올 거야.'로 will은 막연하게(=주관적인) 추측하는 것입니다. 이제 아래 a문장을 보세요. 너는 열심히 공부했고 그것을 근거로 추측하니 네가 시험에 합격할 거라는 것이죠. b문장은 사무실이 코너에 있는데 그것을 근거로 추측하니 사무실 찾는 것이 쉬울 거라는 것입니다. 먼저 객관적인 사실을 말하고, 그것을 근거로 추측할 때 should, ought to를 사용하세요.

a. You have been studying hard. You should pass the exam.
   넌 열심히 공부 했었어. 넌 (당연히) 시험에 합격할 거야.

b. My office is at the corner. It should be easy to find it.
   나의 사무실은 코너에 있어. 사무실 찾는 것은 (당연히) 쉬울 거야.

c. He left an hour ago. He ought to be home now.
   그는 한 시간 전에 떠났어. 그는 지금 (당연히) 집에 있을 거야.

d. You are his friend. You ought to know his situation.
   넌 그의 친구야. 넌 (당연히) 그의 상황을 알 거야.

3 shall은 현대 영어에서 거의 사용하지 않습니다.

현대 영어는 미국이 주도하는 미국식 영어이고 우리가 배우는 영어 역시 미국식 영어입니다. **미국 영어는 shall을 거의 사용하지 않고 will로 통일하여 사용합니다.** will과 shall을 단순미래, 의지미래, 인칭별로 표를 만들어 놓은 것은 일본영문법이죠. 아직도 많은 교재에서 그 표가 등장하고 있다는 것은 슬픈 일입니다. 언어는 계속 변하고 영어는 변화가 상당히 심한 편입니다. **shall은 shall I~, shall we~처럼 의문문으로 사용하여 '내가 ~할까요?', '우리 ~할까요?'로 상대방의 의견을 물어볼 때 사용합니다.** 그 이외에 shall은 거의 사용하지 않습니다. should I~, should we~도 shall I~, shall we~와 같은 표현입니다.

a. Shall I open the window? 내가 창문 열까요?
b. Shall I tell him to call back again? 내가 그에게 다시 전화하라고 할까?
c. What time shall we meet? 우리 몇 시에 만날까?
d. Shall we dance? 우리 춤출까?
e. Should we consider buying a new car? 우리 새 차 사는 것 고려해 볼까?
f. What time should we pick you up? 언제 너를 데리러 갈까?

4 이성적 판단의 should

advise, insist, suggest, propose, demand, order는 that절 뒤에 should를 넣어 표현합니다. 우리는 '충고, 주장, 명령, 제안, 요구+that+should+동사원형'을 공식처럼 암기했습니다. 유럽의 중세는 신의 시대로 사람들은 오직 하나님을 위해 살았습니다. 자연과학이 발달함으로써 신의 시대에서 이성의 시대로 바뀐 것이죠. 사람이 갖고 있는 **이성으로 판단하여 당연히 해야 한다는 표현을 할 때** 원어민들은 should를 넣어 표현했습니다. 시간이 흐른 지금은 should를 생략하고 동사원형만 사용하는 추세입니다.

a. He advised that I (should) **get up** early.
그는 내가 일찍 일어나야 한다고 충고했어.

b. She demanded that I (should) **apologize**.
그녀는 내가 사과할 것을 요구했어.

c. I suggested that she (should) **learn** how to drive.
난 그녀가 운전하는 방법을 배워야 한다고 제안했어.

d. He ordered that we (should) **not leave** home.
그는 우리가 집을 떠나서는 안 된다고 명령했어.

e. I insisted that she (should) **not go** out at night.
난 그녀가 밤에 외출해서는 안 된다고 주장했어.

a~e문장은 모두 should가 생략되었기 때문에 동사원형만 남은 것입니다. 특히 d와 e문장을 보세요. should가 생략되면 we not leave, she not go out가 되어 익숙하지 않은 표현이 됩니다. not 앞에 should가 생략되어 있음을 모르면 틀린 문장으로 착각하게 되지요.

a. I insisted that he **was** a spy. 나는 그가 스파이였다고 주장했어.

b. He insists that our economy **will** recover soon. 그는 우리 경제가 곧 회복될 것이라고 주장해.

c. I suggested that he **was** a spy. 나는 그가 스파이였음을 암시했어.

insist, suggest뒤에 무조건 should+동사원형이 오는 것이 아닙니다. '~해야 한다'는 뜻으로 사용하는 경우에만 그렇습니다. a~c문장은 '~해야 한다'는 뜻이 아니기 때문에 should가 필요 없습니다. c문장의 suggest는 'vt.~을 암시하다' 입니다. 암시란 넌지시, 우회적으로 알려주는 것이죠.

5 had better는 '~하는 것이 좋다'입니다.

had better를 막연하게 '~하는 것이 좋다'로 기억하면 should의 동의어로 착각하게 됩니다. had better는 had(~을 가졌다)+better(더 나은 것)로 이미 더 나은 대안을 가졌기 때문에 그것을 하는 것이 좋다는 것입니다. 즉 그렇게 하지 않으면 손해나 피해를 볼 수 있다는 것이죠. had better는 반드시 해야 한다는 have to와 비슷한 뉘앙스를 갖고 있습니다. should는 '~하는 것이 좋다'로 충고나 조언입니다. 그대로 하지 않아도 손해나 피해를 보는 것은 없지요. 그러나 **had better는 하지 않으면 손해나 피해를 볼 수 있다는 경고성 메시지가 들어있습니다.** had better 뒤에는 동사원형을 사용하고 부정은 had better not입니다.

a. We'd better take a taxi.
   우리는 택시 타는 것이 좋겠어.

b. It may rain. You'd better take an umbrella.
   비 올지도 몰라. 너 우산 가지고 가는 것이 좋겠어.

c. You look tired. You'd better not go to work.
   너 피곤해 보여. 일하러 가지 않는 것이 좋겠어.

d. We'd better make a reservation.
   우리는 예약하는 것이 좋겠어.

e. You had better not pop the pimple. It'll leave a scar.
   여드름을 짜지 않는 것이 좋아. 상처를 남길 거야.

f. I had better not say any more.
   내가 더 이상 얘기하지 않는 것이 좋겠어.

a문장은 우리가 택시를 타지 않으면 늦게 도착하는 피해를 볼 수 있기 때문에 택시 타는 것이 좋다는 것입니다. b문장은 우산을 갖고 가지 않으면 비를 맞는 피해를 입을 수 있기 때문에 우산을 갖고 가는 것이 좋다는 것이죠. c문장은 피곤한데 일하러 가면 건강이 더 악화되는 피해를 입을 수 있고, d문장은 예약하지 않고 식당에 가면 들어가지 못하는 피해를 입을 수 있다는 것입니다. **조언이나 충고인 should와 경고의 뉘앙스를 갖고 있는 had better는 구분하여 사용해야 합니다.** You had better~는 경고성이 있고, 명령조이기 때문에 친구나 자기보다 어린 사람에게 사용해야 합니다. 윗사람에게 사용하고 싶으면 I think you had better~처럼 앞에 I think를 붙이거나, 더 예의가 필요한 경우에는 It would be better for you to do로 말하는 것이 좋습니다. It(그것)+would be better(더 좋을 텐데요.)+for you(당신한테)+to do(~하는 것)의 결합입니다.

6. should have pp, ought to have pp는 '~했어야 했다'입니다.

했어야 했는데 하지 않아서 후회되고 아쉽다는 것이죠. a문장의 should have made는 **should(~해야 했다)**+made a reservation(예약했다)의 결합에서 made가 have made로 바뀐 것으로 '예약 했어야 했다.'입니다. 예약 했어야 했는데 예약하지 않아 식당에 들어가지 못해 후회된다는 것이죠. b문장은 **should(~해야 했다)**+came to the party(파티에 왔다)의 결합으로 '파티에 왔어야 했다.'입니다. 과거형 came이 완료형 have come으로 바뀐 것입니다. 좋은 파티였기 때문에 파티에 왔어야 했는데 오지 않아서 아쉽다는 것이지요. should have pp를 '~했어야 했는데'로 공식처럼 암기 하지 말고 'should(~해야 했다)+과거'의 결합에서 과거형이 have pp로 바뀐 것임을 알면 의미 파악이 바로 됩니다.

a. We didn't get in the restaurant. I should have made a reservation.
   우린 식당에 들어가지 못했어. 내가 예약 했어야 했어.

b. It was a great party last night. You should have come to the party.
   어젯밤 멋진 파티였어. 넌 파티에 왔어야 했어.

c. I sat up with my friend yesterday. I should have turned in early.
   어제 친구와 밤 샜어. 난 일찍 잠자리에 들었어야 했어.

d. I'm so tired. I shouldn't have drunk that much.
   너무 피곤해. 난 그렇게 많이 술 마시지 말았어야 했어.

e. I ought to have been more careful.
   나는 좀 더 조심했어야 했어.

7. should have pp, ought to have pp는 '~했어야 했다'가 아닌 경우가 있습니다.

should+have pp의 결합으로 **should**는 '~일 것이다'로 추측입니다. a문장의 should have started는 **should(~일 것이다)**+have started(시작해 있다)의 결합으로 '시작해 있을 것이다'입니다. 현재의 추측이죠. by now(지금 쯤)가 현재시제임을 알려주고 있습니다. 앞에서 충분히 설명한 만큼 나머지 문장들은 직접 결합해 보세요.

a. The game should have started **by now**. (현재의 추측)
   그 경기는 지금쯤 시작해 있을 거야.

b. He should have arrived in China **by now**. (현재의 추측)
   그는 지금쯤 중국에 도착해 있을 거야.

c. She ought to have finished the work **by now**. (현재의 추측)
   그녀는 지금쯤 그 일을 끝마쳐 두고 있을 거야.

UNIT 41 used to 와 would

　used to는 과거의 규칙적인 습관이고 would는 과거의 불규칙적인 습관이란 설명은 일본영문법을 그대로 옮겨 놓은 엉터리입니다. **used to와 would의 차이는 현재의 정보를 알려주느냐 그렇지 않으냐의 차이입니다.** used to는 과거에는 그렇게 했지만 지금은 거의 하지 않는다는 현재의 정보까지 들어 있습니다. 그러나 would는 과거에 그렇게 했다는 것만 알려줄 뿐 현재의 상황을 알 수 없습니다. 이렇게 원어민은 그 뜻을 세분화하여 사용합니다.

> a. I used to play golf. 난 골프를 치곤 했었어. (지금은 거의 안 쳐.)
> b. My wife used to swim every day. 아내는 매일 수영하곤 했었어. (지금은 거의 안 해.)
> c. I used to read a lot. 난 책을 많이 읽곤 했었어. (지금은 거의 안 읽어.)
> d. He used to wear glasses. 그는 안경을 계속 착용했었어. (지금은 거의 착용 안 해.)
> e. I used to play the guitar. 나는 기타를 계속 쳤었어. (지금은 거의 안 쳐.)
> f. There used to be a museum here. 여기에 박물관이 계속 있었어. (지금은 없어.)
> g. She used to live in London. 그녀는 런던에 계속 살았었어. (지금은 런던에 살지 않아.)
> h. Tom used to have a sports car. 탐은 스포츠카를 계속 갖고 있었어. (지금은 없어.)
> i. He used to be a taxi driver. 그는 택시 운전사로 계속 있었어. (지금은 택시 운전 안 해.)
> j. This building used to be a theater. 이 건물은 극장으로 계속 있었어. (지금은 아니야.)

　a~e문장의 **used to**는 과거에 습관적으로 했었는데 지금은 거의 하지 않는다는 것입니다. a문장은 과거엔 골프를 계속 쳤는데 지금은 거의 안 친다는 것이죠. d문장은 내 친구는 예전엔 계속 안경을 착용했는데 지금은 거의 착용하지 않는다는 것입니다. 이제 used to를 would로 바꿔 보세요. 과거에 그랬었다는 것만 알 수 있고 현재의 상황이 어떤지는 전혀 알 수 없습니다.

　f~j문장의 **used to는 과거에 어떤 상태로 계속 있었다는 것으로 지금은 그렇지 않다는 것**입니다. g문장은 그녀가 계속 런던에 살았었는데 지금은 다른 곳에 살고 있다는 것이죠. i문장은 그가 택시 운전사로 계속 있었는데 지금은 다른 직업을 갖고 있다는 것입니다. **과거에 어떤 상태로 계속 있었다고 할 때는 would를 사용하지 않습니다.** f~j문장은 과거의 상태를 나타내는 문장으로 used to를 would로 바꾸어서는 안 됩니다.

UNIT 42 동사원형

1 would rather A than B는 'B보다 차라리 A하고 싶다'입니다.

A와 B 모두 동사원형을 사용해야 합니다. rather는 '차라리'이고, would는 '~하고 싶다'로 want입니다. would like to의 동의어는 want to임을 이미 배웠습니다. **would rather는 더 좋은 대안이 없기 때문에 '차라리 ~하고 싶다'입니다.** 아래 a문장과 b문장을 합치면 c문장이 됩니다. I would가 중복되기 때문에 생략해 버리면 동사원형이 남는 것이죠. d문장은 동사까지 모두 생략한 것입니다. 모든 언어에서 말하지 않아도 서로가 아는 단어는 생략하고 말을 합니다.

a. I'd rather stay at home. 난 차라리 집에 있고 싶어.
b. I'd rather go out. 난 차라리 외출하고 싶어.
c. I'd rather stay at home than (**I would**) go out. 난 외출하는 것 보다 차라리 집에 있고 싶어.
d. I'd rather have a cat than (**I would have**) a dog. 난 개를 가지는 것 보다 차라리 고양이를 갖고 싶어.

2 'had better+동사원형'은 '~하는 것이 좋다'임을 앞에서 배웠습니다.

had better뒤에는 왜 동사원형을 사용할까요? She's gone에서 She's는 She is 또는 She has의 줄임말입니다. 축약형의 발음과 모양이 같기 때문에 She is gone으로 사용하던 영국인들은 She has gone으로 사용하기 시작했습니다. 이와 같이 I **would better**를 축약하니 **I'd better**가 되고, I **had better**를 축약하니 역시 **I'd better**가 됩니다. I had better의 I'd를 I would로 착각하여 I had better뒤에도 동사원형을 사용하게 된 것입니다. 이렇게 영어가 흘러온 역사를 알면 무작정 'had better+동사원형'이란 공식으로 암기할 필요가 없습니다.

a. It's cold. You'd better wear a coat.
   날씨가 추워. 코트를 입는 것이 좋겠어.

b. It's raining. We'd better take an umbrella.
   비 오고 있어. 우산을 갖고 가는 것이 좋겠어.

c. He is angry. You'd better not come here.
   그는 화가 나 있어. 넌 여기 오지 않는 것이 좋겠어.

d. You had better not meet such a man.
   너는 그런 남자를 만나지 않는 것이 좋겠어.

3 'can't but+동사원형'은 '~할 수 밖에 없다'입니다.

같은 표현으로 have no choice but to, there is nothing for it but to가 있습니다. 어떤 표현은 동사원형, 어떤 표현은 to가 붙어 있어 혼란스럽죠. 역사를 거슬러 올라가 생략된 단어를 채워 보면 바로 알 수 있지요.

a. He **can't** (do anything) **but** (he must) resign.
   그는 사직하는 것을 제외하곤 어떠한 것도 할 수 없어. (=그는 사직할 수밖에 없어.)

b. He has no choice / but (he has) **to** resign.
   그는 어떠한 선택도 없어. / 그가 사직해야 하는 것을 제외하고

c. There is nothing for it / but (he has) **to** resign.
   그 어떠한 것도 없어. / 그가 사직해야 하는 것을 제외하고

d. I have no choice but to accept his proposal.
   나는 그의 제안을 받아들일 수밖에 없어.

e. There was nothing for it but to wait for a chance.
   기회를 기다릴 수밖에 없었어.

but의 뜻은 '~을 제외하고(except), 단지(only), 그러나'입니다. 여기서 but은 접속사로 '~을 제외하고'입니다. 무엇이 생략되었는지 보세요. a문장에서 **but 뒤에 동사원형 resign이 오는 것은 앞에 조동사 must가 생략**되었기 때문입니다. b~c문장에서 **but 뒤에 to resign이 오는 것은 have to에서 have가 생략**되었기 때문이죠. must와 have to는 같은 뜻입니다. 생략된 단어를 채워보면 의미파악도 쉽고 하나의 숙어로 무작정 암기할 필요가 없습니다.

UNIT 43 추측 표현 총정리

조동사의 핵심 기능은 추측입니다. 대부분의 조동사는 추측의 뜻을 갖고 있는데 확신의 강도가 다릅니다. 추측조동사를 총정리 했습니다.

a. His words **are** right. 그의 말이 옳아.
b. His words **must** be right. 그의 말이 옳음이 틀림없어.
c. His words **should** be right. 그의 말이 옳을 거야.
d. His words **ought to** be right. 그의 말이 옳을 거야.
e. His words **could** be right. 그의 말이 옳을 수도 있어.
f. His words **may** be right. 그의 말이 옳을지 몰라.
g. His words **might** be right. 그의 말이 옳을지 몰라.
h. His words **can't** be right. 그의 말이 옳을 리가 없어.

a문장은 사실을 말하는 것입니다. must는 '~임에 틀림없다'로 거의 사실로 확신할 때 사용하고 반대로 can't는 '~일 리가 없다'로 거의 사실이 아니라고 확신할 때 사용합니다. could나 may, might는 50% 정도의 확신이죠. should, ought to는 근거를 갖고 하는 객관적인 추측이기 때문에 must와 could사이입니다.

a. His words **were** right. 그의 말이 옳았어.
b. His words **must have been** right. 그의 말이 옳았음이 틀림없어.
c. His words **could have been** right. 그의 말이 옳았을 수도 있어.
d. His words **may have been** right. 그의 말이 옳았을지도 몰라.
e. His words **might have been** right. 그의 말이 옳았을지도 몰라.
f. His words **can't have been** right. 그의 말이 옳았을 리가 없어.

a문장은 과거사실을 말하는 것입니다. b문장은 must(현재)+were(과거)의 결합입니다. '~임에 틀림없다+옳았다'를 줄여서 표현하면 '옳았음에 틀림없다'가 되지요. were를 완료형인 have been으로 바꾸어 must have been이 됩니다. 시제가 다를 땐 하나를 완료형(have pp)으로 바꾸는 것이 원어민의 시제 변환 규칙임을 잊어서는 안 됩니다. must대신에 could, may, might, can't를 넣어 보세요. 확신의 정도만 다를 뿐 모두 과거 추측 표현입니다.

memo

CHAPTER 4

Passive Voice
수동태

UNIT 44   수동태
UNIT 45   'be+과거분사'가 수동태가 아닌 경우
UNIT 46   동작수동과 상태수동
UNIT 47   동작수동
UNIT 48   상태수동
UNIT 49   get을 사용하는 동작수동
UNIT 50   현재진행수동(be being pp)
UNIT 51   현재완료수동(have been pp)
UNIT 52   is closed와 has been closed와 was closed의 차이
UNIT 53   숙어처럼 굳어진 수동태 표현들
UNIT 54   단어자체가 수동의 의미를 갖는 동사들
UNIT 55   수동태로 사용하지 않는 동사들

수동태

a. I **clean** my room every day. 난 매일 내 방을 청소 해.
b. My room **is cleaned** by me everyday. 내 방은 매일 나에 의해 청소 돼.
c. He **hit** me. 그는 나를 구타했어.
d. I **was hit** by him. 나는 그한테 구타당했어.

a와 c문장처럼 행위자를 주어에 놓고 말하는 방식을 능동태(能動態), b와 d문장처럼 행위에 영향을 받은 대상, 즉 목적어를 주어에 놓고 말하는 방식을 수동태(受動態)라고 합니다. 능동태는 주어가 직접, 스스로 한 동작(=행동, 일)을 표현하는 것이고, 수동태는 주어가 당한 일을 표현할 때 사용합니다. 능동태는 가해자 입장에서 말하는 방식이고, 수동태는 피해자 입장에서 말하는 방식입니다. 능동태는 '했다'이고 수동태는 '당했다'입니다. 능동태로 말하든 수동태로 말하든 전달하려고 하는 객관적인 사실은 똑같습니다. 우리 조상들은 수동태 표현을 거의 사용하지 않았다고 합니다. 그런데 현재의 한국어는 수동태가 발달한 언어가 되었습니다. 그것은 해방 후 한국문화가 미국문화권으로 들어가고 수동태가 발달한 영어를 학습함으로써 우리말도 수동태가 발달한 언어가 된 것이지요.

과거분사에 대한 개념 정립이 없는 상태에서 수동태를 학습하는 것은 무의미하기 때문에 수동태는 반드시 시제를 학습한 다음에 학습해야 합니다. 우리는 수동태라고 하면 'be+과거분사'란 공식을 먼저 떠올리죠. 'be+과거분사'가 수동태가 아닌 경우도 많기 때문에 무작정 공식으로 암기해선 안 됩니다. She is gone을 '그녀는 가 졌어.'라고 옮기는 영어학습자가 적지 않은 것은 'be+과거분사=수동태'라는 공식이 머릿속에 깊이 자리 잡고 있기 때문입니다. 일본학자들이 만든 문법공식이 사람의 사고를 경직시켜버린 것이지요. 'be+과거분사'는 하나로 묶인 공식이 아니라 be동사와 과거분사의 결합입니다. be의 뜻은 '되다(become)'이고 과거분사는 완료입니다. b문장을 분해해 보면 My room(나의 방은)+is(된다)+cleaned(청소완료)+by me(나에 의해서)의 결합으로 '나의 방은 나에 의해 청소완료 된다.'입니다. is cleaned는 is(된다)+cleaned(청소완료)의 결합으로 '청소완료 되다'입니다. 과거분사 cleaned는 '청소완료'에서 '완료'라는 단어를 생략하여 '청소'라는 명사가 됩니다. 과거분사가 완료라는 것을 누구나 다 알고 있기 때문에 완료라는 단어를 생략해도 되는 것이죠. 그래서 is cleaned는 is(되다)+cleaned(청소)로 **청소되다**가 됩니다. 과거분사를 명사로 인식하면 is built는 is(되다)+built(건설)로 '건설되다', is made는 is(되다)+made(생산)로 '생산되다', is used는

is(되다)+used(사용)로 '사용되다', is invented는 is(되다)+invented(발명)로 '발명되다'입니다.

수동태 학습의 핵심은 과거분사를 명사로 인식하는 것입니다. 과거분사의 품사가 명사이고 'be+과거분사(=명사)'가 '명사 되다'의 결합임을 알면 수동태라는 문법을 배우지 않은 초등학생조차도 수동태를 쉽게 사용할 수 있습니다. is made는 '생산**되다**', **was** made는 '생산**되었다**', **will be** made는 '생산**될 것이다**'로 수동태의 시제는 be동사를 변화시키면 되는 것입니다. 수동태 학습이 쉽고 간단하지 않은가요?

이제 모든 영어문법서에 나오는 공식으로 능동태 a문장을 수동태 b문장으로 전환해 보겠습니다. 목적어를 주어자리에 놓고 표현하는 방식이 수동태이기 때문에 먼저 b문장의 목적어 my room을 앞으로 이동시켜 주어 자리에 놓습니다. 그 다음 동사 clean을 be+과거분사인 is cleaned로 바꾸어 줍니다. clean이 현재시제이기 때문에 **is** cleaned가 되는 것이죠. a문장의 동사가 과거시제 cleaned라면 **was** cleaned로 바꾸어야 합니다. 마지막으로 주어인 I를 by me(목적격)로 바꾸어 문장 끝에 놓으면 수동태 b문장이 됩니다. 말해주지 않아도 행위자가 누구인지 서로가 다 아는 상황이면 'by+목적격'은 생략합니다. by의 어원은 '~옆에'인데 1인자 옆에 있는 2인자 개념에서 '(~의 힘에) 의해서'라는 뜻이 파생되어 나옵니다. 『전치사 쇼크』 300p by의 개념을 읽어 보세요. 참고로 중국영문법도 일본영문법을 바탕으로 만들어 졌는데 중국영문법에선 수동태란 용어를 사용하지 않고 피동태(被動態)란 용어를 사용합니다. 피(被)는 '입을 피, 당할 피'로 피해를 입고, 피해를 당한 자 입장에서 서술한 것임을 용어에서 바로 알 수 있지요. 수동태란 문법용어가 와 닿지 않으면 피동태란 용어를 사용해도 좋습니다.

■ 수동태 학습의 핵심 ■

① 과거분사의 품사는 명사다.
② 'be(되다)+과거분사(=명사)'를 우리말로 옮기면 '명사 되다'이다.
③ 수동태 학습의 핵심은 과거분사를 명사로 인식하는 것에 있다.

UNIT 45 'be+과거분사'가 수동태가 아닌 경우

'be+과거분사=수동태'란 공식이 머리 깊이 박혀 있으면 'be+과거분사=have+과거분사'라는 것을 잊어버리게 됩니다. 'be+과거분사'가 능동태 표현임에도 불구하고 수동태로 설명해 놓은 책들이 너무나 많습니다. **'be+자동사의 과거분사'는 'have+과거분사'와 같습니다.** be=have가 된 이유를 UNIT 14에서 이미 학습했습니다.

a. I'm happy because you **are come**. (=have come)
   난 네가 와 있기 때문에 행복해.

b. She **is gone** out of my life. (=has gone)
   그녀는 나의 삶에서 떠나 있어요.

c. Spring **is** already **come**. (=has come)
   봄이 이미 와 있어.

d. I **'m finished** with my work. (=have finished)
   나는 나의 일을 끝내 놓고 있어.

e. I **am done** with this book. (=have done)
   나는 이 책을 끝내 놓고 있어.

f. Our children **are grown up**. (=have grown up)
   우리 자녀들은 성장해 있어.

g. He **is dressed up** as a woman. (=has dressed)
   그는 여자처럼 정장하고 있어.

h. I **am prepared** for the interview. (=have prepared)
   나는 면접을 위해 준비해 두고 있어.

i. He **is armed** with a pistol. (=has armed)
   그는 총을 무장한 채로 있어.

j. The child **is fallen** and can't get up. (=has fallen)
   아이가 넘어져 있고 일어날 수가 없어.

k. He **is retired** now and living in the country. (=has retired)
   그는 은퇴해 있고 시골에서 살고 있어.

● a~c문장의 is gone, is come은 has gone, has come과 같습니다. go와 come은 자동사죠. 자동사는 수동태 자체가 없기 때문에 수동태 표현이 아니라는 것을 바로 알 수 있습니다.

● d문장의 be finished는 수동태가 아닙니다. I am finished를 수동태로 옮기면 '나는 종결 되어 있어.'로 말같지 않은 말이 되지요. 내가 **스스로** 일을 끝내 놓고 있는데 누구의 힘에 의해서(by) 종결되었는지 설명할 수 있나요? finish는 '**vi.끝나다**, vt.~을 끝마치다'로 d문장에서 finish는 자동사로 사용되었습니다. I am finished~는 I have finished~와 같습니다.

● e문장의 I am done~은 I have done~입니다. be done with는 be finished with와 같은 표현으로 finish의 동의어는 do입니다. do는 '**vi.하다**, vt.~을 하다'로 e문장에서 do는 자동사입니다.

● f문장의 are grown up은 have grown up입니다. grow up은 '**vi.성장하다**'로 자동사입니다.

● g문장의 is dressed up은 has dressed up입니다. dress는 '**vi.옷을 입다**, vt.~을 입히다'로 g문장에서 dress는 자동사입니다. dress up은 '정장하다'로 『전치사 쇼크』 40p를 읽어보세요.

● h문장의 I am prepared~는 I have prepared~입니다. prepare는 '**vi.준비하다**, vt.~을 준비하다'로 h문장에서 prepare는 자동사로 사용되었습니다. **스스로** 면접 준비를 끝내 놓고 있는데 누구의 힘에 의해서(by) 면접이 준비 되었는지 말할 수 있나요? I am prepared를 '나는 준비되어 있다'로 수동태로 해석해 놓은 책들이 너무나 많습니다.

● i문장의 is armed는 has armed입니다. arm은 '**vi.무장하다**, vt.~을 무장시키다'로 i문장에서 arm은 자동사로 사용되었습니다. **스스로** 무장해 있는 것이지 누구의 힘에 의해서(by) 무장당해 있는 것이 아니지요.

● j문장의 is fallen은 has fallen입니다. fall은 '**vi.떨어지다**, 넘어지다'는 자동사이기 때문에 is fallen은 수동태가 아닙니다.

● k문장의 is retired는 has retired입니다. retire는 '**vi.은퇴하다**'는 자동사죠. 정년이 되어 스스로, 자발적으로 은퇴한 것이지 누구의 힘에 의해서(by) 은퇴당하는 것이 아닙니다.

a~k문장은 'be동사+**자동사의 과거분사**'입니다. 수동태는 목적어를 주어에 놓고 표현하는 방식이기 때문에 목적어를 취하지 않는 자동사는 수동태 자체가 없지요. **자동사의 과거분사는 주어가 스스로 완료한 것이기 때문에 능동 완료입니다.**

UNIT 46 동작수동과 상태수동의 구분

a. The room **is cleaned** every day. 그 방은 날마다 청소 된다.
b. The room **is cleaned** now. 그 방은 지금 청소되어 있어.
c. The road **is** often **closed**. 그 도로는 종종 폐쇄 된다.
d. The road **is closed** for pavement. 그 도로는 포장 때문에 폐쇄되어 있어.

a와 b문장은 모두 is cleaned인데 a문장은 '청소된다', b문장은 '청소되어 있다'입니다. c와 d문장은 모두 is closed인데 c문장은 '폐쇄 된다', d문장은 '폐쇄되어 있다'입니다. 'be+과거분사'는 문맥에 따라 '~되다'와 '~되어 있다'가 됩니다. '~되다'로 해석되는 것을 동작수동이라고 하고, '~되어 있다'로 해석되는 것을 상태수동이라고 합니다. 상태수동이란 눈에 보이는 상태를 그대로 표현하는 것이죠. **수동태 학습의 핵심은 동작수동과 상태수동의 구분**에 있습니다.

'be+과거분사'가 동작수동인지 상태수동인지는 단어만 보고 알 수 없기 때문에 문맥(=해석)으로 파악해야 합니다. 15C경까지 영국인은 동작수동인 경우에는 'become(되다)+과거분사'를 사용했고, 상태수동인 경우에는 'be(있다)+과거분사'를 사용했기 때문에 단어만 보고 동작수동인지 상태수동인지 바로 구분할 수 있었습니다. 그러나 **현대영어로 넘어오면서 수동태가 'be+과거분사' 하나로 통일되었기 때문에 동작수동인지 상태수동인지는 문맥(=해석)으로 파악해야 합니다**. 영어는 상황에 따라 그 뜻이 달라지는 상황어가 매우 많은 언어이기 때문에 문맥(=해석)으로 파악해야 하는 경우가 상당히 많습니다.

a. One hundred people **are employed** by the company every year.
매년 100명의 사람들이 회사에 고용된다.

b. One hundred people **are employed** by the company now.
지금 100명의 사람들이 회사에 고용되어 있어.

c. The store **is** always **closed** at nine.
그 가게는 항상 9시에 폐점된다.

d. The store **is closed**, so I can't get anything.
그 가게는 폐점되어 있어. 그래서 어떤 것도 살 수 없어.

UNIT 47 동작수동

a. The room **is cleaned** every day. 그 방은 매일 청소 돼.
b. The road **was closed** yesterday. 그 길은 어제 폐쇄 되었어.

　a문장의 is cleaned는 is(되다)+cleaned(청소완료)의 결합으로 '청소완료+되다'를 줄여서 표현하면 '청소되다'가 됩니다. b문장의 was closed는 was(되었다)+closed(폐쇄완료)의 결합으로 '폐쇄완료+되었다'를 줄여서 표현하면 '폐쇄되었다'가 됩니다. 동작동사의 과거분사가 완료이기 때문에 완료라는 단어는 생략해도 상관없지요. 이러한 과정에서 cleaned는 '청소', closed는 '폐쇄'라는 명사로 인식해도 되는 것입니다. 과거분사를 명사로 인식하면 수동태는 정말 간단합니다. 'be+과거분사(명사)'를 우리말로 옮기면 '명사 되다'입니다. '되다(be)'의 동의어는 '받다, 당하다'입니다. '초대**되다**'와 '초대**받다**'는 같은 뜻이고, '살해**되다**'와 '살해**당하다**'는 같은 뜻이기 때문에 '되다'의 동의어가 '받다, 당하다'가 되는 것입니다. be동사는 '되다, 받다, 당하다'이고 과거분사는 명사이기 때문에 'be+과거분사'는 '명사 되다, 명사 받다, 명사 당하다'가 됩니다. is cleaned(청소**되다**), was cleaned(청소**되었다**), will be cleaned(청소될 것이다)가 됩니다. invite는 is invited(초대**받다**), was invited(초대**받았다**), will be invited(초대받을 것이다)가 되지요. injure는 is injured(부상**당하다**), was injured(부상**당했다**), will be injured(부상**당할 것이다**)가 됩니다. 과거분사는 명사이기 때문에 고정되어 있고 be동사가 is, was, will be처럼 변화하여 현재, 과거, 미래라는 시간을 알려줍니다. 아래 문장들을 읽으면서 과거분사를 명사로 인식하고 be동사의 의미 '되다, 받다, 당하다'와 결합해 보세요. 과거분사를 명사로 인식하면 수동태 학습은 정말 간단합니다.

a. I was **invited**, but I didn't go. 나는 초대 받았지만(=되었지만) 안 갔어.
b. The bridge was **built** in 1945. 그 다리는 1945년에 건설 되었어.
c. I was **offered** the job, but I refused it. 난 그 일을 제안 받았지만 거절했어.
d. My car is **washed** every day. 내 차는 매일 세차 돼.
e. Books are **sold** in the store. 그 가게에는 책들이 판매 돼.
f. This word is often **used**. 이 단어는 자주 사용 돼.
g. Many people were **injured** in the accident. 많은 사람들이 그 사고에서 부상당했어.
h. Cars are **exported** into America. 자동차들은 미국으로 수출 돼.

i. He was **punished** for the accident. 그는 그 사고 때문에 처벌 되었어(=받았어).
j. The city was **destroyed** by the enemy. 그 도시는 적에 의해 파괴 되었어.
k. He was **killed** in the war. 그는 전쟁터에서 살해 되었어(=당했어).
l. I was **born** in Daegu. 나는 대구에서 출생 되었어.
m. Thoughts are **expressed** by means of words. 생각은 말에 의해 표현 돼.
n. He was **respected** as a scholar. 그는 학자로서 존경 받았어.
o. She is **loved** by all the people. 그녀는 모든 사람들로부터 사랑 받아.
p. I was **taught** English by Jane. 나는 제인에 의해 영어를 지도(가르침) 받았어.
q. When was the telephone **invented**? 언제 전화가 발명 되었나요?
r. He is **trusted** by everyone. 그는 모든 사람들에 의해 신뢰 받아.
s. My cell phone was **stolen** yesterday. 나의 전화기는 어제 도난 당했어(=되었어).
t. How is this word **pronounced**? 이 단어는 어떻게 발음 되죠?
u. The Olympic Games are **held** every four years. 올림픽은 4년마다 개최 돼.
v. The picnic was **put off** until next week. 소풍은 다음 주까지 연기 되었어.
w. He is **looked up to** by people. 그는 사람들에 의해 존경 받아.

a~w문장을 읽으면서 개념정리가 되었나요? be는 '되다, 받다, 당하다'이고 과거분사는 명사이기 때문에 'be+과거분사'는 '명사 되다, 명사 받다, 명사 당하다'입니다. 다음 문장을 보세요.

a. Glass is **made** from sand. 유리는 모래로부터 생산 돼.
b. Ten people were **taken** to the hospital. 10명이 병원으로 이송 되었어.

make는 'vt.~을 만들다'입니다. a문장의 is made를 '만들어 지다'로 기억하면 is(지다)+made(만들어)로 결합되어 과거분사 개념을 잡을 수가 없습니다. '~을 만들다'를 '~을 생산하다'로 바꿔 보세요. is made는 is(되다)+made(생산완료)로 '생산되다'가 됩니다. b문장의 take는 '~를 데리고 가다'로 were taken을 우리말로 옮기면 '데리고 가졌어'로 어감이 상당히 어색합니다. 그런데 '~을 데리고 가다'를 '~을 이송하다'로 바꾸면 were(되었어)+taken(이송완료)으로 '이송 되었어'로 우리말 어감이 자연스럽습니다. **영어 수동태 표현을 우리말로 옮겼을 때 어감이 이상하고 어색한 경우가 상당히 많습니다. 그 경우 한자어나 명사가 포함된 다른 동의어로 바꿔보세요. 그럼 우리말 수동태 어감이 바로 잡힐 것입니다.**

a. She was **given** the information. 그녀는 그 정보를 제공 받았어.
b. The information was **given** to us. 그 정보는 우리에게 제공 되었어.
c. He was **sent** to the accident. 그는 그 사건에 파견 되었어.
d. I was **taken care of** by my friend. 나는 친구에 의해 간호(돌봄) 받았어.
e. She was **brought up** by her grandparents. 그녀는 조부모에 의해 양육 되었어.
f. The gate was **opened** at 7. 그 문은 7시에 개방(오픈) 되었어.
g. The dishes were **broken** by Tom. 접시들은 탐에 의해 파손 되었어.
h. The building was **painted** a week ago. 그 빌딩은 1주 전에 도색 되었어.
i. I was **looked down on** by him. 나는 그에 의해 멸시 당했어.

● a문장의 give는 'vt.~을 주다, **제공하다**'입니다. was given을 '주어졌다'로 옮기기보다 was(받았다)+given(제공)으로 결합하면 어감이 자연스럽습니다. a와 b문장에서 보듯이 was given은 문맥에 따라 '제공**받다**, 제공**되다**'입니다.

● c문장의 send는 'vt.~을 보내다, **파견하다**'입니다. was sent를 '보내졌다'로 옮기면 우리말 어감이 이상하지만 was(되었다)+sent(파견)로 '파견 되었다'로 결합하면 어감이 자연스럽지요.

● d문장의 take care of는 '~을 돌보다, 보살피다, **간호하다**'입니다. was taken care of를 '돌보아졌다, 보살펴졌다'로 옮기면 우리말 어감이 어색하지만 was(받았다)+taken care of(간호)로 결합하면 '간호 받았다'로 자연스럽죠.

● e문장의 bring up은 'vt.~을 키우다, **양육하다**'입니다. was brought up을 '키워졌다'로 옮기기보다 was(되었다)+brought up(양육)으로 결합하면 '양육 되었다'로 자연스럽습니다. bring up은 『전치사쇼크』 26p의 설명을 읽어보세요. f문장의 open은 'vt.~을 열다, **개방하다**'입니다. was opened를 '열려졌다'로 옮기기보다 was(되었다)+opened(개방)로 결합하면 '개방 되었다'로 자연스럽지요.

● g문장의 break는 'vt.~을 깨다, **파손하다, 파괴하다**'입니다. was broken을 '깨어졌다'로 옮기기보다 was(되었다)+broken(파손)으로 '파손 되었다'로 옮기면 자연스럽습니다. h문장의 paint는 'vt.~을 칠하다, 도색하다'로 was painted을 '칠해졌다'로 옮기기보다 was(되었다)+painted(도색)로 결합하면 '도색 되었다'로 어감이 자연스럽습니다.

● i문장의 look down on은 'vt.~을 깔보다, **멸시하다**'입니다. was looked down on을 was(당했다)+looked down on(멸시)로 '멸시 당했다'로 결합하면 우리말 어감이 자연스럽습니다. look down on은 『전치사 쇼크』 92p를 읽어보세요.

영어 수동태 표현을 순수 우리말로 해석하면 어감이 어색한 경우가 상당히 많습니다. 이 경우 명사가 포함되어 있는 동의어로 바꾸어 '명사 되다, 명사 받다, 명사 당하다'로 바꾸어 보세요. 그러면 수동태 어감이 바로 잡힐 것입니다. 아래엔 순수 우리말과 명사(한자)로 된 우리말 동의어를 정리해 놓았습니다. 우리말의 70%는 한자어로 구성되어 있지요. 그래서 대부분의 순수 우리말 단어는 한자어로 된 동의어를 갖고 있습니다.

sell vt.~을 팔다, 판매하다	build vt.~을 짓다, 건축하다, 건설하다
steal vt.~을 훔치다, 도난하다	send vt.~을 보내다, 발송하다, 파견하다
cut vt.~을 자르다, 절단하다	call vt.~을 부르다, 호명하다
forget vt.~을 잊다, 망각하다	keep vt.~을 지키다, 유지하다, 보관하다
watch vt.~을 지켜보다, 관찰하다	write vt.~을 쓰다, 기록하다, 작성하다
see vt.~을 보다, 목격하다	elect vt.~을 뽑다, 선택하다, 선발하다
ask vt.~을 묻다, 질문하다	teach vt.~을 가르치다, 지도하다, 교육하다
read vt.~을 읽다, 독서하다	eat vt.~을 먹다, 시식하다
finish vt.~을 끝내다, 종결하다	kill vt.~을 죽이다, 살해하다
believe vt.~을 믿다, 신뢰하다	wake up vt.~을 깨우다, 기상시키다
cause vt.~을 일으키다, 야기하다	catch vt.~을 잡다, 포획하다, 나포하다
hold vt.~을 열다, 개최하다	collect vt.~을 모으다, 수집하다
mail vt.~을 보내다, 발송하다	close vt.~을 닫다, 휴업하다, 폐점하다
learn vt.~을 배우다, 학습하다	follow vt.~을 따르다, 미행하다
spend vt.~을 쓰다, 사용하다	carry vt.~을 보내다, 운반하다, 이송하다
pay vt.~을 갚다, 지불하다	hit vt.~을 때리다, 구타하다, 가격하다
lose vt.~을 잃다, 분실하다	destroy vt.~을 부수다, 파괴하다
trust vt.~을 믿다, 신뢰하다	burn vt.~을 태우다, 소각하다
punish vt.~을 벌주다, 처벌하다	scatter vt.~을 흩어지게 하다, 분산시키다
wrap vt.~을 싸다, 포장하다	find vt.~을 찾다, 발견하다

UNIT 48 상태수동

우리는 상태수동에 이미 익숙합니다. 상점에 가면 문에 Closed란 팻말을 걸어 둔 경우를 자주 봅니다. 과거분사 **closed**는 '**닫힌 상태**'입니다. The store is closed에서 The store is가 생략된 것이죠. is closed는 is(있다)+closed(닫힌 상태)의 결합으로 '닫힌 상태로 있다'를 줄여서 표현하면 '닫혀 있다'가 되지요. 또 사무실 등을 들어가다 보면 왼쪽 문에 Fixed라고 붙여놓은 경우도 자주 봅니다. 과거분사 **fixed**는 '**고정된 상태**'입니다. The door is fixed에서 The door is가 생략된 것이죠. is fixed는 is(있다)+fixed(고정된 상태)의 결합으로 '고정된 상태로 있다'를 줄여서 표현하면 '고정되어 있다'입니다. 이렇게 'be+과거분사'가 '~되어 있다'로 사용되는 것이 상태수동입니다.

a. I'm **impressed** by this book.
   나는 이 책에 감동된 상태로 있어. (=감동되어 있어.)

b. This service is **included** in the bill.
   이 서비스는 계산서에 포함된 상태로 있어. (=포함되어 있어.)

c. You are **allowed** to park here.
   여러분은 여기에 주차하는 것이 허용된 상태로 있어요. (=허용되어 있어.)

d. The price is **fixed**.
   가격은 고정된 상태로 있어. (=고정되어 있어.)

e. The cup is **filled** with hot milk.
   컵은 뜨거운 우유로 채워진 상태로 있어. (=채워져 있어.)

f. It is **forbidden**.
   그것은 금지된 상태로 있어. (=금지되어 있어.)

g. A good chance is **given** to you.
   좋은 기회가 너에게 제공된 상태로 있어. (=제공되어 있어.)

h. This book is **written** in English.
   이 책은 영어로 기록된 상태로 있어. (=기록되어, 저술되어, 쓰여 있어.)

i. The Alps is **covered** in snow.
   알프스산은 눈으로 덮여진 상태로 있어. (=덮여져 있어.)

j. BOA is **scheduled** to meet Chinese fans.
   보아는 중국 팬들과 만나기로 예정된 상태로 있어. (=예정되어 있어.)

k. Survivals are seriously **wounded**.
   생존자들은 심각하게 부상당한 상태로 있어. (=부상당해 있어.)

우리는 분사에서 과거분사를 다시 학습하게 되는데 여기서 확장된 과거분사 개념을 학습해 놓으면 UNIT 68은 저절로 이해될 것입니다. 가게 문앞에 걸어둔 과거분사 closed는 '닫힌 상태'라고 위에서 설명했습니다. 이제 아래 문장을 보세요.

a. I have **closed** the door. 나는 문을 닫은 상태 그대로 있어. (=닫아 놓았어.)
b. The door is **closed**. 그 문은 닫힌 상태로 있어. (=닫혀져 있어.)

a문장의 have closed는 have(그대로 있다)+closed(닫은 상태)의 결합이고, b문장의 is closed는 is(있다)+closed(닫힌 상태)의 결합입니다. 과거분사 closed만 보고는 '닫은 상태'인지 '닫힌 상태'인지 알 수 없지요. '닫은 상태'는 주어가 직접 한 행위로 능동완료이고 '닫힌 상태'는 누군가에 의해 당한 수동완료입니다. 동작동사의 과거분사는 완료인데 능동완료인지 수동완료인지는 문맥(=해석)으로 알 수 있습니다. V-ing를 단어만 보고 현재분사인지 동명사인지 알 수 없기 때문에 문맥(=해석)으로 파악해야하는 것과 같습니다. 한 문장 더 볼까요?

a. I have **cleaned** my room. 난 방 청소 완료상태 그대로 있어. (=방 청소 해 놓았어.)
b. My room is **cleaned**. 나의 방은 청소 완료된 상태로 있어. (=방은 청소되어 있어.)

a문장의 cleaned는 '청소 완료상태'로 능동완료이고, b문장의 cleaned는 '청소 완료된 상태'로 수동완료입니다. **동작동사의 과거분사는 완료인데 완료는 능동완료와 수동완료가 있다는 것을 반드시 기억해야 합니다.** 자세한 설명은 UNIT 68에서 보충합니다.

UNIT 49 get을 사용하는 동작수동

동작수동인 경우에 'be+과거분사'에서 be대신에 get을 사용할 수 있는데 주로 회화에서 be대신에 get을 많이 사용합니다. get의 뜻은 '~되다'로 become, be의 동의어입니다.

a. I got **invited** to his birthday party. 나는 그의 생일에 초대 받았어.
b. He got **fired** yesterday. 그는 어제 해고 되었어(=당했어).
c. My bike got **stolen** yesterday. 내 자전거는 어제 도난 당했어.
d. I often get **asked** lots of questions. 나는 종종 많은 질문을 질문 받아.
e. The window got **broken** last night. 그 창문은 지난 밤에 파손 되었어.
f. My car got **damaged** a lot. 내 차는 많이 파손 되었어.

위의 a~f문장처럼 get은 동작수동에서 be를 대신해서 사용합니다. a문장의 I **got** invited~는 I **was** invited~와 같습니다. get을 사용한 수동표현은 구어체이기 때문에 문어체에는 get을 사용하지 않는 것이 좋습니다. 이력서의 자기 소개서를 문어체 '~했습니다.'로 쓰지 않고 구어체 '~했어요.'로 작성해 보세요. 격식을 차리지 않은 글이 되어 서류 심사에서 탈락하게 될 것입니다.

a. The room **is cleaned** now. 그 방은 지금 청소되어 있어.
b. The price **is fixed**. 가격은 고정되어 있어.
c. The Alps **is covered** in snow. 알프스산은 눈으로 덮여져 있어.
d. Korea **is ranked** 55th in the world. 한국은 55위에 랭크되어 있어.

위의 a~d문장은 동작수동이 아닌 상태수동이기 때문에 be동사 대신에 get을 사용해선 안 됩니다. 상태수동에는 왜 get을 사용하지 않을까요? be동사의 뜻은 '이다, 되다, 있다'입니다. get은 '되다'는 뜻은 있지만 '있다'는 뜻은 갖고 있지 않습니다. 그래서 상태수동 '~되어 **있다**'에는 get(되다)을 사용할 수 없는 것이죠. 단어가 갖고 있는 정확한 의미를 알면 상태수동에는 get을 사용하지 않는다고 공식처럼 암기할 필요가 없습니다.

UNIT 50 be being pp(현재진행수동)

be being cleaned는 be(이다)+being(되고 있는 중)+cleaned(청소완료)의 결합으로 '청소완료 되고 있는 중이다'로 줄여서 표현하면 '청소 되고 있는 중이다'입니다. 과거분사의 품사는 명사이고, be(되다)의 동의어는 '받다, 당하다'임을 앞에서 배웠습니다. be에 -ing를 붙인 **being**은 '되고 있는 중, 받고 있는 중, 당하고 있는 중'이 되지요. be being pp는 'be(이다)+being(되고 있는 중)+과거분사(=명사)'로 '명사 되고(=받고, 당하고) 있는 중이다'입니다. be를 was, were로 바꾸면 '~중이다'가 '~중이었다'가 되고, be를 will be로 바꾸면 '~되고 있는 중**일 것이다**'가 됩니다. be being pp는 하나로 묶인 공식이 아닙니다. 단어의 뜻을 있는 그대로 조립하면 공식으로 암기할 필요가 없습니다.

a. Your car is **being** repaired. 당신 차는 수리 되고 있는 중입니다.
b. A building is **being** built. 건물이 건축 되고 있는 중이야.
c. The building is **being** knocked down. 그 건물은 철거 되고 있는 중이야.
d. He is **being** investigated for a theft. 그는 절도로 조사 되고(받고, 당하고) 있는 중이야.
e. The game is **being** shown on TV now. 그 경기는 지금 TV에 상영 되고 있는 중이야.
f. My house is **being** painted. 나의 집은 도색 되고 있는 중이야.
g. The office is **being** cleaned. 사무실은 청소 되고 있는 중이야.
h. Is the computer **being** used? 이 컴퓨터 사용 되고 있는 중인가요?
i. He is **being** treated for stomach cancer. 그는 위암 때문에 치료 받고 있는 중이야.
j. The ozone layer is **being** destroyed. 오존층은 파괴 되고 있는 중이야.
k. The problem is **being** improved. 그 문제는 개선 되고 있는 중이야.
l. Lunch is **being** prepared. 점심이 준비 되고 있는 중이야.
m. What kind of news is **being** reported? 어떤 종류의 뉴스가 보도 되고 있는 중인가요?
n. The subway fare is **being** increased. 지하철 요금이 상승 되고 있는 중이야.
o. The woman is **being** interviewed. 그 여자는 인터뷰 받고 있는 중이야.
p. The fruit is **being** washed in the street. 과일이 길거리에서 세척 되고 있는 중이야.
q. We are **being** watched by somebody. 우리는 누군가에 의해 감시 당하고 있는 중이야.
r. Help me. I am **being** followed. 도와줘. 나 미행 당하고 있는 중이야.

be being pp는 19C이후에 일반인들이 사용하기 시작했습니다. 즉 19C 이전에는 be being pp를 사용하지 않았다는 것이죠. 능동형 be doing이 있으면 수동형 be being done도 있어야 한다는 논리로 문법학자들이 시제를 개발했고 영어 문법서와 대중 교육을 통하여 일반인들도 자연스럽게 사용하게 되었습니다.

be being pp를 보세요. be(이다)+being(되고 있는 **중**)+pp(과거분사-**완료**)로 '완료되고 있는 중이다'입니다. be being pp를 보면 '동작 중-동작 완료'라는 것을 바로 알 수 있지요. 즉 과거분사는 동작 중임을 나타내는 현재분사와 연결되어 있어서 과거와는 전혀 상관이 없습니다. 우리는 시간 중심의 언어를 사용하고 있기 때문에 동작 개념에 익숙하지 않습니다. 영어 다음으로 많이 배우는 언어가 중국어인데 중국어는 동작 중심의 언어로 시제 자체가 없습니다. 시간 중심으로 전개한 시제가 없으니 당황할 수밖에 없고 중국어가 어렵게 느껴지지요. 영어를 학습하면서 동작 개념을 잡아 놓으면 중국어 학습이 상당히 쉽다는 것을 알게 될 것입니다.

UNIT 51 have been pp (현재완료수동)

현재완료 have pp는 하나로 묶인 공식이 아니라 have와 과거분사(pp)의 결합임을 배웠습니다. have(그대로 있다)+pp(동작 완료)는 '완료상태 그대로 있다'입니다. 현재완료수동 have been pp 또한 하나로 묶인 공식이 아니라 have와 been pp의 결합입니다. have been pp는 have(그대로 있다)+been(된 상태)+pp(동작 완료)의 결합으로 '완료+된 상태+그대로 있다'를 줄여서 표현하면 '완료되어 있다'입니다. been은 be(되다)의 과거분사로 '된 상태'입니다. 또 '되다'의 동의어는 '받다, 당하다'이기 때문에 been은 '된 상태, 받은 상태, 당한 상태'입니다. have been pp는 '~된 상태+그대로 있다, ~받은 상태+그대로 있다, ~당한 상태+그대로 있다'의 결합입니다. a문장에서 과거분사 repaired는 '수리 완료'인데 동작동사의 과거분사가 완료라는 것을 누구나 다 알고 있기 때문에 완료라는 단어를 생략하면 repaired는 '수리'라는 명사가 됩니다. 수동태 학습의 핵심은 과거분사를 명사로 인식하는 것에 있음을 명심해야 합니다.

a. Your car has **been repaired**.
   당신 차는 수리되어 있어. (=수리 완료된 상태 그대로 있어.)

b. I have **been invited** to the party.
   나는 파티에 초대되어 있어. (=초대받은 상태 그대로 있어.)

c. Your shirts have **been ironed**.
   당신 셔츠는 다림질되어 있어요. (=다림질된 상태 그대로 있어.)

d. He has **been wounded** in the arm.
   그는 팔에 부상을 당해 있어. (=부상당한 상태 그대로 있어.)

e. My computer has **been broken**.
   내 컴퓨터는 파손되어 있어. (=파손된 상태 그대로 있어.)

f. The room has **been cleaned**.
   그 방은 청소되어 있어. (=청소된 상태 그대로 있어.)

g. He has **been sent** abroad.
   그는 해외에 파견되어 있어. (=파견된 상태 그대로 있어.)

h. His driving license has **been canceled**.
   그의 면허는 취소되어 있어. (=취소된 상태 그대로 있어.)

i. I have **been forbidden** to play games.
   나는 게임하는 것이 금지되어 있어. (=금지된 상태 그대로 있어.)

j. The original manuscript has **been lost**.
   원본이 분실되어 있어. (=분실된 상태 그대로 있어.)

- a문장의 has been repaired는 has(그대로 있다)+**been(된 상태)**+repaired(수리 완료)로 '수리 완료**된 상태** 그대로 있다'를 줄여서 표현하면 '수리되어 있다'입니다. 차가 수리완료 되어 있어 찾아가면 되는 상태라는 것이죠.

- b문장의 have been invited는 have(그대로 있다)+**been(받은 상태, 된 상태)**+invited(초대)로 '초대**받은 상태**, 초대**된 상태** 그대로 있다'를 줄여서 표현하면 '초대되어 있다'입니다. 초대 받은 상태로 있어 초대에 참석하기만 하면 되는 상황에 있다는 것이죠.

- c문장의 have been ironed는 have(그대로 있다)+**been(된 상태)**+ironed(다림질)로 '다림질**된 상태** 그대로 있다'를 줄여서 표현하면 '다림질되어 있다'입니다. 다림질이 완료되어 있어서 입으면 되는 상태에 있다는 것이지요.

- d문장의 has been wounded는 has(그대로 있다)+**been(당한 상태)**+wounded(부상)로 '부상**당한 상태** 그대로 있다'를 줄여서 표현하면 '부상당해 있다'가 됩니다.

- e문장의 has been broken은 has(그대로 있다)+**been(된 상태)**+broken(파손)으로 '파손**된 상태** 그대로 있다'를 줄여서 표현하면 '파손되어 있다'입니다. 컴퓨터가 파손되어 고장난 상태 그대로 계속 있다는 것이죠.

- f문장의 have been cleaned는 have(그대로 있다)+**been(된 상태)**+cleaned(청소)로 '청소**된 상태** 그대로 있다'를 줄여서 표현하면 '청소되어 있다'가 됩니다. 청소가 완료되어 있어 방이 깨끗한 상태로 있다는 것입니다.

- g문장의 has been sent는 has(그대로 있다)+**been(된 상태)**+sent(파견)로 '파견**된 상태** 그대로 있다'를 줄여서 표현하면 '파견되어 있다'입니다. 해외에 파견되어 파견된 그곳에 그대로 있다는 것이죠.

- h문장의 has been canceled는 has(그대로 있다)+**been(된 상태)**+canceled(취소)로 '취소**된 상태** 그대로 있다'를 줄여서 표현하면 '취소되어 있다'입니다. 면허가 취소되어 운전할 수 없는 상태 그대로 있다는 것입니다.

- i문장의 have been forbidden은 have(그대로 있다)+**been(된 상태, 당한 상태)**+forbidden(금지)으로 '금지**된 상태**, 금지**당한 상태** 그대로 있다'를 줄여서 표현하면 '금지되어 있다'입니다. 게임이 금지되어 게임을 할 수 없는 상태로 있다는 것입니다.

- j문장의 has been lost는 has(그대로 있다)+**been(된 상태)**+lost(분실)로 '분실**된 상태** 그대로 있다'를 줄여서 표현하면 '분실되어 있다'입니다. 원본을 분실하여 찾지 못한 상태 그대로 있다는 것입니다.

과거분사는 명사입니다. been pp(명사)는 '명사 된 상태, 명사 받은 상태, 명사 당한 상태'이고 have는 지금까지 '그대로 있다'입니다. have been pp는 have(그대로 있다)+been(된 상태, 당한 상태, 입은 상태)+pp(명사)의 결합으로 '명사 된(=당한, 입은) 상태 그대로 있다'입니다. 아래 문장들을 읽으면서 been pp개념을 총정리 하세요.

a. The meeting has **been put off**.
   회의가 연기 된 상태 그대로 있어. (=연기되어 있어.)

b. A day has **been set** for their wedding.
   그들의 결혼 날짜가 선정 된 상태 그대로 있어. (=선정되어 있어.)

c. Fatal flaw has **been found** in the new car.
   신차에서 치명적인 결함이 발견 된 상태 그대로 있어. (=발견되어 있어.)

d. The case has **been forgotten** by the people.
   그 사건은 사람들에게 망각 된 상태 그대로 있어. (=망각되어 있어.)

e. Next year's budget has **been agreed**.
   내년 예산이 승인 된 상태 그대로 있어. (=승인되어 있어.)

f. The shopping carts have **been arranged**.
   쇼핑카트들이 정돈 된 상태 그대로 있어. (=정돈되어 있어.)

g. They have **been buried** under the ground.
   그들은 땅 속에 매몰 된 상태 그대로 있어. (=매몰되어 있어.)

h. This has **been classified** as a top secret.
   이것은 일급비밀로 분류 된 상태 그대로 있어. (=분류되어 있어.)

i. All the talks have **been stopped**.
   모든 대화가 중단 된 상태 그대로 있어. (=중단되어 있어.)

j. I have **been offered** a good job.
   난 좋은 일자리를 제안 받은 상태 그대로 있어. (=제안 받아두고 있어.)

k. The purpose has **been accomplished**.
   목적은 달성 된 상태 그대로 있어. (=달성되어 있어.)

l. This has **been declared** a national park.
   이곳은 국립공원으로 선포 된 상태 그대로 있어. (=선포되어 있어.)

m. The crops have **been destroyed** by wild boars.
   농작물들은 멧돼지에 의해 파괴 된 상태 그대로 있어. (=파괴되어 있어.)

n. I have **been appointed** to a class president.
   난 반장에 임명 된 상태 그대로 있어. (=임명되어 있어.)

o. Many songs have **been downloaded**.
   많은 노래들이 다운로드 된 상태 그대로 있어. (=다운로드 되어 있어.)

p. A new mission has **been assigned** to me.
   내게 새로운 임무가 할당 된 상태 그대로 있어. (=할당되어 있어.)

q. The 20th student council has **been established**.
   20대 총학생회가 설립 된 상태 그대로 있어. (=설립되어 있어.)

r. K-pop has **been exported** around the world.
   K팝은 전 세계로 수출 된 상태 그대로 있어. (=수출되어 있어.)

s. The train schedule has **been changed**.
   열차 시간표가 변경 된 상태 그대로 있어. (=변경되어 있어.)

t. The drug has **been approved** by the FDA.
   그 약은 FDA에서 승인 된 상태 그대로 있어. (=승인되어 있어.)

u. A room has **been booked** for you.
   너를 위해 방이 예약 된 상태 그대로 있어. (=예약되어 있어.)

v. The concert tickets have **been sold out**.
   콘서트 티켓이 매진 된 상태 그대로 있어. (=매진되어 있어.)

현재완료수동(have been pp)을 완벽하게 이해했나요? 그럼 현재완료와 현재완료수동은 어떤 차이가 있는지 비교해 보겠습니다.

a. **I** have **washed** my car.
   나는 세차를 완료한 상태 그대로 있어. (=세차해 놓았어.)

b. **My car** has **been washed** by me.
   내 차는 세차 완료된 상태 그대로 있어. (=세차 되어 있어.)

a문장을 수동태로 바꾸면 b문장이 됩니다. a문장에서 I와 washed(세차 완료)만 보면 '내가 세차를 완료한 상태'죠. b문장에서 My car와 **been** washed(세차완료 **된 상태**)를 보면 '내 차가 세차완료 **된 상태**'입니다. b문장에서 been을 생략하면 **My car** has **washed**로 내 차가 직접 세차를 완료한 상태라는 황당한 말이 됩니다. 무생물인 자동차가 스스로 차를 씻을 수는 없지요. 현재완료와 현재완료수동의 상관관계를 이제 아시겠지요? 공식으로 암기하려고 하지 말고 단어 하나하나의 의미를 결합해 보세요. 그러면 정확한 뜻을 알 수 있고 예외를 외우지 않아도 됩니다.

UNIT 52   is closed vs has been closed vs was closed

아래문장의 의미 차이를 구분하지 못하는 영어학습자들이 많습니다. 단어가 갖고 있는 뜻을 결합해 보면 그 차이를 바로 알 수 있습니다.

a. The road **is closed**. 그 길은 폐쇄되어 있어.
b. The road **has been closed**. 그 길은 계속 폐쇄되어 있어.
c. The road **was closed**. 그 길은 폐쇄되었어.

● a문장은 상태수동으로 is closed는 is(있다)+closed(폐쇄완료 된 상태)의 결합으로 '폐쇄된 상태로 있다'를 줄여서 표현하면 '폐쇄되어 있다'입니다. 눈으로 도로를 보니 현재의 도로 상태가 폐쇄되어 있다는 것이죠. is는 현재의 상태만을 알려줍니다.

● b문장은 현재완료수동으로 has been closed는 has(그대로 있다)+been(된 상태)+closed(폐쇄완료)의 결합으로 '폐쇄완료 된 상태 **그대로 있다**'를 줄여서 표현하면 '**계속** 폐쇄되어 있다'입니다. have는 동작이 완료된 과거 어느 시점부터 지금까지 **그대로 계속** 있는 것으로 언제부터, 얼마동안 폐쇄되어 있는지 궁금증을 유발하게 됩니다. b문장에는 for a long time, since last month처럼 for나 since가 생략되어 있는 것이죠. **is는 현재의 상태만을 말하는 것이고, have는 동작이 완료된 과거의 어느 시점부터 지금까지 그대로 계속 있는 것**입니다. have는 '그대로 있다, (시간)을 보내다'이기 때문에 have 속에 **계속**의 의미가 들어 있습니다.

● c문장은 과거수동으로 was(되었다)+closed(폐쇄완료)로 '폐쇄되었다'입니다. '그 길은 폐쇄되었어.'라고 말해 보세요. 그럼 '**언제** 폐쇄되었지?'라고 물을 것입니다. 그러면 '어제, 한 달 전에, 오래 전에'처럼 대답할 것입니다. 영어의 과거시제는 언제 발생했는지 시간을 말해주는 것으로 현재의 정보를 알려주지 않습니다. c문장은 과거 어느 시점에 길이 폐쇄되었다는 단순한 과거시실만 알 수 있을 뿐 지금 그 길이 폐쇄되어 있는지, 그 길이 개방되어 있는지 알 수 없습니다.

b문장과 c문장은 전혀 다른 뜻입니다. 대부분의 영어 문법서에는 b문장을 '그 길은 폐쇄 되었어.'라고 해석해 놓아 c문장과 같은 표현으로 착각하도록 만들어 놓았습니다. 무엇보다 개념을 잡아가는 중학교 영어 학습서 대부분이 그렇다는 것은 매우 심각합니다. 모두 일본영문법의 폐해지요.

UNIT 53 숙어처럼 굳어진 수동태 표현들

수동태의 행위자는 'by+목적격'이 많지만 by 이외의 다른 전치사가 사용되는 경우도 많습니다. 대부분 숙어처럼 굳어진 표현이죠. 『전치사 쇼크』 색인에서 아래의 표현들을 찾아 설명을 읽어보세요. 왜 in을 붙이고, 왜 to를 붙이는지 한번 읽어보면 저절로 암기 되도록 자세하게 설명해 놓았습니다.

be absorbed in ~에 빠져 있다	be interested in ~에 흥미가 있다
be involved in ~에 관련되어 있다	be fed up with ~에 질려 있다
be covered with ~로 덮여 있다	be filled with ~로 채워져 있다
be satisfied with ~에 만족하다	be pleased with ~로 기뻐하다
be married to ~와 결혼해 있다	be composed of ~로 구성되어 있다
be made of ~로 만들어져 있다	be known for ~로 유명하다
be bound for ~행이다	be based on ~에 근거되어 있다
be surprised at ~에 놀라다	be worried about ~에 대해 걱정하다
be concerned about ~에 대해 걱정하다	

a. My son is absorbed in PC games. 아들은 컴퓨터게임에 빠져있어.

b. I'm interested in history. 난 역사에 흥미가 있어.

c. He's involved in the accident. 그는 그 사건과 관련되어 있어.

d. She is fed up with studying English. 그녀는 영어 공부에 질려있어.

e. The desk is covered with dust. 책상은 먼지로 덮여져 있어.

f. The room is filled with smoke. 방은 연기로 가득 차 있어.

g. I'm satisfied with the result of the exam. 난 시험 결과에 만족해.

h. Jane is married to a doctor. 제인은 의사와 결혼해 있어.

i. She is pleased with the present. 그녀는 선물에 기뻐해.

j. The team is composed of five members. 그 팀은 5명으로 구성되어 있어.

k. The festival is known for its music. 그 축제는 음악으로 유명해.

l. This bus is bound for Seoul. 이 버스는 서울행이야.

m. The movie is based on a real story. 그 영화는 실화에 근거되어 있어.

n. I was surprised at the news. 난 그 소식에 깜짝 놀랐어.

UNIT 54 단어 자체가 수동의 의미를 갖는 동사들

다음 동사들은 의미 자체가 수동의 뜻을 갖고 있다고 설명하지만 사실은 자동사로 사용되는 단어들 **입니다.** 타동사 사용에 익숙한 단어가 자동사로 사용된 경우에 그 뜻을 쉽게 파악하지 못하는 경우가 많지요. 영어 단어는 하나의 단어를 자동사로, 타동사로 자유롭게 사용하는 언어입니다. 아래 문장들을 읽으면서 자동사와 타동사의 감각을 익히세요.

sell vi.팔리다 vt.~을 팔다
wash vi.씻기다 vt.~을 씻다
feel vi.느껴지다 vt.~을 느끼다
blame vi.비난받다 vt.~을 비난하다

read vi.읽히다 vt.~을 읽다
cook vi.요리되다 vt.~을 요리하다
print vi.인쇄되다 vt.~을 인쇄하다

open vi.열리다 vt.~을 열다
peel vi.벗겨지다 vt.~을 벗기다

a. Fruits **sell** by the kilo in China. 중국에서 과일은 킬로 단위로 팔려.
b. We **sell** fruits by the kilo. 우리는 킬로그램 단위로 과일을 팔아.
c. This book **reads** well in the world. 이 책은 전 세계에서 잘 읽혀.
d. I **read** an interesting book last night. 어젯밤에 재미있는 책을 읽었어.
e. The door **opened** of itself. 문이 저절로 열렸어.
f. **Open** the door. 문을 열어라.
g. This clothes **doesn't wash** well. 이 옷은 잘 씻기지 않아.
h. **Wash** your clothes promptly. 즉시 네 옷을 씻어.
i. The lunch **is cooking**. 점심이 요리되고 있는 중이야.
j. I **am cooking** lunch. 나는 점심을 요리 하고 있어.
k. The orange **doesn't peel** well. 오렌지가 잘 벗겨지지 않아.
l. **Peel** the orange, divide into sections. 오렌지를 벗기고, 잘게 쪼개라.
m. I was wrong, I am to **blame**. 내가 잘못했어. 난 비난받아야 해.
n. Don't **blame** me. It's not my fault. 나를 비난하지 마. 그것은 내 잘못이 아니야.
o. The book **is printing**. 그 책은 인쇄되고 있는 중이야.
p. **Print out** the paper. 그 문서를 인쇄해 주세요.
q. This paper **feels** rough. 이 종이는 거칠게 느껴진다.
r. I **feel** dizzy. 나 현기증을 느껴.

UNIT 55 수동태로 사용하지 않는 동사들

아래의 단어들은 수동태로 사용하지 않습니다. 수동태는 목적어를 주어에 놓고 표현하는 방식으로 목적어를 취하는 타동사(vt)만 수동태를 만들 수 있지요. **아래의 동사들은 자동사(vi)이기 때문에 수동태로 사용할 수 없습니다.** 아래의 동사들을 수동태가 불가능한 동사라고 무작정 암기할 필요가 없습니다. 자동사, 타동사를 구분하여 학습하면 곳곳에서 영어 학습이 매우 쉬워지지요. 자동사, 타동사의 구분은 영어 학습에 있어서 절대적입니다.

---

become vi.되다   belong vi.속해 있다   consist vi.구성되어 있다
appear vi.나타나다   disappear vi.사라지다   seem vi.~처럼 보이다
lack vi.모자라다   happen(=occur) vi.발생하다 grow up vi.성장하다
have vt.~을 갖고 있다 resemble vt.~와 닮아 있다

---

have와 resemble은 타동사이지만 수동태로 사용하지 않습니다. 타동사라고 해서 무조건 수동태로 사용할 수 있는 것이 아닙니다. **수동태 문장으로 전환하여 어색하거나 황당한 표현이 되면 수동태로 사용하지 않는 것이죠.** I have a book은 I have (bought) a book, I have (received) a book에서 과거분사 bought, received가 생략된 표현입니다. 내가 책을 사서 소유하고 있는데 다른 사람의 힘에 의해서(by) 책이 소유되어 있다고 수동태로 표현하면 어색한 말이 되기 때문에 have는 수동태로 사용하지 않습니다. resemble의 뜻은 'vt.~을 닮다, ~와 공통점을 **갖고 있다**'입니다. 닮았다는 것은 공통점을 have하고 있는 것이죠. resemble은 have의 뜻을 갖고 있기 때문에 수동태 표현이 어색한 것입니다.

CHAPTER 5

Gerund
동명사

UNIT 56　동명사
UNIT 57　동명사의 역할
UNIT 58　동명사만을 목적어로 취하는 동사
UNIT 59　동명사는 명사다
UNIT 60　전치사 to + (동)명사
UNIT 61　동명사의 의미상 주어
UNIT 62　동명사의 시제
UNIT 63　동명사의 문장전환
UNIT 64　단문에서 복문으로의 문장전환
UNIT 65　자주 사용하는 동명사구문
UNIT 66　동명사의 과거개념 총정리

UNIT 56 동명사

　동명사(動名詞)는 '동사원형+ing'로 동사의 성질을 가지면서 명사의 역할을 한다고 설명하고 있습니다. 동명사(動+名詞)란 용어를 한자 풀이한 것이죠. 우리는 UNIT 1에서 -ing의 역사를 배웠습니다. 영국이 프랑스의 식민지가 되기 이전에 영국인은 V-ing를 보통명사로만 사용했습니다. build**ing**(건물), paint**ing**(그림), hunt**ing**(사냥), read**ing**(독서), swimm**ing**(수영), chatt**ing**(채팅), shopp**ing**(쇼핑), stalk**ing**(스토킹)을 보세요. -ing로 끝나는 단어들은 horse, tree, book과 같은 보통명사입니다. 건물, 그림, 말, 나무를 보면 보통명사는 이미(=과거) 존재하고 있는 것이죠.

　보통명사는 이미 존재하고 있는 것으로 과거개념을 갖고 있습니다. build**ing**, paint**ing**은 이미(=과거) 만들어져 존재하고 있는 것으로 -ing는 과거느낌을 갖고 있습니다. **과거 영국인들은 -ing를 보통명사로 사용했고, -ing에 과거느낌을 갖고 있습니다.**

　15C가 되어 진행형(=동작형)어미와 동명사의 어미가 -ing로 일치되면서 동명사 뒤에 목적어를 붙여 사용하게 됩니다. reading a book(책을 읽는 것), painting a picture(그림을 그리는 것)처럼 동명사 뒤에 목적어를 붙여 사용하는 것이 일반화 된 시기는 15C 이후라는 것이죠. 모든 동사에 -ing를 붙여서 동사를 명사로 만들어 사용함으로써 비로소 동명사(動名詞)가 된 것입니다. V-ing는 보통명사였는데 동명사 기능이 새롭게 추가 된 것입니다. **-ing는 명사를 만드는 접미사로 우리말로 옮기면 '~것, 기'입니다.**

■ 동명사 학습의 핵심 ■
① -ing는 원래 보통명사다.
② -ing는 과거느낌을 갖고 있다.
③ -ing는 명사를 만드는 접미사로 우리말로 옮기면 '~것, 기'이다.

UNIT 57 동명사의 역할

동명사 V-ing를 우리말로 옮기면 '~하는 것, ~하기'입니다.

동사 do를 doing으로 바꾸면 동사 '하다'에서 '하는 것, 하기'로 동명사가 되는 것이죠. 동명사는 주어, 보어, 목적어 자리에 사용합니다. 주어자리는 주격조사 '~은, ~는, ~이, ~가' 앞이고, 목적어 자리는 목적격 조사 '~을, ~를' 앞이고, 보어자리는 '~이다, ~되다' 앞입니다.

a. Swimming is very easy for me. 수영은 나한테 매우 쉬워.
b. Talking with her is very interesting. 그녀와 대화하는 것은 매우 재미있어.
c. Studying math is very difficult. 수학공부는 매우 어려워.

a문장을 보세요. '**수영하다는** 나한테 매우 쉬워.'라고 말하면 바로 귀에 거슬리죠. '수영하다'는 동사를 명사인 '수영, 수영하기'로 바꿔야 주격조사 '~는'과 자연스럽게 결합됩니다. 현대 영어에서 주어는 동명사를 사용하고 to부정사는 주어로 거의 사용하지 않는다는 것도 기억해 두세요.

a. I stopped smoking and drinking. 나는 흡연과 음주를 중단했어.
b. I like swimming in the river. 난 강에서 수영하는 것을 좋아해.

b문장을 보세요. '나는 강에서 **수영하다를** 좋아해.'라고 말하면 역시 듣기 거북해지죠. '수영하다'는 동사를 명사인 '수영, 수영하기'로 바꿔야 목적격 조사 '~을'과 자연스럽게 결합됩니다.

a. Her dream is becoming a makeup artist. 그녀의 꿈은 화장 전문가가 되는 것이야.
b. My hobby is collecting dolls. 나의 취미는 인형 수집하는 것이야.

b문장을 보세요. '나의 취미는 인형 **수집하다이야.**'라고 말하면 역시 귀에 거슬립니다. '수집하다'는 동사를 '수집, 수집하기'란 명사로 바꾸어야 '~이다'와 자연스럽게 결합 되지요. 보어란 보(충)어로 주어를 보충해 주면 주격 보어, 목적어를 보충해 주면 목적격 보어가 됩니다. **주어, 목적어, 보어 자리에 명사와 동명사를 사용해야 하는 것은 영어 또한 우리말 문법과 같습니다.**

UNIT 58 동명사만을 목적어로 취하는 동사

'~을 즐기다', '~을 원하다'에서 목적격 조사 '~을' 앞에는 명사가 와야 합니다. '**수영하다**를 즐기다, **사다**를 원하다'처럼 말하면 듣는 순간 바로 귀에 거슬리게 되어 우리는 본능적으로 '수영하기, 수영하는 것, 사기, 사는 것'처럼 동사를 명사로 바꾸게 됩니다. 우리말에 동사를 명사로 만드는 방법이 '~것, ~기'가 있는 것처럼 영어에는 동명사(V-ing)와 to부정사(to+동사원형) 두 가지가 있습니다. 원어민은 과거 지향적인 의미의 동사는 동명사를, 미래 지향적인 의미의 동사는 to부정사로 구분하여 사용하고 있습니다. 우리는 -ing의 역사에서 -ing가 명사이며 과거개념을 갖고 있다고 배웠습니다. 또 -ing는 동작중임을 나타내지요. 그래서 동명사를 목적어로 취하는 동사들은 대부분 과거느낌과 동작중임을 내포하고 있습니다. 아래 동사들은 동명사를 목적어로 사용하는 동사들입니다. 단어에서 동작 중과 과거 느낌을 찾아 학습하면 오래 기억할 수 있고 to부정사를 취하는 동사들과 쉽게 구분할 수 있습니다.

finish ~을 끝마치다	stop ~을 멈추다	quit ~을 그만두다
enjoy ~을 즐기다	consider ~을 숙고하다	imagine ~을 상상하다
avoid ~을 회피하다	help ~을 회피하다	postpone ~을 연기하다
delay ~을 연기하다	deny ~을 부인하다	admit ~을 인정하다
resist ~에 저항하다	suggest ~을 제안하다	resent ~에 분노하다
recall ~을 상기시키다	anticipate ~을 예측하다	regret ~을 후회하다
mind ~을 싫어하다		

a. I **finished** doing the dishes. 나는 설거지하는 것을 끝냈어.

b. Don't **stop** walking until you get to the river. 강에 도착할 때까지 걸음을 멈추지 마.

c. You have to relax and **quit** smoking. 당신은 휴식을 취하고 담배를 끊어야 합니다.

d. I **enjoy** surfing the Internet. 난 인터넷 검색을 즐겨.

e. I **considered** moving to Seoul. 나는 서울로 이사 가는 것을 깊이 생각했어.

f. **Imagine** buying your house. 너의 집 사는 것을 상상해 봐.

g. You cannot **avoid** meeting him forever. 넌 그와 만나는 것을 영원히 피할 수 없어.

h. I can't **help** falling in love with you. 난 너와 사랑에 빠지는 것을 피할 수 없어.

i. Don't **postpone** doing your homework. 숙제 하는 것을 미루지 마.

j. The driver **denied** running over the child. 그 운전사는 아이 친 것을 부인했어.
k. He **admitted** stealing the book. 그는 책 훔친 것을 인정했어.
l. Jill strongly **resisted** being arrested. 질은 체포당하는 것에 강하게 저항했어.
m. I **suggested** going in my car. 나는 내 차 타고 갈 것을 제안했어.
n. She **resented** his making the decision. 그녀는 그가 그 결정을 내린 것에 분노했어.
o. I can't **recall** having met him. 그와 만났던 것을 떠올릴 수 없어.
p. Can I **anticipate** seeing you there? 거기서 너를 보는 것을 기대해도 돼?
q. I **regret** not going to University. 난 대학에 가지 않은 것을 후회해.

- finish(vt.~을 끝마치다), stop(vt.~을 그만두다), quit(vt.~을 그만두다)은 **하고 있는** 것을 끝마치고, **하고 있는** 것을 그만두는 것이기 때문에 동작 중(-ing)임을 나타내는 -ing를 목적어로 사용합니다. I stopped smoking은 계속 피우고 있던 담배를 끊었다는 것이죠.

- consider는 'vt.~을 숙고하다'입니다. 숙고는 심사숙고의 줄임말로 **이미(=과거)** 제시되어 있는 주제를 마음속에 두고 오랫동안, 여러 번 생각하는 것이지요. 숙고라는 단어에는 과거느낌이 들어 있습니다.

- imagine은 'vt.~을 상상하다'입니다. 상상을 사전에서 찾아보면 '**이미(=과거)** 알고 있는 사실이나 관념을 바탕으로 새로운 것을 만들어 내는 것'으로 나옵니다. 상상이란 단어에는 과거 느낌이 들어 있습니다.

- avoid와 help는 'vt.~을 회피하다'입니다. 회피(回避)란 **이미(=과거)** 주어져 있는 책임을 지지 않는 것이고, **이미** 정해놓은 약속 따위를 회피하는 것입니다. 회피란 단어는 과거느낌을 갖고 있지요.

- postpone과 delay는 'vt.~을 연기하다'입니다. 동의어로 put off가 있습니다. 연기(延期)란 **이미(=과거)** 결정해 놓은 일정을 다른 날로 옮기는 것이기 때문에 연기라는 단어는 과거느낌을 갖고 있지요. 『전치사 쇼크』109p에 왜 put off가 '~을 연기하다'는 뜻인지 자세히 설명해 놓았습니다.

- deny는 'vt.~을 부인하다', admit은 'vt.~을 인정하다'입니다. 부인과 인정은 반대말이죠. 부인(否認)은 **이미(=과거)** 일어난 일이 사실인데 그것을 사실로 인정하지 않는 것이고, 인정(認定)은 **이미** 일어난 일을 사실 그대로 받아들이는 것입니다. 부인과 인정이란 단어에는 과거느낌이 들어 있습니다.

- resist는 'vt.~에 저항하다, 반대하다'입니다. 저항(抵抗)은 **이미(=과거)** 주어진 조건에 반대하고 버티는 것이죠. 지하철 요금 50% 인상이라고 발표하면 시민들은 정부가 발표한(=과거) 조건에 저항하고 반대하지요. 저항, 반대라는 단어에는 과거느낌이 들어 있습니다. resist는 re(반대)+sist(서 있다-stand)의 결합으로 반대편에 가서 서 있는 것입니다.

● suggest는 'vt.~을 제안하다'입니다. 제안(提案)이란 **이미(=과거)** 준비된 안건이나 계획을 남에게 보여주는 것이죠. suggest는 sug(아래-sub)+gest(이동)로 **이미** 준비된 제안서를 볼 수 있도록 다른 사람의 눈 아래에 갖다 놓는 것으로 어원에서 과거느낌을 찾을 수 있습니다.

● resent는 'vt.~에 분노하다'입니다. 분노(忿怒)란 **이미(=과거)** 발생한 무엇을 보고, 듣고 난 후에 크게 화를 내는 행위죠. 또 기억하고 있는 과거의 일을 다시 느낄 때 분노하게 됩니다. resent는 re(again-다시)+sent(sense-느낌)로 이미 갖고 있는 기억을 다시 느낀다는 과거느낌을 갖고 있습니다.

● recall은 'vt.~을 상기시키다'입니다. 상기(想起)란 **과거** 일을 끄집어내어 생각하는 것이죠. recall은 re(다시)+call(부르다)로 과거 기억을 다시 불러올리는 것입니다. 상기라는 단어에 과거느낌이 들어 있습니다.

● anticipate는 'vt.~을 예측하다'입니다. 예측(豫測)은 일이 발생하기 **이전에(=과거)** 판단하는 것이죠. anticipate의 anti는 before로 과거를 나타냅니다. 豫測의 '미리 예'라는 한자에서 과거를 느낄 수 있습니다.

● regret은 'vt.~을 후회하다'입니다. 후회(後悔)란 **이전에(=과거)** 한 행동에 대해서 지금 후회하는 것이기 때문에 후회란 단어에 과거느낌이 들어 있습니다. regret은 re(뒤=과거)+gret(울다)로 과거를 돌이켜보고 우는 것으로 어원에도 과거느낌이 들어 있습니다.

이렇게 동명사를 목적어로 취하는 동사들의 과거느낌을 찾아 기억하면 주로 '~할 것'으로 옮겨져 미래의 뜻을 갖고 있는 to부정사를 취하는 동사와 쉽게 구별 할 수 있습니다. 시간이 날 때마다 자주 읽다보면 감각적으로 기억될 것입니다. 한 번에 다 외우려고 하지 마세요. 언어는 감각으로 익히는 것입니다.

UNIT 59 동명사는 명사다

'enjoy+동명사', 'look forward to+동명사'처럼 공식화하여 동명사를 강조합니다. 그것은 to부정사를 사용해선 안 되기 때문에 혼동하지 말라고 동명사를 강조하는 것이죠. 그런데 아래 문장들처럼 동명사가 오지 않으면 문법적으로 틀린 문장이 아닌지 의심하게 됩니다. 또 회화나 작문에서 동명사만을 고집하게 되지요. -ing의 역사에서 -ing는 원래 보통명사였다고 강조한 이유를 이제 아시겠습니까? V-ing는 원래 명사였고, 나중에 동명사 기능이 새롭게 추가된 것입니다. **동명사는 명사입니다.** (동)명사, (대)명사, 명사(구), 명사(절)등은 모두 **명사**지요. 동명사 자리에 모든 명사가 올 수 있는 것은 당연함에도 불구하고 동명사라는 문법용어가 우리의 사고를 경직시켜버린 것입니다. 동명사를 명사로 기억하면 명사가 갖고 있는 과거 개념을 느낄 수 있고 미래 개념을 갖고 있는 to부정사와 쉽게 구별 할 수 있습니다. **동명사는 (동)명사로 기억해야 합니다.**

a. Enjoy **your life**.
   네 삶을 즐겨.

b. I want to quit **my job**.
   난 사직하고 싶어.

c. I considered **his suggestion**.
   나는 그의 제안을 깊이 생각했어.

d. Is it possible to put off **my trip**?
   여행을 연기하는 것이 가능한가요?

e. Imagine **there's no heaven**.
   천국이 없다고 상상해 보세요.

f. She is looking forward to **a summer vacation**.
   그녀는 여름방학을 학수고대하고 있어.

UNIT 60 전치사 to+(동)명사

look forward to ~을 손꼽아 기다리다
devote oneself to ~에 헌신하다, 바치다
contribute to ~에게 기부(기여)하다
object to ~에 반대하다
be used(accustomed) to ~에 익숙해져 있다

위의 표현들은 모두 to뒤에 반드시 (동)명사가 와야 합니다. 즉 to는 전치사이기 때문에 to부정사를 사용해서는 안 되는 것이죠. 전치사(前置詞)란 명사 **앞**에 놓아서 '명사를 연결하는 말'입니다. 영어의 전치사는 우리말 문법에는 조사가 되지요. '**전치사=조사**'임을 기억하고 전치사에 대한 자세한 설명은 『전치사 쇼크』에 있습니다.

a. I'm looking forward **to the summer vacation**. 난 여름방학을 손꼽아 기다리고 있어.
b. I'm looking forward **to seeing** her. 난 그녀 만나는 것을 손꼽아 기다리고 있어.
c. I'm looking forward **to see** her. (X)

look forward to는 look(vi.보다)+forward(ad.앞으로)+to(~쪽으로)의 결합입니다. '~쪽으로 앞으로 (목을 빼고) 보다.'를 줄여서 표현하면 '~을 학수고대하다, 손꼽아 기다리다'가 되는 것이죠. look은 자동사로 'vi.보다'입니다. 자동사+전치사=타동사가 되죠. 부사인 forward를 생략하면 look to가 됩니다. **look이 자동사이기 때문에 to가 전치사라는 것을 알 수 있고, 전치사 to뒤에 (동)명사가 오는 것은 너무나 당연합니다.** 앞에서 '동명사=명사'임을 강조했습니다. a문장처럼 to뒤에 보통명사 summer vacation이 오든, b문장처럼 to뒤에 동명사 seeing이 오든 상관없습니다. c문장처럼 to부정사를 붙여서는 안 됩니다.

a. I object to **your plan**. 난 너의 계획에 반대해.
b. We object to **paying the money**. 우리는 그 돈 지출에 반대해.

object to는 object(vi.반대하다)+to(~에)로 '~에 반대하다'입니다. object는 자동사이기 때문에 to는 전치사인 것이죠. '자동사+전치사=타동사'입니다. 자동사 타동사 구분은 영어 학습의 핵심 기초입니다. 기초가 부실하면 곳곳에서 암초를 만나게 되지요.

a. I really want to contribute **to society**, but I have no money.
   난 정말 사회에 기여하고 싶어. 그러나 돈이 없어.

b. What did you contribute **to developing** our company?
   당신은 우리 회사 발전에 무엇을 기여했나요?

contribute to는 contribute(vi.기부하다, 기여하다)+to(~에)로 '~에 기부하다, ~에 기여하다'입니다. contribute가 자동사이기 때문에 뒤에 있는 to가 전치사이고, 전치사 뒤에는 당연히 (동)명사가 와야 하겠죠.

a. I am used **to danger**.
   난 위험에 익숙해져 있어.

b. I am used **to getting up** early.
   나는 일찍 일어나는 것에 익숙해져 있어.

be used to는 be(있다)+used(a.익숙해져)+to(~에)로 '~에 익숙해져 있다'입니다. 'be+형용사'는 자동사죠. be used는 자동사이기 때문에 뒤에 있는 to는 전치사이고, 전치사 뒤에는 당연히 (동)명사가 와야 합니다.

a. I am ready to devote myself **to you**.
   난 너에게 헌신할 준비가 되어 있어.

b. You have to devote yourself **to studying English**.
   년 영어 공부에 전념해야 해.

devote oneself to는 devote(vt.~을 바치다)+oneself(자기 자신)+to(~에)로 '~에 자기 자신을 바치다'를 줄여서 표현하면 '~에 헌신하다, 전념하다'입니다. '타동사+목적어'는 자동사와 같은 역할을 합니다. devote oneself는 '자신을 바치다'로 자동사와 같아 뒤에 있는 to가 전치사임을 바로 알 수 있습니다. eat 'vi.밥을 먹다', drink 'vi.음료(술)를 마시다'에서 알 수 있듯이 자동사는 '타동사+목적어' 구조로 되어 있지요.

UNIT 61 동명사의 의미상의 주어

동명사 앞에 있는 소유격과 목적격을 우리말로 옮기면 '~가'처럼 주어로 해석되기 때문에 의미상의 주어라고 합니다. 우리는 동명사에서, to부정사에서, 분사에서 '의미상의 주어'라는 용어를 계속 만나게 됩니다.

a. I am proud of **his** being a lawyer. 나는 그가 변호사인 것을 자랑스럽게 생각해.
b. I like **her** singing pop songs. 난 그녀가 팝송 부르는 것을 좋아해.
c. I can't imagine **your** buying a house. 난 네가 집 사는 것을 상상할 수 없어.

a문장의 **his** being a lawyer는 '그가 변호사인 것'이고, b문장의 **her** singing pop songs는 '그녀가 팝송을 부르는 것'입니다. 동명사 being앞에 있는 소유격 his, 동명사 singing앞에 있는 소유격 her가 의미상의 주어입니다. 이와 같이 동명사 앞에 있는 소유격을 우리말로 옮기면 '그가, 그녀가'처럼 주어로 해석되기 때문에 '의미상의 주어'라고 하는데 왜 의미상의 주어에 소유격을 사용해야 할까요? 동명사를 명사로 기억하라고 한 것 기억하나요? 명사 앞에는 형용사가 옵니다. **my** book처럼 소유격(my, your, his..)은 형용사이기 때문에 동명사의 의미상의 주어는 소유격을 사용하는 것입니다. 그럼 의미상의 주어를 꼭 사용해야 할까요? 의미상의 주어는 필요하면 쓰고 필요 없으면 생략합니다. 위의 a~c문장에서 의미상의 주어를 모두 생략해 보세요.

a. I am proud of ( ) being a lawyer. 나는 (내가) 변호사인 것을 자랑스럽게 생각해.
b. I like ( ) singing pop songs. 난 (내가) 팝송 부르는 것을 좋아 해.
c. I can't imagine ( ) buying a house. 난 (내가) 집 사는 것을 상상할 수 없어.

a문장에서 의미상의 주어를 생략하면 '나는 **내가** 변호사인 것을 자랑스럽게 생각해.'가 되고, b문장에서 의미상의 주어를 생략하면 '나는 **내가** 팝송 부르는 것을 좋아해.'가 되지요. 즉 **의미상의 주어를 생략하면 행동의 주체가 달라져 다른 말이 됩니다.** 위의 a~c문장의 괄호 안에 다양한 의미상의 주어 your(네가), his(그가), her(그녀가), their(그들이), Jack(잭이), my father(아버지가) 등을 넣어 보세요. 인칭 대명사가 아닌 경우에는 Jack, Jack's 모두 사용해도 됩니다.

a. I am proud of **him** being a lawyer.

b. I like **you** singing pop songs.

c. I can't imagine **him** buying a house.

위의 a~c문장은 틀린 문장일까요? 동명사의 의미상의 주어는 소유격이라고 배웠는데 목적격인 him, you가 왔습니다. 결론은 **원어민은 회화에서 동명사의 의미상의 주어로 목적격도 많이 사용한다**는 것이죠. 이력서, 계약서, 제안서 등 격식을 갖추어야 할 경우에는 소유격을 사용하는게 좋습니다. 그러나 회화에선 목적격도 상관없습니다. 목적격을 사용하는 이유가 무엇일까요? b문장에서 I like you를 보세요. like는 'vt.~을 좋아하다'는 타동사로 타동사 뒤엔 목적격을 사용합니다. 사람들의 생각은 제각각이죠. '난 동사 중심으로 생각하기 때문에 타동사 다음엔 목적격이 와야 하니까 목적격을 사용할 거야.'와 '난 명사 중심으로 생각하니까 (동)명사 앞에는 형용사가 와야 하니까 소유격을 쓸 거야.'로 두 가지 사고가 존재하는 것입니다. 회화에서 목적격을 사용하든, 소유격을 사용하든 그것은 말하는 사람 마음입니다. 이렇게 원어민의 사고방식을 이해하면 동명사의 의미상의 주어는 소유격이 원칙인데 목적격을 사용해도 된다고 암기할 필요가 없습니다. 아래 문장들은 의미상의 주어가 들어있는 문장들입니다. **동명사 앞에 있는 모든 명사(소유격, 목적격)는 의미상의 주어로 '~가'를 넣어 주어로 해석해야 합니다.** 의미상의 주어를 생략하면 문장의 뜻이 어떻게 달라지는지 아래 문장들에서 직접 확인해 보세요.

a. I can't understand **her being lazy**.
나는 그녀가 게으른 것을 이해할 수 없어.

b. I have heard about **his failing the test**.
나는 그가 시험에 실패한 것에 관하여 들어서 알고 있어.

c. Do you mind **my opening the window**?
당신은 내가 창문 여는 것이 싫으신가요?

d. I'm sure of **Nicol coming back home soon**.
난 니콜이 곧 집에 돌아 올 것을 확신해.

e. We are proud of **our city having a famous museum**.
우리는 우리 도시가 유명한 박물관을 갖고 있는 것을 자랑스럽게 생각해.

f. I'm worried about **my son playing computers too much**.
난 아들이 컴퓨터 게임을 너무 많이 하는 것에 대해 걱정해.

UNIT 62 동명사의 시제

동명사는 단순동명사와 완료동명사가 있습니다. 단순동명사는 '동사원형+ing'이고 완료동명사는 having pp입니다. 나중에 배우는 to부정사에서도 단순부정사와 완료부정사가 다시 등장합니다. 언제 단순형을 쓰고 언제 완료형을 쓰는지 반드시 알아야 합니다. 먼저 조동사에서 배운 것을 복습해 보겠습니다.

a. He **is** a spy. 그는 스파이야.
b. He must **be** a spy. 그는 스파이임에 틀림없어.
c. He **was** a spy. 그는 스파이였어.
d. He must **have been** a spy. 그는 스파이였음에 틀림없어.

a문장의 is 앞에 must(~임에 틀림없다)를 넣으면 must **be**가 됩니다. must(현재)+is(현재)로 서로 같은 시제이기 때문에 is가 단순형인 be로 바뀌는 것이지요. c문장의 was 앞에 must를 넣으면 must **have been**이 됩니다. must(현재)+was(과거)로 시제가 서로 다르기 때문에 과거형 was를 완료형인 have been으로 바꾸는 것입니다. must+is도 must be, must+was도 must be가 된다면 어떻게 될까요? 그것은 우리말에서 '~이다'와 '~였다'를 구분하지 않는 것과 같습니다. **시제를 결합하여 시제가 서로 같을 때 단순형을 사용하고 시제가 서로 다를 때 하나를 완료형으로 바꾸어 시간 차이를 알려주는 것이 원어민의 시제 변환 규칙입니다.** 그 규칙을 동명사에 그대로 적용해 보세요.

a. He **is** proud that he **is** a national athlete.
 =He **is** proud of **being** a national athlete.
 그는 자신이 국가대표라는 것을 자랑스럽게 생각해.

b. He **was** proud that he **was** a national athlete.
 =He **was** proud of **being** a national athlete.
 그는 자신이 국가대표라는 것을 자랑스럽게 생각했어.

c. He **is** proud that he **was** a national athlete.
 =He **is** proud of **having been** a national athlete.
 그는 자신이 국가대표였다는 것을 자랑스럽게 생각해.

d. He **was** proud that he **had been** a national athlete.
  =He **was** proud of **having been** a national athlete.
  그는 자신이 국가대표였다는 것을 자랑스럽게 생각했어.

'be proud that+주어+동사'는 'be proud of+동명사'로 바꿀 수 있습니다. 자세한 문장 전환 방법은 다음 장에서 설명하고 여기서는 시제 변환만 보세요. a문장은 현재(is)+현재(is)로 서로 같은 시제입니다. 그래서 is를 단순동명사 being으로 바꾸었습니다. b문장은 과거(was)+과거(was)로 역시 서로 같은 시제이기 때문에 was를 단순동명사 being로 바꾸었습니다. c문장은 현재(is)+과거(was)로 시제가 서로 다르기 때문에 was를 완료형 have been으로 바꾸고 have에 −ing을 붙여 having been으로 바꾸었습니다. d문장은 과거(was)+과거완료(had been)로 시제가 서로 다르기 때문에 had been을 완료형인 having been으로 바꾸었습니다.

단순동명사는 동사원형에 −ing를 붙인 것이고, 완료동명사는 시제가 서로 다를 때 하나를 have pp로 바꾸어 have에 −ing를 붙인 having pp입니다. 일본학자들이 만든 단순형, 완료형이란 문법 용어를 몰라도 상관없습니다. 핵심은 문장 전환에서 원어민은 시제가 서로 다를 때 하나를 완료형(have pp)으로 바꾸어 시간 차이를 나타낸다는 것이죠. 시제 변환 규칙은 조동사, 동명사, to부정사, 분사 등 모든 영역에서 모두 동일합니다. 영어에서 단순형과 완료형을 구분하지 않는다는 것은 우리말 문법에서 대과거, 과거, 현재를 구분하지 않는 것과 같습니다. '했었다, 했다, 한다'를 구분하지 않고 사용해 보세요. 시간개념이 완전히 사라져버릴 것입니다.

UNIT 63 동명사의 문장전환

a. I **am** proud that he **is** a national athlete. (전통적으로 사용하던 표현)
b. I **am** proud of **his being** a national athlete. (15C이후에 일반화된 신식표현)
나는 그가 지금 국가대표라는 것을 자랑스럽게 생각해.

    a문장처럼 '**주어+동사**+that+**주어+동사**'로 한 문장에 '주어+동사'가 두 번 사용된 문장을 **복문**이라고 하고, b문장처럼 '주어+동사'가 한 번 사용된 문장을 **단문**이라고 합니다. 복문 a문장을 단문 b문장으로 바꿔보세요. 'be proud that 주어+동사'는 'be proud of+동명사'로 바꿀 수 있지요. 전환 방법은 다음과 같습니다. 첫째, 접속사 that을 없애고 of를 붙입니다. 둘째, he는 앞에 있는 주어 I와 다르기 때문에 he를 소유격 his로 바꾸어 줍니다. 동명사의 의미상 주어는 소유격을 사용한다고 앞에서 배웠습니다. 셋째, is는 앞에 있는 am과 같은 시제이기 때문에 am을 단순동명사 being으로 바꾸어 줍니다. 이런 방법으로 I am proud that he is~는 I am proud of his being~으로 바꿀 수 있습니다. a와 b문장은 같은 뜻입니다. 이렇게 a문장을 b문장으로 무작정 문장 전환하는 것은 마치 수학 문제풀이 같습니다. '선생님! 왜 a문장을 b문장으로 전환해야 하는데요? 왜 that을 없애고 of를 붙이는데요?'라고 학생이 질문합니다. 선생님은 '쓸데없는 질문 하지 말고 공식이니까 그냥 암기해라.'라고 합니다. 위의 질문은 제가 고등학교 때 했던 질문인데 공부하기 싫어 엉뚱한 질문을 한다며 꾸중만 들었던 기억이 나는군요. 제 아들이 똑같은 질문을 한다면 저는 그 이유를 분명하게 설명해 줘야 합니다.

    15C이후 현재분사와 동명사의 어미가 -ing로 일치되면서 영국인들은 동명사를 폭발적으로 사용하게 됩니다. 'be proud that 주어+동사'처럼 that절은 영국인들이 처음부터 사용하던 전통적인 표현방식이었는데, 15C이후 'be proud of+동명사'라는 새로운 신식 표현 방식이 등장했습니다. 신식 표현이 등장하면 기존의 구식 표현이 촌스럽게 보이는 것은 당연하죠. that절을 사용한 복문 표현보다 동명사를 사용한 단문 표현이 더 고급스러운 표현이라고 생각했기 때문에 영국인들은 that절을 파괴하고 동명사를 사용하는 표현을 더 많이 사용했습니다. 그 결과 현대 영어는 동명사가 매우 발달한 언어가 되었지요. 길거리의 간판과 상품이름에 우리는 왜 영어를 많이 사용할까요? 한글보다는 영어 간판, 영어 브랜드가 더 고급스럽다고 생각하기 때문입니다. 똑같은 사고인 것이죠.

그럼 왜 that을 생략하고 of를 붙였을까요? 'be+형용사'인 be proud는 '자랑스러워하다'로 자동사입니다. '~을 자랑스러워하다'로 만들기 위하여 '~을'에 해당하는 전치사를 붙여야 하고 그것이 바로 of(~을)입니다. be proud(자랑스러워하다)+of(~을)로 '~을 자랑스러워하다'가 되는 것이죠. 아래의 박스를 보니 that를 생략하고 전치사 of를 붙인 표현이 많습니다. 그런데 왜 영국인들은 많고 많은 전치사 중에 of를 붙였을까요? 그 이유는 동명사가 폭발적으로 사용된 시기와 of가 폭발적으로 사용된 시기가 동일하기 때문입니다. of는 우리말의 '~을'인데 『전치사 쇼크』177p에 있는 of의 역사를 읽어보세요. 그러면 왜 of가 '~을'인지 알게 되고 of가 들어가는 많은 숙어들을 외우지 않고 단번에 정리할 수 있을 것입니다. 이렇게 영어가 흘러온 역사를 알고 영어를 배우면 무작정 암기할 필요도 없고 영어 학습에 재미가 있습니다. 아래 표현들을 무작정 암기해 보세요. 그것은 암기 지옥입니다.

be proud that S V	= be proud of + (동)명사	~을 자랑스럽게 생각하다
be ashamed that S V	= be ashamed of + (동)명사	~을 부끄러워하다
be sure that S V	= be sure of + (동)명사	~을 확신하다
be certain that S V	= be certain of + (동)명사	~을 확신하다
be confident that S V	= be confident of + (동)명사	~을 확신하다
be convinced that S V	= be convinced of + (동)명사	~을 확신하다
be afraid that S V	= be afraid of + (동)명사	~을 두려워하다
be aware that S V	= be aware of + (동)명사	~을 알다
be conscious that S V	= be conscious of + (동)명사	~을 알다
be glad that S V	= be glad of + (동)명사	~을 기뻐하다
be ignorant that S V	= be ignorant of + (동)명사	~을 모르다
boast that S V	= boast of + (동)명사	~을 자랑하다
complain that S V	= complain of + (동)명사	~을 불평하다
be sorry that S V	= be sorry for + (동)명사	~때문에 유감이다
insist that S V	= insist on + (동)명사	~을 주장하다
suggest that S V	= suggest(vt) + (동)명사	~을 제안하다
deny that S V	= deny(vt) + (동)명사	~을 부인하다

이제 영국인들이 전통적으로 사용하던 that절 표현방식을 동명사를 사용한 신식 표현방식으로 바꾸어 보겠습니다.

a. I'm sure that she is right. 난 그녀가 옳다고 확신해.
b. I'm sure of her being right.

c. I'm glad that my daughter is smart. 나는 내 딸이 똑똑한 것을 기뻐해.
d. I'm glad of my daughter being smart.

a문장을 b문장으로 바꾸려면 먼저 접속사 that을 생략하고 of를 붙입니다. be sure(확신하다)+of(~을)로 '~을 확신하다'로 만들기 위해 '~을'에 해당하는 of를 붙이는 것이죠. 그 다음엔 she를 소유격 her로 바꾸어 줍니다. 동명사의 의미상의 주어는 소유격이기 때문이죠. 물론 회화에선 목적격 him을 사용해도 됩니다. 마지막으로 앞의 동사(am)와 뒤의 동사(is)가 같은 시제이기 때문에 단순동명사 being으로 바꾸어 줍니다. 이렇게 a문장을 b문장으로 바꾸는 것은 너무나 간단한데 문제는 우리가 b문장을 바로 만난다는 것이죠. b문장을 분해하면 I am sure(나는 확신해.)+of(~을)+her(그녀가)+being right(옳다는 것)입니다. d문장은 I'm glad(나는 기뻐해.)+of(~을)+my daughter(내 딸이)+being smart(똑똑한 것)의 결합입니다. **동명사 앞에 있는 소유격, 목적격, 명사는 의미상의 주어이기 때문에 주어로 해석할 수 있어야 합니다.**

a. I am aware that it was a trick. 난 그것이 속임수였다는 것을 알고 있어.
b. I am aware of it having been a trick.

a문장을 b문장으로 바꾸려면 접속사 that을 생략하고 of를 붙입니다. of를 붙이는 이유는 위에서 설명했습니다. 그 다음에 주어가 서로 다르기 때문에 의미상의 주어 it을 그대로 남겨둡니다. 마지막으로 앞의 동사(is)와 뒤의 동사(was)의 시제가 서로 다르기 때문에 was를 완료형 have been으로 바꾸어 완료동명사 having been이 됩니다. b문장을 바로 만나면 I am aware(나는 알고 있어.)+of(~을)+it(그것이)+having been a trick(속임수**였다는 것**)의 결합으로 해석할 수 있어야 합니다.

a. I am sorry that he can't go out. 그가 외출할 수 없는 것이 유감이야.
b. I am sorry for his not going out.

이제 문장전환 방법은 더 이상 설명하지 않아도 되겠지요? be sorry that은 that을 생략하고 for를 붙입니다. for는 이유를 나타내는 전치사이고 우린 이미 be sorry for라는 표현에 익숙합니다. 문장 전환시 부정어가 나오면 동명사 앞에 놓습니다. '가기'의 부정이 '안 가기'가 되는 것처럼 going의 부정은 not going이 됩니다. b문장을 바로 만나면 I am sorry(나는 유감이야.)+for(~때문에)+his(그가)+not going out(외출 못하는 것)으로 해석할 수 있어야 합니다.

a. She insisted that I should go there. 그녀는 내가 거기 가야한다고 주장했어.
b. She insisted on my going there.

c. I suggested that we should play baseball. 나는 우리가 야구 할 것을 제안했어.
d. I suggested our playing baseball.

insist는 that를 생략하고 on을 붙입니다. insist(vi.주장하다)+on(~을)로 '~을 주장하다'가 되는 것이죠. 왜 on을 붙이는지는 『전치사 쇼크』 92p를 읽어 보세요. a문장과 c문장에서 that절에 should가 오는 것은 UNIT 40에서 이미 배웠습니다. a문장을 b문장으로 바꾸면 접속사 that 생략, 주어가 다르기 때문에 주격 I를 소유격 my로 바꾸어 줍니다. 마지막으로 동사에 -ing를 붙여 going이 되는데 조동사 should는 생략합니다. 왜냐하면 조동사에 -ing나 to를 붙이지 않는 것이 영어 문법 규칙이기 때문이죠. suggest는 'vt.~을 제안하다'입니다. that를 생략하고 전치사를 붙이지 않은 것은 suggest가 타동사이기 때문입니다.

a. He denied that he had stolen the money. 그는 돈을 훔쳤던 것을 부인했어.
b. He denied having stolen the money.

deny는 'vt.~을 부인하다'는 타동사로 접속사 that을 생략하고 전치사를 붙이지 않습니다. '자동사+전치사=타동사'죠. 타동사 안에는 이미 전치사가 들어있기 때문에 타동사 뒤에 전치사를 붙여서는 절대로 안 됩니다.

UNIT 64 복문에서 단문으로 문장전환

접속사를 사용하여 한 문장에 '주어+동사'를 두 번 사용하는 것을 복문이라고 하고 한 번 사용하는 것을 단문이라고 합니다. 복문 표현 방식은 영국인들이 처음부터 사용한 전통적인 표현방식입니다. 중세영어(1066~1500) 시기에 동명사와 to부정사가 새롭게 출현하고 영국인들은 접속사를 생략하고 동명사와 to부정사를 붙여 사용하는 단문 표현방식을 더 선호하게 됩니다. 신식표현이 나오면 구식표현이 촌스러워 보이고 신식표현을 더 선호하는 것은 당연하죠. 그것은 현재 우리가 한복보다는 양복을, 한옥보다는 양옥인 아파트를 더 선호하는 것과 같습니다. 우리는 동명사의 문장전환을 배웠는데 to부정사에 가면 to부정사의 문장 전환을 배우게 되고 분사에 가면 분사구문이라는 문장 전환을 배우게 됩니다. '뭐야, 또 문장 전환하라는 거야?'라고 하면서 짜증을 내는 영어 학습자들이 많지요. **복문에서 단문으로의 문장전환은 모두 중세영어 시기에 발생한 같은 흐름으로 문장 전환 방식 또한 같습니다.**

    a. I am sure that he is an English teacher. 복문
    b. I am sure of his being an English teacher. 단문

    c. I expect that he will come back. 복문
    d. I expect him to come back. 단문

    e. When he saw me, he ran away. 복문
    f. Seeing me, he ran away. 단문

a, c, e문장은 영국인들이 처음부터 사용하던 전통적인 표현 방식입니다. 그리고 b, d, f문장은 중세영어시기에 발생한 새로운 표현방식입니다. a~b문장은 동명사의 문장전환이고, c~d문장은 to부정사의 문장전환인데 UNIT 94에서 학습하게 됩니다. e~f문장은 분사구문으로의 문장전환으로 UNIT 72에서 학습하게 됩니다. 복문 표현을 좋아하는 사람은 복문을 쓰고, 단문 표현을 좋아하는 사람은 단문을 쓰면 되는 것입니다. 물론 원어민은 단문 표현을 선호합니다. 단 분사구문은 문어체로 회화에서는 거의 사용하지 않습니다. 이렇게 **복문에서 단문으로의 문장 전환이 시대 흐름이었다는 것을 알면 문장 전환에 일관성이 있고 영어 학습이 더 쉬워지고 재미있어집니다.**

UNIT 65 자주 사용하는 동명사구문

1 It is no use V-ing는 '~해도 소용(=쓸모)없다'입니다.

암기할 필요가 없습니다. 아래 a문장을 보세요. 먼저 It is no use라고 말해보세요. '그것은 소용없어.'라고 말하면 듣는 사람은 '그것이 뭔데?'라고 되묻게 됩니다. 그러면 learning such a thing '그것을 배우는 것.'이라고 대답해 줘야 대화가 됩니다. 앞의 It은 가주어, 뒤의 V-ing는 진주어가 되죠. 진주어, 가주어 구문은 It~to부정사로 사용하고 동명사로는 거의 사용하지 않습니다. 진주어, 가주어 구문은 to부정사에서 자세히 설명합니다.

a. **It** is no use **learning such a thing**.
　그것은 소용없어. / 그런 것을 배우는 것

b. **It** is no use **trying to persuade him**.
　그것은 소용없어. / 그를 설득하려고 노력하는 것

2 be worth V-ing는 '~할 가치가 있다'입니다.

이것 역시 암기할 필요가 없는 구문입니다. a문장에서 seeing을 문장 앞으로 이동시켜 보세요. **Seeing this movie is worth** '**영화 보는 것**은 가치 있어.'가 과거 원어민이 사용하던 표현방식이었는데 앞에 있던 동명사 seeing이 문장 뒤로 이동하여 be worth V-ing 구문이 된 것입니다.

a. This movie is worth **seeing**. 이 영화는 볼 가치 있어. (현대 영어)
　=**Seeing** this movie is worth. 이 영화 보는 것은 가치 있어. (옛날 영어)

b. It is worth **challenging**. 그것은 도전 가치가 있어. (현대 영어)
　=**Challenging** it is worth. 그것을 도전하는 것은 가치 있어. (옛날 영어)

3 go V-ing는 '~하러 가다'입니다.

go V-ing는 '~하러 가다'로 암기하세요. 그 역사를 설명하면 내용이 너무 길어져 그냥 암기 하는 것이 오히려 좋습니다.

a. Shall we go fishing tomorrow? 내일 낚시하러 가는 것 어때?
b. I want to go driving. 나 드라이브하러 가고 싶어.
c. Let's go climbing this weekend. 이번 주말에 등산하러 가자.

4 **There is no V-ing는 '~하는 것은 불가능하다, 할 수 없다'입니다.**

누군가 A book is까지 말하면 '책이 있어.'로 알아들을까요? be동사는 '있다, 이다, 되다'는 뜻이 있어 A book is는 정확한 뜻을 알 수 없는 모호한 말이 됩니다. 그래서 주어 자리에 There를 폼으로 놓아 There is a book '책이 **있어**.'로 사용하는 것이죠. '물 없는 생활은 없어.'를 No living without water is라고 말하면 모호한 표현이 되기 때문에 주어 자리에 There를 놓아 a문장처럼 표현한 것입니다. 무작정 암기할 필요가 없습니다.

    a. There is **no living without water**. 물 없이 사는 것은 불가능해.
       = We can't live without water.
       = It is impossible to live without water.

5 **can't help V-ing는 '~할 수 밖에 없다'입니다.**

'can't but+동사원형'과 같은 뜻이죠. help는 'vt.~을 돕다, ~을 피하다(avoid)'입니다. can't help는 '~을 피할 수 없다'인데 쉬운 말로 바꾸니 '~할 수 밖에 없다'가 되는 것이죠. help와 avoid는 동의어입니다. avoid가 동명사를 목적어로 사용하니 동의어인 help역시 동명사를 목적어로 사용하는 것입니다.

    a. I can't help thinking that he is a robber. 난 그가 도둑이라고 생각할 수밖에 없어.
    b. I can't help falling in love with her. 난 그녀와 사랑에 빠질 수밖에 없어.
    c. Such being the case, I can't but support him. 사정이 그래서 그를 도울 수밖에 없어.

6 **feel like V-ing는 '~하고 싶다'입니다.**

want는 직설적으로 'vt.~을 하고 싶다'입니다. 감정을 너무 직설적으로 표현하면 때로는 듣기가 부담스럽죠. 조금 부드럽게 표현하는 방법이 would like to, feel like V-ing입니다. like는 동명사와 to부정사를 모두 목적어로 취하는 단어죠. would는 미래지향적이기 때문에 would like에 to부정사를 붙여 would like to로 사용하고, feel like에서 like(~처럼)는 전치사이기 때문에 뒤에 동명사 V-ing를 붙여 feel like V-ing로 사용하는 것입니다.

    a. I don't feel like drinking. 술 마시고 싶지 않아.
    b. I feel like going out tonight. 나 오늘밤에 외출 하고 싶어.
    c. I would like to go out with her. 나 그녀와 데이트 하고 싶어.

7 **on+V-ing는 '~하자마자'입니다.**
on+V-ing는 'as soon as 주어+동사'와 같은 표현입니다. 『전치사 쇼크』 83p 설명을 읽어 보세요. on+V-ing가 왜 '~하자마자'라는 뜻이 발생하는지 자세히 설명해 놓았습니다.

a. On seeing me, he ran off. 나를 보자마자, 그는 도망쳤어.
b. On arriving home, she got in the room. 집에 도착하자마자, 그녀는 방으로 들어갔어.

8 **be on the point of V-ing는 '~직전에 있다, 막~하려는 참이다'입니다.**
be about to와 같은 뜻으로 자주 사용하는 중요한 표현이죠. point의 동의어 edge, verge, brink를 넣어도 같은 뜻이 됩니다. 『전치사 쇼크』 77p의 설명을 읽어보세요. 암기하지 않아도 되도록 자세히 설명해 놓았습니다.

a. He is on the point of ruin. 그는 파산 직전에 있어.
b. I am on the point of losing my job. 난 실직 직전에 있어.
c. She was on the point of leaving. 그녀는 막 떠나려는 참이었어. (=떠나기 직전이었어.)

9 **never ~ without V-ing는 '~할 때마다 ~한다'입니다.**
a와 b문장은 같은 뜻입니다. b문장을 단어 그대로 해석하면 '비가 퍼붓는 것 없이 결코 비가 오지 않는다.'로 황당한 말이 됩니다. never ~ without V-ing를 '~할 때마다 ~한다'로 해석하는 이유는 영어의 역사에 있습니다. 영문법은 수학적, 과학적 논리를 적용하여 만든 것입니다. 이 표현은 수학적 논리를 적용시켜 만든 표현으로 부정의 부정이 긍정이 되는 원리, 즉 $(-2) \times (-2) = +4$가 되는 수학적 원리를 영어에 도입한 것이죠. never와 without은 부정어로 모두 마이너스(−) 개념의 단어 입니다. 한 문장에 마이너스 개념의 단어가 두 개가 들어 있기 때문에 문장을 긍정으로 해석하는 것입니다.

a. **Whenever** it rains, it pours. 비가 올 때마다 억수같이 쏟아져.
b. It **never** rains **without** pouring. 비가 올 때마다 억수같이 쏟아져.
c. The two **never** meet **without** quarreling. 그 두 사람은 만날 때마다 싸워.
d. He **never** goes out **without** taking his dog. 그는 바깥에 나갈 때마다 개를 데리고 나가.

UNIT 66 동명사의 과거개념 총정리

동명사는 명사이고 과거개념을 갖고 있다는 것을 잊어서는 안 됩니다. 동명사를 마치며 과거개념의 V-ing를 총정리 했습니다.

a. I'm **going to go to the dentist**. 내일 치과에 갈 예정이야.
b. We are **going on a picnic** tomorrow. 우린 내일 소풍갈 계획이야.
c. She is **wearing jeans**. 그녀는 청바지를 입고 있어.
d. The road is muddy. It has **been raining**. 길이 진흙이야. 비가 계속 왔었어.
e. I regret **cheating** on the test. 나 부정행위한 것을 후회해.
f. He pulled over, **taking out** some money. 그는 차를 길옆에 세우고, 돈을 좀 인출했어.

● a문장의 be going to는 be(있다)+going(진행, 계획)+to do(~할)의 결합으로 '~할 예정(=계획)이다'입니다. **예정과 계획은 동의어로 이미(=과거) 결정해 놓았다는 것**이죠. 예정(豫定)은 '미리 예, 정할 정'으로 '미리 예'라는 한자에서 과거임을 알 수 있습니다. UNIT 27에서 학습했습니다.

● b문장의 be going은 be(있다)+going on a picnic(소풍가기)+tomorrow(내일)의 결합으로 내일 일정표를 보니 **이미(=과거) 결정해 놓은 계획**이 있다는 것입니다. UNIT 7에서 학습했습니다.

● c문장의 is wearing은 is(있다)+wearing(옷 입은 상태)입니다. wearing은 **이미(=과거) 옷을 입은 상태**로 동작 중이 아니라 동작이 끝난 과거 상태입니다. UNIT 7에서 학습했습니다.

● d문장의 has been raining은 have(그대로 있다)+been raining(비가 그친 상태)입니다. been raining은 비가 오고 있는 상태에서 사용하면 '비가 오고 있는 중'이고, 비가 그친 상태에서 사용하면 '**비가 조금 전에 그친 상태**'입니다. UNIT 21에서 학습했습니다.

● e문장의 cheating은 regret가 동명사만을 목적어로 취하기 때문이죠. 우리는 UNIT 58에서 동명사만을 취하는 동사들을 모아서 학습했습니다.

● f문장의 taking out은 '꺼냈음'으로 과거입니다. 분사 구문(UNIT 72)에서 배울 내용인데 미리 과거개념을 잡아 두고 있으면 좋겠군요. pull over는 '차를 길가에 세우다'입니다. 『전치사 쇼크』 328p 설명을 읽어보세요.

memo

CHAPTER 6

Participles
분사

UNIT 67　현재분사
UNIT 68　과거분사
UNIT 69　현재분사 vs 동명사
UNIT 70　동사+목적어+(현재분사 or 과거분사)
UNIT 71　감정유발 타동사
UNIT 72　분사 구문은 없다
UNIT 73　동명사구문 해석 방법
UNIT 74　접속사+동명사구문
UNIT 75　완료형 동명사구문
UNIT 76　과거분사로 시작하는 동명사구문
UNIT 77　독립 동명사구문
UNIT 78　숙어처럼 굳어진 동명사구문
UNIT 79　with+목적어+(현재분사 or 과거분사)

UNIT 67 현재분사

'동사원형+ing'는 현재분사(現在分詞)로 진행 또는 능동의 의미이며 해석은 '~하고 있는, ~하게 하는, ~시키는'으로 한다.'고 설명하고 있습니다. 현재분사는 영어의 Present **parti**ciple을 번역한 것으로 '현재에서 **분리**되어 나온 말'이란 뜻인데 현재분사란 문법 용어로는 개념정리가 되지 않습니다. 오히려 현재분사라는 문법용어는 영어 학습자들을 혼란시키고 있습니다. 왜냐하면 **현재분사는 'be+현재분사는 현재진행형이다.'란 공식에 적용되고, exciting(a.흥분시키는—능동)과 같은 감정유발 타동사를 설명하는데 적용될 뿐**이기 때문입니다. understanding은 'a.이해심있는'으로 understand라는 현재형에 -ing를 붙인 현재분사이지만 진행과 능동의 뜻이 없습니다. 또 loving은 'a.사랑스러운'으로 love라는 현재형에 -ing를 붙인 현재분사이지만 진행과 능동의 뜻이 없습니다. following(a.다음의), piercing(a.날카로운), freezing(a.살을 에는 듯한), missing(a.실종의), biting(a.얼얼한)처럼 동사 현재형에 -ing를 붙인 많은 단어들은 진행의 뜻도 능동의 뜻도 없는 형용사일 뿐입니다. 많은 영어 학습서에는 현재분사가 아님에도 현재분사라는 용어를 사용하여 영어 학습자들을 혼란시키고 있습니다.

그러면 현재분사를 어떻게 학습해야 할까요? 현재분사니 동명사니 하는 문법용어를 버리고 V-ing로 기억하세요. 正을 한자사전에서 찾아보면 '바르다, 정당하다, 정직하다, 올바르다...'로 그 뜻이 많습니다. **-ing는 한자의 뜻처럼 여러 가지 뜻을 갖고 있는 접미사입니다.** 첫째, -ing의 뜻은 '~것, ~기'로 명사를 만드는 접미사입니다. -ing가 '~것, 기'인 경우를 문법용어로 동명사라고 합니다. 둘째, -ing의 뜻은 '~중, ~하고 있는'으로 동작 중임을 나타내는 접미사입니다. -ing가 '~중'인 경우를 문법용어로 현재분사라고 합니다. 셋째, -ing는 '~만드는, 시키는'의 뜻을 가진 접미사입니다. 넷째, -ing는 특별한 의미 없이 형용사를 만드는 단순 접미사입니다.

■ **'동사원형+ing'는 V-ing로 -ing의 뜻은 다음과 같다.** ■
① **-ing의 뜻은 '~것, ~기'로 명사를 만드는 접미사이다.**
② **-ing의 뜻은 '~중(=하고 있는)'으로 형용사를 만드는 접미사이다.**
③ **-ing의 뜻은 '~만드는, ~시키는'으로 형용사를 만드는 접미사이다.**
④ **-ing는 특별한 의미 없이 형용사를 만드는 단순접미사이다.**

① I like swimm**ing** in the pool. 난 수영장에서 수영하는 것을 좋아해.
② I am swimm**ing** in the pool. 난 수영장에서 수영하고 있는 중이야.
③ It was surpris**ing** news to me. 그것은 나를 놀라게 만드는 뉴스였어.
④ She is lov**ing** and understand**ing**. 그녀는 사랑스럽고 이해심이 있어.

일본 학자들은 ①번 문장의 V-ing를 동명사, ②번과 ③번문장의 문장의 V-ing를 현재분사라고 규정했습니다. 그럼 ④번 문장의 V-ing는 무엇일까요? ④번 영역에 있는 많은 단어들은 동명사도 아니고 현재분사도 아닌 그냥 보통 형용사일 뿐입니다. **V-ing는 동명사도 아니고 현재분사도 아닌 단어가 많습니다. V-ing를 동명사와 현재분사로 양분하여 학습하는 방법은 위험합니다.**

원래 -ing는 '~것, 기'라는 명사를 만드는 접미사였습니다. 영국이 프랑스의 식민지가 되면서 프랑스어 문법의 영향을 받아 영어에 없던 동작형(=진행형)이 발생했고, 동작형을 만드는 접미사는 원래 -ende였는데 -ende가 15C에 이르러 -ing로 일치되면서 -ing에 '~중(=하고 있는)'의 뜻이 추가된 것입니다. 이해가 부족하면 UNIT 6의 -ing의 역사를 다시 읽어보세요. -ing가 왜 '~만드는, ~시키는'의 뜻이 발생하는지는 UNIT 71에서 자세히 설명합니다.

UNIT 68 과거분사

과거분사는 시제와 수동태 편에서 자세히 설명했습니다. 이 장에서는 일본영문법의 오류를 바로 잡으려고 합니다. '과거분사는 **완료와 수동**의 의미를 나타내고 해석은 '~한, ~해진'으로 한다.'고 공식화 했습니다. 먼저 UNIT 48을 다시 한 번 읽어 주세요. 동작동사의 과거분사는 완료로 능동완료인지 수동완료인지는 문맥(=해석)으로 파악해야 한다고 설명해 놓았습니다. **완료는 수동의 의미만 있는 것이 아니라 능동의 의미도 있습니다**. 그래서 과거분사를 '완료와 수동의 의미를 나타낸다.'고 정의한 것은 잘못된 것이죠. 동작동사의 과거분사는 완료일 뿐입니다. 사용하는 상황에 따라 능동완료, 수동완료가 되는 것이죠. 과거분사는 수동의 의미만 있는 것이 아니라 능동의 의미도 있다는 것을 반드시 기억해야 합니다.

a. I have **cleaned** the room. 나는 방을 청소해 놓았어. (능동완료)
b. The room is **cleaned**. 그 방은 청소되어 있어. (수동완료)
c. I have **broken** the mirror. 나는 거울을 깨뜨려 놓았어. (능동완료)
d. Put away the **broken** mirror. 깨진 거울을 치워. (수동완료)

● a문장의 have cleaned는 have(그대로 있다)+cleaned(청소 완료상태)의 결합으로 '청소 완료 상태 그대로 있다'를 줄여서 표현하면 '청소해 놓았다'가 됩니다. have와 결합한 cleaned는 능동완료입니다.

● b문장의 is cleaned는 is(있다)+cleaned(청소완료 된 상태)의 결합으로 '청소 완료된 상태로 있다'를 줄여서 표현하면 '청소되어 있다'가 됩니다. UNIT 48에서 배운 상태수동으로 cleaned는 수동완료입니다.

● c문장의 have broken은 have(그대로 있다)+broken(깨뜨린 상태)의 결합으로 '깨뜨린 상태 그대로 있다'를 줄여서 표현하면 '깨뜨려 놓았다'가 됩니다. broken은 능동완료입니다.

● d문장의 broken mirror는 '깨진 상태의 거울'입니다. broken은 '깨져 있는 상태'로 수동완료입니다. 거울을 바닥에 떨어뜨려보세요. 거울이 바닥에 충돌하면서 거울이 깨지게 됩니다. 거울이 깨져 바닥에 있는 상태 그것이 broken입니다. broken은 사람입장에서 보면 '깨뜨린 상태'라는 능동완료가 되고 거울 입장에서 보면 '깨진 상태'라는 수동완료가 됩니다. going만 보고 동명사인지 현재분사인지 알 수 없듯이 과거분사 broken만 보고는 능동완료인지 수동완료인지 알 수 없지요. 능동완료인지 수동완료인지는 문맥을 보고 파악하는 것입니다.

a. He is a **retired** soldier. 그는 은퇴한 군인이야.
b. Look at the **fallen** leaves. 떨어진 잎들을 봐.
c. He wasn't an **armed** robber. 그는 무장 강도가 아니었어.
d. She starred an **escaped** prisoner. 그녀는 탈옥수를 주연으로 맡았어.

a~d문장의 과거분사는 모두 자동사의 과거분사입니다. retired(은퇴한 상태)는 자동사 retire(vi.은퇴하다)의 과거분사로 a문장의 retired soldier는 '은퇴한 군인'입니다. 은퇴란 정년이 되었을 때 스스로 물러나는 것이지 누구의 힘에 의해 은퇴 당하는 것이 아닙니다. fallen(떨어진 상태)은 자동사 fall(vi.떨어지다)의 과거분사로 b문장의 fallen leaves는 '떨어진 잎들'입니다. 누구의 힘에 의해서 떨어진 것이 아니라 저절로 떨어진 것이죠. armed(무장한 상태)는 자동사 arm(vi.무장하다)의 과거분사로 c문장의 an armed robber는 '무장한 강도'입니다. 무장 강도는 스스로 무기를 소지하여 무장한 것이지 다른 사람에 의해 무장된 것이 아니죠. escaped(탈출한 상태)는 escape(vi.탈출하다)의 과거분사로 d문장의 an escaped prisoner는 '탈출한 죄수'입니다. 탈출은 죄수 스스로 감옥에서 탈출하는 것이지 누구의 힘에 의해서 탈출하는 것이 아닙니다. 자동사는 수동태가 없기 때문에 자동사의 과거분사는 능동완료입니다.

동작동사의 과거분사는 완료일 뿐입니다. 완료는 다시 능동완료와 수동완료로 구분 됩니다. 과거분사가 수동이 아닌데도 수동으로 해석하는 영어학습자가 많은 것은 일본학자들이 과거분사를 완료와 수동이라고 잘못 정의를 내려놓았기 때문입니다. **과거분사는 능동과 수동의 의미를 모두 갖고 있기 때문에 현재분사는 능동, 과거분사는 수동이라고 정의를 내린 것은 잘못된 것입니다.**

■ 과거분사 학습의 핵심 ■
① 과거분사는 동작 완료와 상태 변화이다.
② 완료는 능동 완료와 수동 완료가 있다.
③ 자동사의 과거분사는 능동 완료이다.

UNIT 69 동명사 vs 현재분사

1 V-ing에서 –ing는 명사를 만드는 접미사 '~것, 기'이고, 형용사를 만드는 접미사 '~중'입니다. 우리말로 옮겨 '~것, ~기'로 해석되면 동명사이고, '~중'으로 해석되면 현재분사입니다. 시제에서 진행형이란 용어를 버리고 동작형으로 기억하라고 했습니다. 말을 하고 있는 지금 또는 요즈음 어떤 동작을 하고 있으면 현재분사이고 그렇지 않으면 동명사입니다. 이렇게 V-ing가 동명사인지 현재분사인지 구분하는 것은 간단합니다. 그러면 a sleeping car와 a sleeping baby에서 sleeping이 동명사인지 현재분사인지는 어떻게 구별할까요? a sleeping car의 sleeping은 동명사입니다. A car is sleeping으로 단어 배열 순서를 바꾸어 be동사와 결합해 보세요. '차가 수면중이야.'로 황당한 말이 됩니다. a sleeping(수면)+car(차)로 '수면 차'가 됩니다. '수면(용) 차'로 '용'을 넣는 센스를 발휘하면 더욱 이해가 쉽죠. a sleeping baby는 A baby is sleeping으로 be동사와 결합해 보면 '아기가 잠자고 있는 중이야.'로 sleeping은 동작 중임을 타나내는 현재분사입니다. a swimming pool을 A pool is swimming으로 be동사와 결합해 보면 '웅덩이가 수영중이야.'로 황당한 말이 되고, a walking stick을 A stick is walking으로 바꿔보면 '막대기가 걷고 있는 중이야.'로 역시 황당한 말이 되지요. **be동사와 결합하여 '~하고 있는 중이다'로 사용할 수 있으면 현재분사이고 그렇지 않으면 동명사입니다.** 다음은 모두 '동명사+명사'의 결합입니다. 단어 순서를 바꾸어 '~하고 있는 중이다'가 되는지 안 되는지를 직접 확인해 보세요.

a. a fishing rod   낚시(용)+막대 = 낚싯대
b. a training center   훈련(용)+센터 = 훈련센터
c. a frying pan   볶음(용)+냄비 = 프라이팬
d. a washing machine   세탁(용)+기계 = 세탁기
e. a swimming pool   수영(용)+웅덩이 = 수영장
f. a sleeping bag   수면(용)+가방 = 침낭
g. a walking stick   걷기(용)+막대기 = 지팡이
h. a shopping mall   쇼핑(용)+상점 = 쇼핑몰
i. a smoking room   흡연(용)+방 = 흡연실
j. a living room   생활(용)+방 = 거실
k. a waiting room   기다림(용)+방 = 대합실

2 V-ing가 동명사인지 현재분사인지 구분할 수 없는 경우도 있습니다.

상황에 따라 동명사로 볼 수도 있고 현재분사로도 볼 수 있다는 것이죠.

a. I am busy doing my English homework.
   나는 영어 숙제에 바빠. / 나는 영어숙제를 하느라 바빠.

b. He is busy doing many jobs.
   그는 많은 일에 바빠. / 그는 많은 일을 하느라 바빠.

c. I have trouble studying Chinese.
   나는 중국어 공부에 어려움을 겪고 있어. / 나는 중국어 공부하면서 어려움을 겪고 있어.

d. She has trouble doing her assignments.
   그녀는 숙제를 하는데 어려움을 겪고 있어. / 그녀는 숙제를 하면서 어려움을 겪고 있어.

e. My son spends too much time doing computer games.
   아들은 컴퓨터게임 하는 것에 너무 많은 시간을 써. / 아들은 컴퓨터게임을 하느라 너무 많은 시간을 써.

f. I spend much time talking with my family.
   난 가족과 대화하는데 많은 시간을 써. / 나는 가족과 대화 하면서 많은 시간을 보내.

- be busy+V-ing는 '~에 바쁘다, ~하느라 바쁘다'입니다. '**~에** 바쁘다'로 옮기면 동명사입니다. '~에'라는 조사 앞에 놓이는 것은 명사이기 때문이죠. '**~하느라** 바쁘다'로 동작이 느껴지면 현재분사가 됩니다.

- have trouble+V-ing는 '~에 어려움을 갖고 있다, ~하면서 어려운 시간을 보내다'입니다. '**~에** 어려움을 갖고 있다'로 옮기면 동명사이고, '**~하면서** 어려운 시간을 보내다'로 동작이 느껴지면 현재분사가 됩니다.

- spend+시간(돈)+V-ing는 '~에 시간(돈)을 쓰다, ~하느라 시간(돈)을 쓰다'입니다. '**~에** 시간을 쓰다'로 옮기면 동명사, '**~하느라** 시간을 쓰다'로 동작이 느껴지면 현재분사가 됩니다. 이렇게 말을 하는 시점에 동작이 느껴지면 현재분사인 것이죠. V-ing은 상황에 따라 그 뜻이 달라지는 상황어이기 때문에 동명사인지 현재분사인지 양분하여 구분하는 것이 무의미한 경우도 있습니다. 앞으로 이런 표현들이 점점 증가할 것입니다.

UNIT 70 동사+목적어+(현재분사 or 과거분사)

'동사+목적어+보어' 어순으로 사용하는 동사 중에서 보어로 현재분사와 과거분사를 사용하는 동사들이 있는데 목적어와 보어와의 관계가 능동이면 현재분사를, 수동이면 과거분사를 쓴다.'는 공식이 있습니다. **현재분사와 과거분사는 be동사와 결합하여 사용합니다. 현재분사와 과거분사 앞에 be 동사를 채워 보세요.** 그럼 간단합니다. 능동 관계인지 수동 관계인지 따질 필요가 없습니다.

a. He kept me waiting for long. 그는 나를 오랫동안 기다리게 했어.
b. I found her entering the bank. 나는 그녀가 은행에 들어가고 있는 것을 발견했어.
c. I saw him playing in the park. 나는 그가 공원에서 놀고 있는 것을 봤어.
d. Don't leave the baby crying. 울고 있는 아이를 내버려 두지 마세요.

● a문장은 He kept+I **was** waiting for long이 결합된 문장입니다. 두 문장을 결합하면 keep이 'vt.~을 유지하다'는 타동사이기 때문에 주격 I가 목적격 me로 바뀌어야 합니다. 타동사 뒤에 목적격이 오는 것은 영어 문법 규칙입니다. 그 다음 me was waiting처럼 was앞에 **목적격 me가 올 수 없기 때문에 was를 생략**하여 He kept me waiting~이 됩니다. waiting앞에 be동사를 넣어보면 waiting이 맞는지 waited가 맞는지 바로 알 수 있습니다. I was waiting이란 말은 있어도 I was waited라는 말은 없습니다. wait는 'vi.기다리다'로 자동사이기 때문에 수동태로 사용할 수 없지요.

● b문장은 I found+she **was** entering the bank이 결합된 문장입니다. 두 문장을 결합하면 find가 타동사이기 때문에 she가 목적격 her로 바뀌고 was를 생략하여 I found her entering~이 되는 것이죠. entering앞에 be동사를 넣어보면 entering이 맞는지 entered가 맞는지 바로 알 수 있습니다. She was entering이란 말은 있어도 She was entered라는 말은 없습니다. enter는 'vi.들어가다'로 자동사이기 때문에 수동태 표현 자체가 없습니다.

● c와 d문장도 같은 원리로 분리해 보세요. c문장은 I saw+he **was** playing in the park의 결합입니다. play는 'vi.놀다'로 자동사이기 때문에 was played처럼 수동태 자체가 없습니다. d문장은 Don't leave+the baby **is** crying의 결합입니다. cry는 'vi.울다'로 자동사이기 때문에 is cried처럼 수동태 자체가 없습니다. 자동사 타동사의 구분이 왜 영어 학습의 핵심인지 다시금 느끼게 되지요.

a. I heard my name called. 난 나의 이름이 호명되는 것을 들었어.
b. He awoke, he found himself tied to a tree. 그는 깨어나서 자신이 나무에 묶여져 있는 것을 알았어.
c. She had her wallet stolen on the street. 그녀는 거리에서 지갑을 도난당했어.
d. I had my car washed. 나는 내 차를 세차했어.

● a문장은 I heard+my name **was called**의 결합입니다. '나는 들었어.+나의 이름은 (누구에 의해) **호명되었어.**'를 줄여서 표현하면 '나는 나의 이름이 호명되는 것을 들었어.'가 되지요. call은 'vt.~을 부르다, 호명하다'입니다. My name was calling은 '나의 이름은 ~를 부르고 있는 중이었어.'로 목적어가 빠진 황당한 말이 됩니다. 또 무생물인 사람 이름이 누군가를 부르고 있다는 것은 말 자체가 되지 않기 때문에 calling을 쓸 수 없는 것이죠.

● b문장은 He found+he **was tied** to a tree의 결합으로 '그는 발견했어.+그는 나무에 **묶여져 있었어.**'입니다. find는 타동사이기 때문에 he를 himself(그 자신)로 바꾸어야 합니다. He found him은 그는 그 자신이 아닌 다른 사람을 발견했다는 말이죠. 과거분사 tied대신에 현재분사 tying을 넣은 He was tying to a tree는 문법적으로 틀린 문장입니다. tie는 'vt.~을 묶다'는 타동사로 뒤에는 목적어가 바로 와야 합니다. 타동사 tie뒤에 to라는 전치사가 있기 때문에 틀린 문장임을 알 수 있죠. 또 해석을 해 보면 '그는 깨어나서 자신이 나무를 묶고 있는 것을 발견했어.'로 황당한 말이 됩니다.

● c문장은 She had+her wallet **was stolen**~의 결합으로 '그녀는 겪었어.+그녀 지갑은 **도난당했어.**'입니다. 과거분사 stolen대신에 현재분사 stealing으로 바꾸면 her wallet was stealing인데 '그녀의 지갑은 ~을 훔치고 있는 중이었어.'로 목적어가 빠져 있어 문법적으로 틀린 문장이 되고, 또 말 자체가 되지 않는 황당한 표현이 됩니다. c와 d문장은 UNIT 100에서 다시 설명합니다.

● d문장은 I had+my car **was washed**의 결합으로 '나는 가졌어.+내 차는 **세차 되었어.**'입니다. 과거분사 washed대신에 현재분사 washing으로 바꾸면 my car was washing으로 '내 차는 ~을 씻고 있는 중이었어.'로 목적어가 빠져 있어 문법적으로 틀린 문장이 되고, 또 말 같지 않는 황당한 표현이 됩니다. 현재분사가 맞는지 과거분사가 맞는지는 앞에 be동사를 채워보면 바로 알 수 있는데 능동이면 현재분사, 수동이면 과거분사라는 엉터리 공식을 암기해야 할까요?

UNIT 71 감정유발 타동사

1 우리는 exciting, excited, surprising, surprised처럼 단어 끝이 -ing와 -ed로 된 형용사를 자주 만나게 됩니다. exciting은 'a.신나는', excited는 'a.신난', surprising은 'a.놀라운', surprised는 'a.놀란'으로 사전에 나오지요. 사전에 나오는 뜻을 암기하고 exciting game인지 excited game인지, surprising news인지 surprised news인지 물으면 어느 것이 맞는지 쉽게 대답하지 못하는 영어학습자들이 많습니다. 그 이유는 단어를 무작정 암기하기 때문입니다. 먼저 아래 동사들을 보세요.

감정 유발 타동사(vt)	V-ing(감정을 갖게 만드는/시키는)	V-ed(감정을 갖고 있는)
surprise ~를 놀라게 만들다	surprising 놀라게 만드는	surprised 놀란
amaze ~를 감탄하게 만들다	amazing 감탄하게 만드는	amazed 감탄한
amuse ~를 즐겁게 만들다	amusing 즐겁게 만드는	amused 즐거운
annoy ~를 짜증나게 만들다	annoying 짜증나게 만드는	annoyed 짜증난
bore ~를 지루하게 만들다	boring 지루하게 만드는	bored 지루한
confuse ~를 혼란스럽게 만들다	confusing 혼란스럽게 만드는	confused 혼란스런
depress ~를 우울하게 만들다	depressing 우울하게 만드는	depressed 우울한
embarrass ~를 당황하게 만들다	embarrassing 당황하게 만드는	embarrassed 당황한
exhaust ~를 지치게 만들다	exhausting 지치게 만드는	exhausted 지친
frighten ~를 놀라게 만들다	frightening 놀라게 만드는	frightened 놀란
horrify ~를 무섭게 만들다	horrifying 겁나게 만드는	horrified 겁에 질린
interest ~를 흥미 있게 만들다	interesting 흥미 있게 만드는	interested 흥미있는
tire ~를 피곤하게 만들다	tiring 피곤하게 만드는	tired 피곤한
shock ~를 놀라게 만들다	shocking 놀라게 만드는	shocked 놀란
scare ~를 겁나게 만들다	scaring 겁나게 만드는	scared 겁먹은
please ~를 기쁘게 만들다	pleasing 기쁘게 만드는	pleased 기쁜
excite ~를 흥분시키다	exciting 흥분시키는	excited 흥분한
move ~를 감동시키다	moving 감동시키는	moved 감동받은
disappoint ~를 실망시키다	disappointing 실망시키는	disappointed 실망한
satisfy ~를 만족시키다	satisfying 만족시키는	satisfied 만족한

위의 단어들은 사람의 감정을 유발시키는 뜻을 갖고 있기 때문에 감정유발 타동사라고 합니다. surprise는 'vt.(사람)을 깜짝 놀라게 **만들다**', excite는 'vt.(사람)을 흥분**시키다**'로 단어 끝이 모두 '~을 만들다, ~시키다'입니다. 우리말은 '깜짝 놀라다, 흥분하다'인데 영어는 '~을 깜짝 **놀라게 만들다**, ~을 흥분**시키다**'이기 때문에 우리말과는 전혀 다르죠. 동사에 형용사를 만드는 접미사 –ing를 붙이면 surpris**ing**은 '(사람을)놀라게 **만드는**', excit**ing**은 '(사람을)흥분**시키는**'이 됩니다. –ing가 원래 '~시키는, ~만드는'의 뜻을 갖고 있는 것이 아니라 '~만들다, ~시키다'로 끝나는 동사의 뜻에 형용사를 만드는 접미사 –ing를 붙이니까 '~시키는, ~만드는'이 되는 것입니다. 과거분사의 접미사 –ed는 '~을 갖고 있는'으로 have임을 이미 배웠습니다. 감정유발 타동사에 접미사 –ed를 붙이면 surpris**ed**는 '놀란 느낌**을 갖고 있는**', excit**ed**는 '흥분한 느낌**을 갖고 있는**'입니다. '놀란=놀란 느낌을 갖고 있는', '흥분한=흥분한 느낌을 갖고 있는'이 되는 것이죠. **'–ed=have'임을 반드시 기억** 하세요. 그러면 –ing인지 –ed인지 혼동할 이유가 없습니다. 이제 위에서 언급한 문제를 풀어보겠습니다.

excit**ing** game은 '(사람을)흥분시키는 게임'이고 excit**ed** game은 '흥분한 **느낌을 갖고 있는** 게임' 입니다. 감정은 사람이 갖고 있는 것이죠. 게임이 흥분한 느낌을 갖고 있다는 것은 말이 되지 않기 때문에 excited game은 틀린 표현입니다. surpris**ing** news는 **'(사람을)놀라게 만드는** 뉴스'이고 surpris**ed** news는 '놀란 **느낌을 갖고 있는** 뉴스'입니다. 뉴스가 놀란 느낌을 갖고 있다는 것은 말이 되지 않기 때문에 surpris**ed** news는 틀린 표현입니다. 사람을 흥분시키고 놀라게 만드는 것은 사람도 가능하고 사물도 가능하죠. 그래서 감정유발 타동사의 V-ing는 사람이든 사물이든 상관없이 모두 주어로 사용할 수 있습니다. 그러나 감정유발 타동사의 과거분사는 반드시 사람을 주어로 사용해야 합니다. 왜냐하면 감정은 사람만이 갖고 있기 때문이죠.

a. **He** was excit**ed** to see the exciting game. 그는 흥미로운 게임을 보고 흥분했어.
b. **I** was shock**ed** to hear the shocking news. 나는 충격적인 소식을 듣고 충격 받았어.
c. **I** was alarm**ed** to hear the surprising news. 나는 놀라운 소식을 듣고서 깜짝 놀랐어.
d. **We** were bor**ed** to hear her boring speech. 우리는 그녀의 지루한 강의를 듣고 지루해졌어.
e. **He** is interest**ing**, so I enjoy talking with him. 그는 흥미로워서 나는 그와 대화를 즐겨.
f. **She** is really annoy**ing**. Do you agree? 그녀는 정말 사람을 짜증나게 만들어. 너도 그렇게 생각하니?
g. **My job** is bor**ing**. I want to quit my job. 나의 직업은 지루해. 난 일을 그만두고 싶어.

a~d문장의 excit**ed**, shock**ed**, alarm**ed**, bor**ed**는 모두 사람을 주어로 사용하고 있습니다. **'감정유발 타동사+ed=감정을 갖고 있는'으로 사람이 감정을 느끼는 것이기 때문에 반드시 사람을 주어로 사용해야 합니다.** e~g문장을 보면 -ing형용사는 사람과 사물 모두 주어로 사용할 수 있습니다. '감정유발 타동사+ing=감정을 유발**시키는**, 감정을 갖게 **만드는**'으로 사람에게 어떤 감정을 갖도록 만들고 유발시키는 것은 사람, 사물 모두 가능하기 때문이죠. f문장의 She is annoy**ing**은 그녀는 '사람을 짜증나게 **만드는** 사람'이라는 것입니다. She is annoy**ed**는 그녀는 '짜증난 감정을 **갖고 있는** 상태', 즉 그녀는 짜증 나 있는 상태라는 것입니다. 전혀 다른 뜻이죠.

일본학자들은 '~감정을 유발하는'으로 능동의 뜻일 때는 현재분사를 사용하고, '~감정을 느끼는'으로 수동의 뜻일 때는 과거분사를 쓴다는 공식을 만들었습니다. 감정유발 타동사를 설명하기 위하여 현재분사는 능동, 과거분사는 수동이라는 엉터리 공식을 만들어낸 것이죠. 더 나아가 사람이 주어이면 과거분사, 사물이 주어이면 현재분사를 사용한다는 엉터리 공식까지 추가해 놓았습니다. '~만들다, ~시키다'로 끝나는 감정유발 타동사에 형용사를 만드는 접미사 -ing를 붙이면 '~만드는, 시키는'이 되고, -ed(=have)를 붙이면 '~느낌을 갖고 있는'이 됩니다. 감정유발 타동사에서 파생된 -ing형용사, -ed형용사는 앞의 표와 같이 일관성 있게 학습해야 합니다.

■ 감정유발 타동사 학습의 핵심 ■
① 감정유발 타동사는 '~만들다, ~시키다'로 끝난다.
② 감정유발 타동사 +-ing는 '~만드는, ~시키는'이다.
③ 감정유발 타동사 +-ed는 '감정을 갖고 있는'이다.
④ 감정은 사람이 갖고 있는 것이기 때문에 사람 주어를 사용해야한다.

2 원어민은 감정 표현을 수동으로 합니다.

be surprised at을 우리는 '~에 깜짝 놀라다'라고 외우는데 수동 표현을 우리 입맛에 맞게 능동으로 해석한 것입니다. 원어민은 감정 표현을 수동으로 합니다. 왜 원어민은 감정 표현을 수동으로 할까요? 아래 문장을 보세요.

a. His death **surprised** me. 그의 죽음이 나를 깜짝 놀라게 만들었어.
b. I **was surprised** at his death. 나는 그의 죽음에 깜짝 놀라게 되었어.

a문장의 surprise는 'vt. ~를 놀라게 만들다'로 능동태 문장입니다. a문장을 수동태로 바꾸면 우리에게 익숙한 b문장이 되는 것이죠. b문장을 우리는 '나는 그의 죽음에 깜짝 놀랐어.'로 우리 사고에 맞게 능동태로 옮기는데 정확하게 옮기면 '나는 그의 죽음에 깜짝 놀라게 되었어.'로 수동태로 옮겨야 합니다. 내가 스스로 놀란 것이 아니라 그의 죽음이 나를 놀라게 만들어서 놀라게 된 것이죠. **원어민은 사람의 감정은 저절로 느끼는 것이 아니라 무엇이 사람의 감정을 유발시켜 감정을 느끼게 된다고 생각합니다.** 더 자세한 설명은 『전치사쇼크』 272p를 읽어 보세요.

a. My work **tired** me. 일이 나를 피곤하게 만들었어.
b. I **am tired** from my work. 나는 일로 피곤해져 있어.
c. The result of the exam **satisfied** me. 시험결과가 나를 만족시켰어.
d. I **was satisfied** with the result of the exam. 난 시험결과에 만족되었어.
e. The present pleased her. 그 선물이 그녀를 기쁘게 만들었어.
f. She **was pleased** with the present. 그녀는 그 선물을 갖고 기쁘게 되었어.

a문장의 tire는 'vt. ~를 피곤하게 **만들다**'입니다. 우리는 I am tired를 '나는 피곤해.'로 옮기는데 실제로는 b문장처럼 '나는 피곤해져 있어.'입니다. c문장의 satisfy는 'vt. ~를 만족**시키다**', e문장의 please는 'vt. ~를 기쁘게 **만들다**'입니다. 무엇이 사람을 피곤하게 만들고, 만족시키고, 기쁘게 만들어서 사람은 피곤하게 되고, 만족하게 되고, 기쁘게 된다는 것이 원어민이 느끼는 감정이죠. 그래서 원어민은 감정표현을 수동으로 하는 것입니다. 원어민이 느끼는 감정과 우리가 느끼는 감정 방식이 완전히 다르다는 것을 우리는 알아야 합니다. 학습의 편의를 위하여 수동태 문장을 능동으로 해석하더라도 왜 원어민이 감정표현을 수동으로 하는지 알고 있어야 합니다.

UNIT 72 분사구문은 없다

'분사구문이란 '접속사+주어+동사'로 된 부사절을 **현재분사를 이용하여** 간결한 부사구를 만드는 것으로 시간, 이유, 조건, 양보, 동시동작, 연속동작의 의미가 있다.'고 설명하고 있습니다. 일본학자들이 만든 가장 황당한 공식 중에 하나입니다. 결론을 먼저 내리면 **분사구문이 아니라 동명사구문입니다.** 동명사구문이기 때문에 V-ing를 동명사로 해석하면 너무나 간단하고 쉽습니다. 대한민국 모든 영어 문법서가 일본영문법 그대로 분사구문이라고 하는데 저 혼자 동명사구문이라고 한다면 객관적이고 논리적인 근거가 분명해야 합니다. 먼저 시간부사절을 동명사구문으로 만들어 분사구문이 아니라 동명사구문임을 설명하겠습니다.

a. After he saw me, he ran away. 그가 나를 본 후에, 그는 도망쳤어.
b. **Seeing** me, he ran away. 나를 목격, 그는 도망쳤어.

복문 a문장을 단문 b문장으로 바꾸는 방법은 UNIT 63에서 배운 동명사의 문장 전환과 같습니다. 첫째, 접속사 after를 생략합니다. 둘째, 앞문장의 주어(he)와 뒷문장의 주어(he)가 서로 같기 때문에 접속사 뒤의 주어(he)를 생략합니다. 셋째, 앞문장의 동사(saw)와 뒷문장의 동사(ran)가 서로 같은 시제이기 때문에 단순동명사 seeing으로 바꾸어 b문장이 되었습니다. 이제 아래 문장들을 보세요.

a. **Seeing** me, he ran away. 나를 목격, 그는 도망쳤어.
b. (After) **seeing** me, he ran away. 나를 목격한 후에, 그는 도망쳤어.
c. (On) **seeing** me, he ran away. 나를 목격하자마자, 그는 도망쳤어.
d. (At the time of) **seeing** me, he ran away. 나를 목격했을 때, 그는 도망쳤어.

분사구문이라고 하는 a문장의 seeing앞에 흔히 사용하는 전치사(구)를 채워보세요. after(~후에), on(~하자마자), at the time of(~때)는 모두 전치사(구)로 전치사 뒤에 동명사가 오는 것은 너무나도 당연하기 때문에 b~d문장의 seeing은 동명사입니다. 전치사 뒤의 seeing은 동명사이고 전치사를 생략한 a문장의 seeing이 현재분사라고 하는 것은 비논리적이고 엉터리죠. 또 see는 'vt.~을 목격하다, ~을 보다'는 무의지 동사로 동작 중임을 나타내는 현재분사로 사용할 수 없기 때문에 seeing은 현재분사가 아니라 동명사입니다. seeing은 현재분사가 아니라 동명사이기 때문에 **Seeing me**는 '나를 **목격**'으로 해석합니다.

다음은 이유(because, as, since)를 나타내는 부사절을 동명사구문으로 만들어 왜 분사구문이 아니라 동명사구문인지 설명하겠습니다.

    a. Because he was angry at my words, he didn't say a word.
       나의 말에 화났기 때문에, 그는 한마디도 말하지 않았어.

    b. **Being angry** at my words, he didn't say a word.
       나의 말에 화난 상태, 그는 한마디도 말하지 않았어.

    c. (Because of) **being angry** at my words, he didn't say a word.
       나의 말에 화났기 때문에, 그는 한마디도 말하지 않았어.

a문장을 동명사구문으로 만들면 접속사 because 생략, 두 문장의 주어가 같기 때문에 접속사 뒤의 주어 he를 생략, 두 문장의 시제가 과거로 서로 같기 때문에 was를 단순동명사 being으로 바꾸어 b문장이 되었습니다. 이제 b문장의 being앞에 because of를 채워 c문장을 만들어 보세요. c문장에서 전치사 of뒤에 있는 being은 동명사입니다. 그럼에도 because of가 생략된 b문장의 being이 현재분사가 될 이유가 있나요? 또 be는 'vi.이다'로 상태 동사입니다. 상태 동사는 동작 중(=진행)임을 나타내는 현재분사를 만들 수조차 없지요. being만 봐도 현재분사가 아니라 동명사임을 바로 알 수 있습니다. b문장에서 being은 생략해도 됩니다. 형용사 앞에 be동사가 있다는 것은 누구나 다 알고 있기 때문에 생략하는 것이죠. 다음은 조건부사절(if)을 동명사구문으로 만들어 왜 분사구문이 아니라 동명사구문인지 설명하겠습니다.

    a. If you turn to the left, you will find my office.
       네가 왼쪽으로 회전하면, 나의 사무실을 찾을 거야.

    b. **Turning** to the left, you will find my office.
       왼쪽으로 회전, 너는 나의 사무실을 찾을 거야.

    c. (By) **turning** to the left, you will find my office.
       왼쪽으로 회전함으로써, 너는 나의 사무실을 찾을 거야.

a문장을 동명사구문으로 만들면 접속사 if 생략, 두 문장의 주어가 같기 때문에 주어 you를 생략, 두 문장의 시제가 같기 때문에 turn을 단순동명사 turning으로 바꾸면 b문장이 됩니다. 현재시제와 미래시제는 같은 시제로 봅니다. 이제 b문장의 turning 앞에 by(~에 의해서)를 채워 c문장을 만들어 보세요. 전치사 by뒤에 동명사가 오는 것은 당연하기 때문에 c문장의 turning은 동명사입니다. 전치사 by가 생략된 b문장의 turning이 현재분사로 둔갑할 이유가 없습니다.

다음은 양보(though, if) 부사절을 동명사구문으로 만들어 왜 분사구문이 아니라 동명사구문인지 설명하겠습니다.

a. Though I knew it was her mistake, I didn't blame her.
   그것이 그녀의 실수였다는 것을 알았을지라도, 나는 그녀를 비난하지 않았어.

b. **Knowing** it was her mistake, I didn't blame her.
   그것이 그녀의 실수란 것을 인지(=알았음), 나는 그녀를 비난하지 않았어.

c. (Despite) **knowing** it was her mistake, I didn't blame her.
   그것이 그녀의 실수란 것을 알았을지라도, 나는 그녀를 비난하지 않았어.

a문장을 동명사구문으로 만들면 b문장이 된다는 것은 설명하지 않아도 될 것입니다. b문장의 knowing앞에 though의 동의어 despite, in spite of를 넣어 보세요. 전치사(구) 뒤에 동명사가 오는 것은 당연하기 때문에 c문장의 knowing은 동명사입니다. despite, in spite of가 생략된 b문장의 knowing이 갑자기 현재분사로 돌변할 이유가 있나요? 또 know는 'vt.~을 알다, 인지하다, 인식하다'는 상태 동사로 현재분사로 활용하지 못하는 단어입니다. c문장처럼 despite를 붙이면 동명사고, despite를 생략한 b문장은 분사구문이기 때문에 현재분사라고 강조하는 영어 문법서들이 너무나 많습니다. 모두 일본영문법을 추종하고 있는 것이죠. 다음은 동시동작(as, while)의 부사절을 동명사구문으로 만들어 왜 분사구문이 아니라 동명사구문인지 설명하겠습니다.

a. While he was listening to music, he talked on the phone.
   그는 음악을 들으면서, 전화로 대화했어.

b. **(Being) listening** to music, he talked on the phone.
   음악을 듣고 있는 중인 상태, 그는 전화 통화했어.

a문장을 동명사구문으로 만들면 접속사 while생략, 주어가 같기 때문에 접속사 뒤의 주어 he를 생략, 두 문장의 시제가 과거시제로 같기 때문에 단순동명사 being으로 바꾸어 b문장 Being listening to~가 되었습니다. **Being** listening은 '듣고 있는 중인 **상태**'가 됩니다. 동명사구문은 생략할 수 있는 것은 최대한 생략하여 사람의 상상력을 자극하는 문어체 표현입니다. 현재분사 앞에 be동사가 있다는 것은 누구나 다 알고 있기 때문에 현재분사 listening 앞의 동명사 being을 생략하는 것이죠. being의 be는 'vi.이다'는 상태동사이기 때문에 현재분사로 사용할 수 없습니다. 그래서 being은 동명사입니다.

마지막으로 연속 동작의 부사절을 동명사구문으로 만들어 왜 분사구문이 아니라 동명사구문인지 설명하겠습니다. 연속 동작이란 하나의 동작이 끝나고 그 다음 새로운 동작이 이어지는 것입니다.

   a. I left Seoul at two, and I **arrived** in Busan at five.
      나는 2시에 서울을 떠났고, 5시에 부산에 도착했어.

   b. I left Seoul at two, **arriving** in Busan at five.
      나는 2시에 서울을 떠났고, 5시에 부산에 도착(했음).

a문장을 동명사구문 b문장으로 바꾸면 접속사 and생략, 두 문장의 주어가 같기 때문에 접속사 뒤의 주어 I를 생략, 두 문장의 시제가 과거시제로 같기 때문에 단순동명사 arriving로 바꾸어 b문장이 되었습니다. b문장의 arriving은 과거 arrived와 같습니다. arriving을 현재분사 '도착하고 있는 중'으로 바꿔 보세요. 5시에 부산에 도착하면서 2시에 서울을 떠났다는 황당한 말이 됩니다. arriving은 동명사이기 때문에 '도착, 도착했음'이 됩니다. 동명사의 과거개념을 기억하나요? 동명사 arriving과 과거시제 arrived가 같은 의미가 될 수 있는 것은 동명사가 갖고 있는 과거개념 때문입니다.

일본학자들은 '현재분사란 진행(=동작 중)과 능동(~시키는, 만드는)의 의미를 나타낸다.'고 규정했습니다. 그리고 분사구문을 '접속사+주어+동사'로 된 부사절을 현재분사를 이용하여 간결한 부사구를 만든 것이라고 정의했는데 분사구문에는 진행과 능동의 뜻이 전혀 없습니다. 왜 이런 엉터리 문법 공식을 만들었는지 알 수 없으며 왜 이런 엉터리 공식을 우리가 배우고 가르치고 있는지 알 수 없습니다. 우리가 배우는 분사구문은 현재분사를 사용한 분사구문이 아니라 동명사를 사용한 동명사구문입니다. 분사구문을 동명사 영역으로 옮겨야하고 해석도 동명사로 하면 매우 쉽습니다. 초등학생들이 보는 이솝우화에는 V-ing로 시작하는 동명사구문이 자주 등장합니다. V-ing를 동명사로 해석하면 문법공부를 하지 않은 초등학생조차 쉽게 이해 할 수 있습니다.

UNIT 73 동명사구문 해석 방법

　　동명사구문은 문어체로 회화에서는 거의 사용하지 않습니다. 동명사구문은 소설, 수필 등 글에 사용하는 표현이기 때문에 읽고 정확한 뜻을 파악하는 것, 즉 읽고 해석하는 것이 핵심입니다. 그래서 이 UNIT의 제목이 '**동명사구문의 해석 방법**'인 것이죠. V-ing를 동명사로 해석하고 우리말 해석을 앞뒤 문맥에 맞추어 보면 어떤 접속사가 생략되어 있는지 바로 알 수 있습니다.

a. **When** he saw me, he ran away. 나를 목격했을 때, 그는 도망쳤어.
b. **Seeing** me, he ran away. 나를 목격, 그는 도망쳤어.

c. **After** he saw me, he ran away. 나를 목격한 후에, 그는 도망쳤어.
d. **As** he saw me, he ran away. 나를 목격했기 때문에, 그는 도망쳤어.
e. **As soon as** he saw me, he ran away. 나를 목격하자마자, 그는 도망쳤어.

　　a문장은 접속사 when이 있기 때문에 의미파악이 바로 됩니다. a문장을 b문장으로 바꾸는 것은 너무나 간단합니다. 이제 접속사가 생략된 b문장을 읽고 생략된 접속사를 채워 넣어 보세요. '나를 **목격**, 그는 도망 쳤어.'를 앞뒤 문맥에 맞게 생략된 접속사를 채워 보면 '나를 **목격 했을 때**, 나를 **목격한 후에**, 나를 **목격했기 때문에**, 나를 **목격하자마자**'로 다양하게 바꿀 수 있습니다. b문장에 생략된 접속사를 채우면 a문장뿐만 아니라 c~e문장도 가능하지요. 이와 같이 접속사를 생략한 동명사구문은 어떤 접속사가 생략되었는지 생각해 봐야 알 수 있기 때문에 글을 읽은 사람의 상상력을 자극합니다. 상상력을 자극하는 표현은 소설과 같은 문학작품에 효과적이지요. 왜 동명사구문이 문어체인지 이제 아시겠습니까? 동명사구문을 대화할 때 사용하면 말하는 사람의 뜻이 모호하게, 부정확하게 전달 될 수 있기 때문에 대화에서 사용하지 않는 것입니다.

　　Seeing me, he ran away를 '나를 **목격**, 그는 도망쳤어.'로 해석하면 문장을 읽으면서 바로 의미 파악이 됩니다. see는 'vt. ~을 목격하다, 보다'로 동명사로 옮기면 seeing은 '목격'이 됩니다. see는 자신의 의지와는 상관없이 보여서 보는 것으로 look과는 다르기 때문에 '~을 목격하다'로 기억하는 것이 좋습니다. V-ing는 동명사이기 때문에 V-ing를 동명사로 해석하면 아무것도 아니죠. '시간, 이유, 조건, 양보, 동시동작, 연속동작'이란 엉터리 문법공식을 V-ing에 하나하나 대입해서 그 의미를 파악하는 것은 시간낭비이고 어리석은 학습법입니다.

a Arriving at the museum, I found it closed.
   박물관에 도착, 나는 박물관이 닫혀 있음을 알았어.

b. Finishing my work, I went shopping.
   일을 종결, 나는 쇼핑 갔어.

c. Being rich, he is very happy.
   부자인 상태, 그는 매우 행복해.

d. Being rich, he is still unhappy.
   부자인 상태, 그는 여전히 불행해.

e. Living next door, I don't know her.
   옆집에서 생활, 나는 그녀를 잘 몰라.

f. Living next door, I know her very well.
   옆집에서 생활, 나는 그녀를 잘 알아.

● a문장의 arriving은 'vi.도착하다'의 동명사로 '도착'입니다. '박물관에 **도착**, 나는 박물관이 닫혀 있음을 알았어.'로 읽으면서 의미 파악이 바로 되지요. a문장의 우리말 해석을 문맥에 맞게 옮기면 '도착 **후에**, 도착**했을 때**, 도착**하자마자**'로 after, when, as soon as 모두 가능합니다. 접속사 하나를 채워 보면 When I arrived~가 됩니다.

● b문장의 finishing은 'vt.~을 종결하다'의 동명사로 '종결'입니다. '일을 **종결**, 나는 쇼핑 갔어.'입니다. b문장의 우리말 해석을 문맥에 맞게 옮기면 '종결**후에**, 종결**했을 때**, 종결**하자마자**'로 after, when, as soon as 모두 가능합니다. 접속사 하나를 채워 보면 After I finished~가 됩니다.

● c문장의 우리말 해석을 앞뒤 문맥에 맞게 옮겨 보면 '그는 부자이기 때문에, 그는 매우 행복해.'가 됩니다. As he is rich~가 되지요. d문장의 우리말 해석을 앞뒤 문맥에 맞게 옮겨 보면 '그는 부자이지만, 그는 여전히 불행해.'가 됩니다. Though he is rich~가 되지요. **Being** rich는 '부자인 **상태**'일 뿐이죠. 접속사가 없기 때문에 다음 문장을 보지 않고는 어떤 뜻인지 알 수 없습니다.

● e문장의 living은 'vi.생활하다, 살다'의 동명사로 '생활'입니다. e문장의 우리말 해석을 문맥에 맞게 옮기면 '옆집에서 생활할지라도, 그녀를 잘 몰라.'가 됩니다. Though I live~가 되지요. f문장의 우리말 해석을 문맥에 맞게 옮기면 '옆집에서 생활하기 때문에, 그녀를 잘 알아.'가 됩니다. As I live~가 되지요. **Living** next door는 '옆집에서 **생활**'일 뿐입니다. 이렇게 동명사구문은 다음 문장을 봐야 그 뜻을 알 수 있고, 어떤 접속사가 생략되었는지 다양한 접속사를 생각해 봐야하기 때문에 사람의 상상력을 자극하는 문어체 표현인 것입니다. 쉽고 재미있지 않나요?

a. Having no money, I can't buy a new car.
돈이 없는 상태, 난 새 차를 살 수 없어.

b. Having no money, I will buy a new car.
돈이 없는 상태, 난 새 차를 살 거야.

c. Turning to the right, I was able to find his house easily.
오른쪽으로 회전, 나는 그의 집을 쉽게 찾을 수 있었어.

d. Turning to the right, you will find my house easily.
오른쪽으로 회전, 너는 나의 집을 쉽게 찾을 거야.

e. Getting up too late, I was late for school.
너무 늦게 기상, 나는 학교에 지각했어.

f. Being tired, we went on and on.
피곤한 상태, 우리는 계속 걸었어.

g. Not knowing his phone number, I can't call him.
그의 전화번호를 모르는 상태, 그에게 전화할 수 없어.

h. Changing your mind, everything will seem different.
너의 마음을 변경, 모든 것이 다르게 보일거야.

● a문장의 우리말 해석은 '돈이 없는 상태**이기 때문에**'가 자연스럽기 때문에 As I have no money로 바꿀 수 있습니다. b문장은 '돈이 없는 상태**이지만**'이 자연스럽기 때문에 Though I have no money로 바꿀 수 있습니다. Having no money는 '돈이 없는 상태'일 뿐이지요.

● c문장은 '오른쪽으로 회전 **후에, 회전했을 때, 회전하자마자**' 모두 가능하기 때문에 After I turned~, When I turned~, As soon as I turned~ 모두 가능합니다. d문장은 뒷문장의 will을 보면 '오른쪽으로 회전**한다면**'이 됩니다. If you turn~이 되지요. **Turning to the right**는 '오른쪽으로 **회전**'일 뿐입니다.

● e문장은 '너무 늦게 기상했기 때문에'가 자연스럽기 때문에 As I got up~이 됩니다. 동의어 because, since를 사용해도 됩니다. f문장은 '피곤한 상태였지만'이 자연스럽기 때문에 Though we were tired가 됩니다. **동명사구문에서 앞뒤 문장의 내용이 반대이면 접속사 though가 생략되어 있습니다.**

● g문장은 knowing은 '알고 있는 상태'이고 동명사의 부정은 동명사 앞에 놓기 때문에 not knowing은 '모르고 있는 상태'가 됩니다. '그의 전화번호를 모르고 있는 상태**이기 때문에**'가 자연스럽습니다. As I don't know~가 되지요.

● h문장은 '너의 마음을 변경**하면**'이 됩니다. **동명사구문에서 will이 나오면 접속사 if가 생략**되어 있습니다. 이렇게 V-ing를 동명사로 옮기고 우리말 해석으로 앞뒤 문맥을 맞추어 보면 생략된 접속사는 쉽게 찾을 수 있습니다.

a. Watching TV, I talked on the phone.
   TV를 보고 있는 상태, 나는 전화로 대화했어.

b. Walking in the park, I met an old friend.
   공원에서 산책 하고 있는 상태, 난 오랜 친구를 만났어.

c. Listening to music, we had our lunch.
   음악을 듣고 있는 상태, 우리는 점심을 먹었어.

d. He burnt himself, cooking his dinner.
   그는 데었어, 저녁을 요리하고 있는 상태.

e. I fell asleep, reading a book on the sofa.
   난 잠들었어, 소파 위에서 책을 읽고 있는 상태.

f. She was walking toward me, smiling brightly.
   그녀는 나를 향해 오고 있었어, 밝게 웃고 있는 상태.

a문장은 While I was watching TV~에서 접속사 생략, 주어 생략, 시제가 같기 때문에 was를 단순동명사 being으로 바꾸어 동명사구문 Being watching TV가 되었습니다. Being이 동명사이기 때문에 **Being** watching은 '보고 **있는 상태**'가 되지요. Being(동명사-상태)+watching(현재분사-보고 있는 중)의 결합입니다. 'be+V-ing'는 '~하고 있는 중이다'로 V-ing앞에 be동사가 있다는 것은 누구나 다 알기 때문에 being을 생략합니다. 'TV를 보고 있는 상태, 나는 전화로 대화했어.'를 문맥에 맞게 바꾸면 'TV를 **보면서**~'로 접속사 while(~하면서)이 생략되어 있음을 바로 알 수 있습니다. 하나의 일을 하면서 또 다른 하나의 일을 하는 것은 동시 동작이죠. a문장이 While I was watching TV~가 동명사구문으로 바뀐 것임을 모른다면 문법을 무시하고 watching을 '~보고 있는 **중**'으로 옮겨도 상관없습니다. 'TV를 보고 있는 중, 나는 전화로 대화했어.'로 자연스럽죠.

d~f문장을 보세요. 동명사구문이 뒤에 있습니다. 동시에 일어나는 동작이기 때문에 순서가 바뀌어도 상관없습니다. 또 d~f문장은 콤마(,)를 생략해도 됩니다. 콤마를 생략한 He burnt himself **cooking his dinner**는 '그는 저녁을 요리**하면서** 데었어.'가 됩니다. 콤마를 생략하면 동명사 기능이 완전히 사라져 cooking은 현재분사가 됩니다. **V-ing는 '~것, 기'가 자연스러우면 동명사이고, '~하고 있는 중, ~하면서'가 자연스러우면 현재분사입니다.** V-ing는 상황어이기 때문에 동명사인지 현재분사인지 알 수 없는 경우도 많다는 것을 UNIT 69에서 이미 학습했습니다. 일본학자들이 만들어 놓은 문법 공식에 집착하면 사고가 경직되고 영어 학습이 더욱 어려워질 것입니다.

a. The man took out a gun, shooting at me.
   그는 총을 꺼냈고, 나를 겨누어 발사(했음).

b. I picked up a stone, throwing it at the dog.
   나는 돌을 집어 들었고, 개를 겨냥하여 투척(했음).

c. I went to China, visiting lots of cities.
   나는 중국 갔고, 많은 도시를 방문(했음).

d. She opened the drawer, taking out a photo.
   그녀는 서랍을 열었고, 사진을 꺼냈음.

e. She waved her hand, disappearing into the darkness.
   그녀는 손을 흔들었고, 어둠 속으로 사라졌음.

f. A spaceship hit the earth, killing many people.
   우주선이 지구를 강타했고, 많은 사람을 살해(했음).

a문장은 The man took out a gun, **and he shot** at me을 동명사구문으로 바꾼 것입니다. a문장의 shooting을 현재분사로 해석하면 '그는 나를 겨냥하여 총을 쏘면서 총을 끄집어냈어.'라는 황당한 말이 됩니다. e문장의 disappearing은 동명사 '사라졌음'도 되고 현재분사 '사라지면서'도 됩니다. 손을 흔든 다음 어둠속으로 사라졌다고 해도 말이 되고 어둠속으로 사라지면서 손을 흔들었다고 해도 말이 되기 때문이죠. 한 문장만 보고는 어떤 뜻으로 사용되었는지 전혀 알 수 없습니다. 그래서 글을 쓴 사람이 disappearing을 '사라지면서'라는 뜻으로 사용했다면 while disappearing처럼 while을 동명사 disappearing앞에 남겨줘야 읽은 사람들이 착각하지 않게 됩니다. 이 부분은 바로 다음페이지에서 설명합니다.

UNIT 74 접속사+동명사구문

a. **While waiting** for a bus, I was hit by a bike.
   버스를 기다리던 중에(=기다리면서), 나는 자전거에 치였어.

b. **After finishing** his work, he went out with her.
   일을 종결한 후에, 그는 그녀와 데이트했어.

a와 b문장처럼 '접속사+동명사'로 된 표현들을 우리는 자주 보게 됩니다. 왜 생략한 접속사를 동명사 앞에 다시 사용할까요? 15C에 동명사의 어미와 현재분사의 어미가 -ing로 통일되었고 16C말에는 -ing가 완전히 발달하게 됩니다. 영국인들은 동명사 표현을 폭발적으로 사용했는데 글을 쓰는 사람들 또한 마찬가지였습니다. 그 과정에서 원로 작가들은 접속사를 마구잡이로 생략해서는 안 된다고 신예작가들에게 일침을 가하게 됩니다. 무작정 접속사를 생략하면 독자들에게 글쓴이가 전달하려는 정확한 뜻을 전달하지 못하고 엉뚱한 뜻을 전할 수 있다는 것이죠. 아래 문장을 보세요.

a. **Going** to the park, he was killed.
   공원으로 이동, 그는 살해됐어.

b. **After he went** to the park, he was killed.
   공원으로 이동한 후에, 그는 살해됐어.

c. **While he was going** to the park, he was killed.
   공원으로 이동 중에, 그는 살해됐어.

동명사구문 a문장에 생략된 접속사를 채워 보면 b와 c문장 모두 가능합니다. b문장은 공원에 도착한 후에 공원에서 살해된 것이고, c문장은 공원으로 가고 있던 도중에 살해된 것이죠. 두 문장은 전혀 다른 뜻인데 접속사를 생략하고 동명사구문을 만들면 똑같은 a문장이 되어버리지요. **동명사구문은 접속사가 생략되어 있어서 어떤 접속사를 사용했는지는 오직 글을 쓴 사람만이 알 수 있습니다.** 접속사를 생략함으로써 글을 읽는 사람에게 혼란을 줄 수 있는 경우에는 동명사 앞에 접속사를 남겨 오해하지 않도록 해야 한다는 것입니다. 원로작가들이 동명사 앞에 접속사를 남겨 사용하고 신예 작가들도 그렇게 사용함으로써 동명사 앞에 접속사를 넣어 사용하는 표현이 정착하게 되었습니다. 주로 시간을 나타내는 접속사 after, when, while등을 동명사 앞에 남겨 시간 관계를 명확하게 알려주고 있습니다. 모든 접속사를 동명사 앞에 남기는 것은 아니라는 것이죠.

UNIT 75 완료형 동명사구문

현재완료를 학습하지 않았다면 UNIT 15~UNIT 17로 돌아가 have pp를 학습한 후에 완료형 동명사구문을 학습해야 합니다. 현재완료 have pp를 알면 having pp는 아무것도 아닙니다.

a. Having finished my work, I went out for a walk.
   일을 끝마쳐 놓은 상태, 나는 산책 나갔어.

b. After I had finished my work, I went out for a walk.
   일을 끝마친 후에, 나는 산책 나갔어.

우리는 접속사가 들어 있는 b문장을 만나면 쉽게 의미 파악을 하는데 having pp로 시작하는 a문장을 바로 만나면 해석을 어려워합니다. 그것은 현재완료를 잘 모르기 때문이죠. 우리는 UNIT 15~UNIT 17에서 have pp를 확실히 배웠기 때문에 having pp는 정말 쉽습니다. having pp는 have pp의 have에 -ing를 붙여서 동명사를 만든 것입니다. 완료형 having pp를 사용했다는 것은 앞문장과 뒷문장의 시제가 서로 다르다는 것이죠. have finished는 have(그대로 있다)+finished(끝마친 상태)로 '끝마친 상태 그대로 있다'입니다. 동명사 hav**ing** finished는 '끝마쳐 놓은 **상태**'가 됩니다. a문장은 '**일을 끝마쳐 놓은 상태**, 나는 산책 나갔어.'로 의미 파악이 바로 되지요. 일을 끝마친 것이 먼저이고 그 다음에 산책을 나간 것입니다. a문장의 우리말 해석을 보고 앞뒤 문맥에 맞는 생략된 접속사를 찾으면 after, when, as(=because) 모두 가능합니다.

a. Having found a wallet, I brought it to the police.
   지갑을 발견해 놓은 상태, 나는 그것을 경찰서에 가져갔어.

b. Having lost my cell phone, I couldn't call you.
   핸드폰을 분실해 있는 상태, 너에게 전화할 수 없었어.

c. Having read the book, he gave it to me.
   그 책을 다 읽어 놓은 상태, 그는 그것을 나에게 주었어.

d. Having visited China, I couldn't understand China well.
   중국을 방문한 적 있는 상태, 난 중국을 잘 이해할 수 없었어.

e. Having bought a new car, he sold his old car.
   신차를 구입해 놓은 상태, 그는 헌차를 팔았어.

f. Not having met her before, I don't know her well.
   예전에 그녀를 만난 적 없는 상태, 난 그녀를 잘 몰라.

- a문장의 have found는 have(그대로 있다)+found(발견한 상태)로 '발견한 상태 그대로 있다'입니다. 동명사 having found는 '발견해 놓은 상태'가 되지요. 우리말 해석을 보고 문맥에 맞는 접속사를 채워 넣으면 When I had found~가 됩니다.

- b문장의 have lost는 have(그대로 있다)+lost(분실 상태)로 '분실상태 그대로 있다'입니다. 동명사 having lost는 '분실해 있는 상태'가 되지요. 우리말 해석을 보고 문맥에 맞는 접속사를 채워 넣으면 As I had lost~가 됩니다.

- c문장의 have read는 have(그대로 있다)+read(다 읽은 상태)로 '다 읽은 상태로 있다'입니다. 동명사 having read는 '다 읽어 놓은 상태'가 됩니다. 우리말 해석을 보고 문맥에 맞는 접속사를 채워 넣으면 After he had read~가 됩니다.

- d문장의 have visited는 have(~을 가지고 있다)+visited(방문한 기억)로 '방문한 적 있다'입니다. 동명사 having visited는 '방문한 적 있는 상태'가 됩니다. 우리말 해석을 보고 문맥에 맞는 접속사를 채워 넣으면 Though I had visited~가 됩니다.

- e문장의 have bought는 have(그대로 있다)+bought(구입한 상태)로 '구입한 상태 그대로 있다'입니다. 동명사 having bought는 '구입해 놓은 상태'가 되지요. 우리말 해석을 보고 문맥에 맞는 접속사를 채워 넣으면 As he had bought~가 됩니다.

- f문장의 have met은 have(~을 가지고 있다)+met(만난 기억)로 '만난 적 있다'입니다. 동명사 having met은 '만난 적 있는 상태'가 됩니다. 부정어 not, never 등은 동명사 앞에 놓기 때문에 Not having~이 됩니다. 우리말 해석을 보고 문맥에 맞는 접속사를 채워 넣으면 As I haven't met~이 됩니다. 현재완료 have pp를 알면 having pp는 아무것도 아니지요.

UNIT 76 과거분사로 시작하는 동명사구문

과거분사로 시작하는 동명사구문은 대부분 수동태 문장이기 때문에 수동태를 학습한 후에 이 단원을 학습해야 합니다.

a. Tired from the work, I went to bed early.
   일로 피곤해진 상태, 나는 일찍 자러 갔어.

b. As I **was tired** from the work, I **went** to bed early.
   일로 피곤했기 때문에, 나는 일찍 자러 갔어.

b문장은 접속사가 있기 때문에 바로 해석이 되는데 과거분사로 시작하는 a문장을 만나면 힘들어 하는 영어학습자들이 많습니다. b문장을 동명사구문으로 만들면 접속사 as 생략, 주어가 같으니까 생략, 시제가 과거시제로 같으니까 단순동명사 being으로 바꾸어 a문장 Being tired from~이 됩니다. **Being** tired는 '피곤해진 **상태**'인데 Being을 생략하여 Tired from~이 된 것이죠. **과거분사는 be동사와 결합하여 사용하는 것임을 누구나 다 알기 때문에 과거분사 앞의 be동사를 생략하는 것입니다.** 과거분사를 만나면 과거분사 앞에 be동사를 채워 넣으세요. 그럼 수동태 문장이 한 눈에 들어올 것입니다.

a. Stuck in traffic, I couldn't arrive on time.
   차량에 갇힌 상태, 나는 정시에 도착할 수 없었어.

b. Asked a strange question, I couldn't reply.
   이상한 질문을 받은 상태, 난 대답할 수 없었어.

a문장의 stuck은 stick의 과거분사로 stick은 'vt.~을 찌르다, 가두다, n.막대기'입니다. 막대기는 마구간의 빗장과 같아서 '~을 가두다'는 뜻이 발생합니다. be stuck은 수동태로 '갇히다'입니다. 과거분사 stuck앞에 be동사가 생략되어 있어 Being stuck~임을 알아야 합니다. '차량에 **갇힌 상태**, 나는~'이 되는 것이죠. 차량에 갇힌 상태였기 때문에(as, because) 정시에 도착할 수 없었던 것으로 접속사를 채워 넣으면 As I was stuck in traffic~이 됩니다. b문장의 asked역시 과거분사로 앞에 be동사를 채워 보세요. **Being** asked~로 '이상한 질문을 받은 **상태**~'가 됩니다. 문맥에 맞추어 보면 '이상한 질문을 받았기 때문에~'로 접속사를 채워 넣으면 As I was asked~가 됩니다. **과거분사가 나오면 과거분사 앞에 be동사가 생략되어 있음을 알고 be동사를 채워 넣는 습관을 들여야 합니다.**

a. **Born** in America, she speaks English well.
　미국에서 출생되어 있는 상태, 그녀는 영어를 잘 해.

b. As she **was born** in America, she **speaks** English well.
　그녀는 미국에서 출생했기 때문에, 그녀는 영어를 잘 해.

　a문장은 b문장이 동명사구문으로 바뀐 것입니다. b문장을 동명사구문으로 전환하면 접속사 as생략, 주어는 같기 때문에 접속사 뒤의 주어 she를 생략합니다. 앞문장의 시제는 과거(was), 뒷문장의 시제는 현재(speaks)로 시제가 서로 다르기 때문에 was를 완료동명사 having been으로 바꾸어 **Having been** born in America가 됩니다. 과거분사 앞에는 be동사가 있음을 누구나 다 알기 때문에 having been이 생략되고 Born in America가 되는 것이죠. **과거분사 앞에 생략된 be동사를 채워 넣으면 수동태 문장임을 바로 알 수 있습니다.** 출생은 부모님에 의해서 태어나는 것이기 때문에 항상 I was born처럼 수동태로 표현합니다.

a. **Wounded** in the legs, he can't play football.
　다리에 부상당해 있는 상태, 그는 축구할 수 없어.

b. **Written** in Chinese, it is easy for me.
　중국어로 쓰여 있는 상태, 그 책은 나한테 쉬워.

　a문장의 wound는 'vt.~에 부상을 입히다'입니다. 과거분사 wounded 앞에는 be동사가 생략되어 be wounded는 '부상당하다'죠. 부상은 이미 당했고 그 부상으로 인해 지금 축구를 할 수 없기 때문에 시제가 다름을 알 수 있습니다. 우리말 해석을 보고 문맥에 맞는 접속사를 채워보면 As he was wounded~가 됩니다. b문장에도 과거분사 written앞에 be동사를 채워 보세요. be written은 '기록되다, 저술되다, 쓰여지다'입니다. 이미 쓰여져 있는 책을 지금 보는 것이기 때문에 시제가 다름을 알 수 있지요. 중국어로 쓰여져 있지만 나한테 쉽다는 것이기 때문에 생략된 접속사를 채워 넣으면 Though the book was written~이 됩니다. a와 b문장의 과거분사 앞에는 앞문장과 뒷문장의 시제가 서로 다르기 때문에 being이 아니라 having been이 생략되어 있습니다. 동명사구문은 최대한 생략하여 사람의 상상력을 자극하는 문어체 표현이기 때문에 과거분사 앞에 있는 being이나 having been을 생략하는 것입니다.

UNIT 77 독립 동명사구문

a. I am proud that our school has a beautiful garden.
b. I am proud of **our school having a beautiful garden**.
나는 우리 학교가 예쁜 정원을 갖고 있는 것을 자랑스럽게 생각해.

a문장에서 b문장으로의 전환은 UNIT 63에서 배운 동명사의 문장 전환입니다. our school having a beautiful garden은 '**우리 학교가** 예쁜 정원을 갖고 있는 것'입니다. 동명사 having앞에 오는 명사 our school은 동명사의 의미상의 주어이기 때문에 '**우리 학교가**'처럼 주어로 해석하는 것이죠. 이제 아래 문장을 보세요.

a. After dinner was over, we went on shopping. 저녁이 끝난 후에, 우리는 쇼핑 갔어.
b. **Dinner** being over, we went on shopping. 저녁이 끝난 상태, 우리는 쇼핑 갔어.

a문장을 b문장으로 바꿔 보세요. 접속사 after를 생략, 앞 문장의 주어(dinner)와 뒷문장의 주어(we)가 서로 다르기 때문에 주어 dinner를 그대로 남겨둡니다. 그리고 시제가 과거로 같기 때문에 was를 단순 동명사 being으로 바꾸어 줍니다. 위와 같이 앞문장과 뒷문장의 주어가 서로 다른 경우를 일본학자들은 독립 분사구문이라고 이름 붙였는데 기억할 가치조차 없습니다. b문장의 **Dinner being over**는 '**저녁이** 끝난 상태'입니다. 동명사 being 앞에 오는 명사 dinner는 동명사의 의미상의 주어이기 때문에 '저녁이'처럼 주어로 옮겨야하는 것입니다.

a. **The weather** permitting, we will go on a picnic.
날씨가 허락, 우리는 소풍 갈 거야.

b. **It** being fine, they went hiking.
날씨가 좋은 상태, 그들은 하이킹 갔어.

c. **The sun** having set, we started for home.
해가 져 있는 상태, 우리는 집을 향해 출발했어.

d. **There** being no bus service, we had to walk to school.
버스 운행이 없는 상태, 우리는 걸어서 학교가야 했어.

e. **There** being no objection, the meeting was adjourned.
반대가 없는 상태, 회의는 연기되었어.

- a문장의 우리말 해석 '날씨가 **허락**, 우리는 소풍 갈 거야.'를 문맥에 맞게 옮기면 '날씨가 **허락하면~**'이 되기 때문에 생략된 접속사가 if임을 알 수 있습니다. If the weather permits~가 됩니다. 그럼 The weather permitting, we went on a picnic은 어떤 뜻일까요? '날씨가 **허락**, 우리는 소풍갔어.'를 문맥에 맞게 옮기면 '날씨가 **허락했기 때문에~**'가 됩니다. 생략된 접속사는 As, because인 것이죠. The weather permitting은 '날씨가 허락'일 뿐입니다.

- b문장의 우리말 해석 '날씨가 **좋은 상태**, 그들은 하이킹 갔어.'를 문맥에 맞게 옮기면 '날씨가 **좋은 상태였기 때문에**, 그들은 하이킹 갔어.'가 자연스럽죠. As it was fine~이 됩니다. 그럼 It being fine, they didn't go hiking은 어떤 뜻일까요? '날씨가 **좋은 상태**, 그들은 하이킹 가지 않았어.'는 '날씨가 **좋은 상태였지만~**'이 자연스럽기 때문에 Though it was fine~이 됩니다. It being fine은 '날씨가 좋은 상태'일 뿐입니다.

- c문장의 우리말 해석 '해가 **져 있는 상태**, 우리는 집을 향해 출발 했어.'를 문맥에 맞게 옮기면 '해가 **져 있는 상태였기 때문에~**'가 자연스럽죠. As the sun had set, we~가 됩니다.

- d문장의 우리말 해석 '버스 운행이 **없는 상태**, 우리는 걸어서 학교가야만 했어.'를 문맥에 맞게 옮기면 '버스 운행이 **없는 상태였기 때문에~**'가 자연스럽기 때문에 As there was no bus service, we~가 됩니다. 앞문장의 주어(there)와 뒷문장의 주어(we)가 서로 다르기 때문에 주어 there를 그대로 두는 것입니다.

독립 동명사구문은 자주 사용되지 않고, 권장하는 표현 방식도 아닙니다. 가끔 보는 문장 형태이기 때문에 만났을 때 의미파악을 제대로 하지 못하는 경우가 많죠. **V-ing앞에 있는 명사는 동명사의 의미상의 주어란 것을 알고 주어로 해석하면 간단합니다.**

UNIT 78 숙어처럼 굳어진 동명사구문

generally speaking 일반적으로 이야기하면   frankly speaking 솔직히 이야기하면
strictly speaking 엄격히 이야기하면   considering ~을 고려하면
judging from ~으로 판단하면   talking of ~에 대해 이야기하면
granting that, admitting that ~을 인정한다면 ~을 인정하더라도
supposing, providing (that) ~라면(=if)

a. If **we** speak generally, **English** is not easy to speak.
   우리가 일반적으로 이야기 하면, 영어는 말하기 쉽지 않아.

b. Generally speaking, English is not easy to speak.
   일반적으로 이야기하기, 영어는 말하기 쉽지 않아.

c. Frankly speaking, I didn't do my homework yet.
   솔직하게 이야기하기, 나는 아직 숙제를 하지 않았어.

d. Strictly speaking, she is not so good at English.
   엄격하게 이야기하기, 그녀는 그렇게 영어에 능숙하지 않아.

위의 표현들은 **숙어처럼 굳어진 동명사구문**입니다. a문장을 보세요. 앞문장과 뒷문장의 주어는 we와 English로 서로 다릅니다. a문장을 동명사구문 b문장으로 전환할 때 주어 we는 모든 사람을 지칭하는 막연한 일반인이기 때문에 생략합니다. 1인칭, 2인칭, 3인칭이 아닌 일반인을 문법용어로 **비**인칭이라고 합니다. 非는 '아닐 비'입니다. 비인칭 독립분사구문이라는 문법용어는 기억할 가치조차 없습니다. 문법 용어부터 먼저 익히는 학습법은 버려야 합니다.

a문장을 동명사구문으로 만들면 speaking generally가 됩니다. 뒤에 있는 부사 generally가 앞으로 이동하여 Generally speaking으로 숙어처럼 굳어진 것이죠. '일반적으로 **이야기하기**, 영어는 말하기 쉽지 않아.'를 문맥에 맞게 옮겨 보면 '일반적으로 **이야기 하면**, 영어는~'이 되어 접속사 if가 생략되어 있음을 알 수 있습니다. frankly speaking, strictly speaking도 같습니다. V-ing를 동명사로 해석하고 우리말을 문맥에 맞추어 보면 간단하지요. 숙어로 암기할 필요가 없습니다.

a. **Considering** his age, he is very healthy.
　그의 나이를 고려, 그는 매우 건강해.

b. **Judging** from his accent, he is from Scotland.
　그의 억양으로 판단, 그는 스코틀랜드 출신이야.

c. **Talking** of him, here is a story for you.
　그에 관하여 이야기, 당신에게 해 줄 이야기가 있어.

d. **Supposing** it were true, what would happen?
　그것이 사실이라고 가정, 무엇이 일어날까?

e. **Providing** (that) all your work is done, you may go home.
　너의 모든 일이 끝나 있다고 전제(=가정), 너는 집에 가도 좋아.

f. **Granting** that you were drunk, you are responsible for your conduct.
　당신이 술 취했다는 것을 인정, 당신은 당신 행동에 책임을 져야 해.

a~e문장은 V-ing를 동명사로 해석한 후 우리말 해석을 앞뒤 문맥에 맞게 맞추어 보면 모두 접속사 if가 생략되어 있음을 알 수 있습니다. a문장의 우리말 해석 '그의 나이를 **고려**, 그는 매우 건강해.'를 문맥에 맞게 옮기면 '그의 나이를 고려**하면~**'으로 If we consider~가 됩니다. b문장은 If we judge from이 됩니다. d문장의 suppose는 'vt.~을 가정하다'입니다. e문장의 provide는 'vt.~을 제공하다, **전제(=가정)하다**'입니다. f문장의 grant는 'vt.~을 인정하다(admit)'입니다. f문장은 앞뒤 문장의 내용이 반대이기 때문에 Though we grant that~입니다.

　위의 표현들은 숙어가 아닙니다. V-ing는 동명사일 뿐입니다. V-ing를 동명사로 해석하고 우리말을 문맥에 맞게 앞뒤 문장을 맞추어 보면 어떤 의미이며 어떤 접속사가 생략되어 있는지 바로 알 수 있습니다.

UNIT 79 with+목적어+(현재분사 or 과거분사)

'with+목적어+분사'도 분사구문의 일종으로 '목적어가 ~한 채로'로 해석한다. 명사와 분사가 능동관계이면 현재분사를, 수동관계이면 과거분사를 쓴다.'는 공식이 있습니다. 'with 부대상황'이란 공식으로 만들어 놓았지요. 부대상황이란 문법 용어부터 익혀야 하는 정말 쓰레기 같은 공식입니다.

with는 '~을 가지고(have)'라는 뜻으로 동의어로 바꾸면 '~한 채로'가 될 뿐입니다. 현재분사와 과거분사는 be동사와 결합하여 사용하는 것이죠. with는 전치사이기 때문에 뒤에 명사만 올 수 있을 뿐 '주어+동사'라는 절을 둘 수 없기 때문에 현재분사와 과거분사 앞에 있는 be동사를 생략해야 합니다. **현재분사와 과거분사 앞에 생략된 be동사를 채워보면 'be+과거분사'는 수동태가 되고, 'be+현재분사'는 동작형(=진행형)이 됩니다.** UNIT 70에서 학습한 것과 같습니다. be동사만 채워보면 간단한데 능동관계, 수동관계를 따져가며 공식으로 암기할 필요가 있을까요?

a. She was sitting on the bench / **with** her eyes closed.
　그녀는 벤치에 앉아 있었어. / 눈이 감겨져 있는 상태를 가지고 (=눈이 감겨진 채로)

b. He is reading a book / **with** his legs (**are**) crossed.
　그는 책을 읽고 있어. / 그의 다리가 교차된 상태를 가지고 (=다리가 교차된 채로)

c. I fell asleep, **with** the radio (**was**) turned on.
　나는 잠들었어. / 라디오가 켜진 상태를 가지고 (=라디오가 켜진 채로)

d. She is watching TV, **with** the cat (**is**) dozing at her feet.
　그녀는 TV를 보고 있어. / 고양이가 발 옆에 졸고 있는 상태를 가지고 (=고양이가 졸고 있는 채로)

e. I went for a walk / **with** my dog (**was**) following me.
　나는 산책 갔어. / 개가 나를 따르고 있는 상태를 가지고 (=개가 나를 따르고 있는 채로)

a문장의 with her eyes closed는 with+her eyes **was closed**의 결합입니다. with는 '~을 가지고'이고 her eyes was closed는 '그녀의 눈은 감겼어.'라는 수동태 문장이죠. **with는 전치사로 뒤에 '주어+동사'를 취할 수 없기 때문에 be동사 was를 생략하여 with her eyes closed로 표현하는 것입니다.** '눈이 감긴 상태를 가지고'를 줄여서 표현하면 '눈이 감긴 채로'가 될 뿐입니다. b와 c문장 역시 with와 수동태 문장이 결합한 상태에서 be동사가 생략된 표현입니다. d문장의 with the cat dozing은 with+the cat **is dozing**의 결합에서 be동사 is가 생략된 표현입니다. with앞에 콤마(,)를 찍어도 상관없습니다.

이제 아래 문장을 보세요. 부대 상황이란 공식에서 벗어나는 문장들입니다. 형용사 역시 be동사와 결합하여 사용하는 것이기 때문에 be동사가 생략되어 있는 것입니다.

a. Don't speak / **with** your mouth (**is**) full.
　말하지 마. / 너의 입이 가득 찬 상태를 가지고 (=입이 가득 찬 채로)

b. I went out / **with** the computer (**was**) on.
　나는 외출했어. / 컴퓨터를 켜놓은 상태를 가지고 (=컴퓨터를 켜 놓은 채로)

c. **With** both hands (**was**) in my pockets, I was waiting for her.
　양손을 주머니에 넣은 채로, 난 그녀를 기다리고 있었어.

a문장의 with your mouth full은 with+your mouth is full의 결합에서 be동사 is가 생략된 것입니다. b와 c문장 역시 be동사가 생략되어 있습니다. 'with+목적어+분사'를 부대상황이란 공식으로 암기하고 있으면 위와 같이 형용사가 오는 문장을 만나면 또 당황하게 됩니다. 참고로 전치사 with는 『전치사 쇼크』282p에 자세히 설명해 놓았습니다.

CHAPTER 7

Infinitive
부정사

UNIT 80　to부정사의 역사
UNIT 81　to부정사의 명사적 용법
UNIT 82　진주어 가주어 구문
UNIT 83　to부정사의 의미상의 주어
UNIT 84　엉터리 일본영문법 공식 타파하기
UNIT 85　to부정사의 형용사적 용법 –미래 개념
UNIT 86　의문사+to부정사 –미래 개념
UNIT 87　be to용법
UNIT 88　to부정사의 부사적 용법 –미래 개념
UNIT 89　to부정사의 부사적 용법 –과거 개념
UNIT 90　독립부정사 –미래 개념
UNIT 91　to부정사의 부정과 동명사의 부정
UNIT 92　to부정사의 시제
UNIT 93　to부정사의 문장전환 1
UNIT 94　to부정사의 문장전환 2
UNIT 95　to부정사만을 목적어로 취하는 동사 1
UNIT 96　to부정사만을 목적어로 취하는 동사 2
UNIT 97　과거개념의 to부정사
UNIT 98　to부정사 vs 동명사
UNIT 99　지각동사+목적어+원형부정사(동사원형)
UNIT 100　사역동사+목적어+원형부정사(동사원형)

UNIT 80　to부정사의 역사

　너무나 많은 영문법 책에서 '부정사(不定詞)는 '아니 불, 정할 정, 말 사'로 품사가 정해져 있지 않아 명사, 형용사, 부사로 다양하게 사용하는 말'이라고 엉터리 설명을 해 놓았습니다. 일본학자들이 만든 문법용어를 제멋대로 한자 풀이한 것이지요. back은 'n.등, a.뒤의, ad.다시'로 명사, 형용사, 부사로 품사가 정해져 있지 않은데 back도 부정사인가요? 부정사를 위와 같이 정의한다면 사전에 있는 영어 단어 전체가 부정사입니다. 영어라는 언어가 품사가 정해져 있지 않은 언어라는 기초 지식만 갖고 있다면 위와 같은 황당한 설명은 하지 않을 것입니다. 앞으로 **부정사란 용어가 나오면 '부정사=동사원형'이란 것만 기억하세요**. to부정사는 'to+동사원형'입니다.

　영국인의 조상은 독일에서 건너온 앵글로색슨족이고 그들이 사용한 언어는 독일어였기 때문에 영어의 시작은 독일어입니다. **독일어는 주어에 따라 동사의 모양이 달라지는 굴절어이고, 독일어 동사는 주어에 따라 동사의 모양이 정해져 있는 정사(定詞)입니다.** have는 독일어로 haben인데 동사 끝에 붙어 있는 어미 −en을 변형(=굴절)시켜 주어가 1인칭인 경우에 habe, 2인칭에 hast, 3인칭에는 hat을 사용하도록 동사의 모양이 **정(定)해져** 있습니다. 그럼 to뒤와, 조동사 뒤에는 무엇을 사용할까요? 주어와는 상관없이 동사원형 haben를 사용합니다. **부정사(不定詞)란 동사가 주어에 맞게 변형되지 않는 동사원형을 말합니다.** 부정(不定)은 동사의 형태가 정해져 있지 않은 동사원형을 말하는데 품사가 정해져 있지 않는 것으로 제멋대로 한자풀이해서야 되겠습니까? 부정사를 정확하게 설명하려면 독일어에 대한 기초지식이 있어야 합니다. 그렇지 않다면 '부정사=동사원형'이라고 설명하세요. to부정사는 'to+동사원형'입니다. 동사원형이라고 하면 되는데 왜 부정사, 원형부정사란 모호한 문법용어를 사용해야 할까요?

　대부분의 영문법 책에서 동명사는 과거, to부정사는 미래를 나타낸다고 설명하고 있습니다. to부정사를 미래개념으로 각인시키는 것은 사고체계를 무너뜨리는 위험한 설명입니다. to는 시간과 상관없는 동작 개념이기 때문에 과거, 현재, 미래 모두에 사용합니다. to부정사는 전치사 to의 뜻이 확장된 것입니다. 전치사 to의 핵심 의미는 '~쪽으로, 이동'입니다. 전치사 to에 대한 자세한 내용은 UNIT 1 영어의 역사와 『전치사 쇼크』 130p를 읽어보세요.

a. The train **to Seoul** is coming up. 서울로(=쪽으로) 가는 기차가 오고 있어요.
b. Welcome **to Seoul**. 서울에 온(=도착한) 것을 환영합니다.

a문장의 to Seoul은 '**서울 쪽으로**'로 기차는 서울 쪽으로 출발하는 것으로 나중에(=미래) 서울에 도착하게 됩니다. 전치사 to의 '~쪽으로'는 미래개념을 갖고 있습니다. b문장의 **to Seoul**은 '**서울에 온, 서울에 도착한**'으로 이미 서울에 도착한 상태를 말합니다. 전치사 to는 '이동'에서 동작이 끝난 과거개념을 갖고 있습니다. 똑 같은 to Seoul이지만 상황에 따라 하나는 미래를, 하나는 과거를 나타내지요. 전치사 to는 미래개념과 과거개념을 모두 갖고 있습니다. to부정사는 전치사 to의 기능이 확장된 것으로 **전치사 to가 갖고 있는 미래개념과 과거개념이 to부정사에 그대로 도입되어 to부정사 또한 미래개념과 과거개념을 모두 갖고 있습니다.** to에 미래개념만 있는 것이 아니라 과거개념도 있다는 것을 명심해야 합니다.

전치사 to는 8~9C경 출현하여 'to+명사'로만 사용했습니다. 400년이란 시간이 흘러 'to+동사원형'으로 to의 사용법이 하나 더 추가된 것이 to부정사입니다. 영국이 프랑스 식민지가 되면서 영어 단어의 85%가 사라지고 프랑스어 단어가 대신 사용되었습니다. 독일어 단어 끝에는 hab**en**처럼 en이 붙어 있어서 en을 인칭에 맞게 변형(=굴절)시켜 사용하는데 프랑스어 단어에는 en이 붙어 있지 않으니 프랑스어 단어를 어떻게 굴절시켜 사용하는지 아무도 알 수 없고 가르쳐 주는 곳도 없었습니다. 동사 어미가 제 각각인 inform, aband**on**, sear**ch** 등 수많은 프랑스어 동사를 어떻게 어미변화 시킬 수 있을까요? 그래서 어미변화(=굴절) 기능이 사라지고 'to+동사원형' 용법, 즉 to부정사가 발달하게 된 것입니다. 참고로 영국이 프랑스 식민지가 된 해는 1066년이고 영어가 학교 교실에서 프랑스어를 대체한 해는 1402년입니다.

■ **to부정사 학습의 핵심** ■
① **부정사=동사원형이다.**
② **to부정사는 과거개념과 미래개념으로 나누어 학습해야 한다.**

UNIT 81 to부정사의 명사적 용법

명사적 용법이란 'to+동사원형'을 명사로 사용하는 것입니다. 우리말로 옮기면 '~것, ~기'가 됩니다. to부정사를 to V로 기억하세요. V는 verb(동사)입니다. to V가 주어, 보어, 목적어 자리에 오면 명사가 됩니다. 주어자리는 '~은, ~는, ~이, ~가' 앞, 보어자리는 '~이다, ~되다' 앞, 목적어 자리는 '~을, ~를' 앞을 말하죠. 명사**적** 용법으로 '~적'이란 단어를 넣은 것은 명사**처럼** 사용되었다는 것으로 보통명사인 동명사와 구분하기 위해서입니다.

1 to V는 주어 자리(~은, ~는, ~이, ~가)에 와서 명사로 사용됩니다.

우리말 해석은 '~것, ~기'가 됩니다. a문장에서 to를 생략해 보세요. '중국어 **배우다는** 쉬워.'로 말을 듣는 순간 밑줄친 부분이 바로 귀에 거슬리고 어색함을 느낍니다. 우리는 본능적으로 동사 '배우다'를 명사 '배우는 것, 배우기'로 바꾸어 주지요. 영어 또한 마찬가지로 learn을 명사형인 to learn, learning으로 바꿔주는 것입니다. **원어민은 습관적으로 to부정사를 주어로 거의 사용하지 않습니다.** b문장처럼 가주어 it을 앞에 놓고 to V를 뒤로 돌려서 사용하거나, c문장처럼 동명사를 주어로 사용합니다. a~c문장은 같은 뜻입니다.

a. **To learn** Chinese is easy. 중국어 배우는 것은 쉬워.
b. It is easy to learn Chinese.
c. Learning Chinese is easy.
d. **To see** is **to believe**. 보는 것이 믿는 것이야.

2 to V는 목적어 자리(~을, ~를)에 와서 명사로 사용됩니다.

a문장에서 to를 빼면 '나는 **혼자살다를** 원해.'로 듣는 순간 밑줄친 부분이 어색함을 바로 느끼죠. 우리가 본능적으로 동사 '살다'를 '살기'라는 명사로 바꾸어 주듯이 영어 원어민 또한 동사 live를 명사형인 to live로 바꾸어 줍니다. d문장의 go out with는 '~와 데이트하다'인데『전치사쇼크』 219p를 읽어보세요.

a. I want **to live** alone. 난 혼자 살기를 원해.
b. He decided **to buy** a new car. 그는 새 차 살 것을 결정했어.
c. I promised **to study** harder. 난 더 열심히 공부하기로 약속했어.
d. She refused **to go out with** me. 그녀는 나와 데이트하는 것을 거절했어.

3 **to V는 보어 자리(~이다, ~되다)에 와서 명사로 사용됩니다.**

보어란 보충어입니다. My dream is까지만 말해보세요. '나의 꿈은 이야.'라고 하면 듣는 사람은 '꿈이 뭔데?'라고 되물을 것이고 그러면 '나 자신의 집을 짓는 것'이라고 상대방이 궁금해 하는 것을 보충해 줘야 대화가 됩니다. 주어를 보충해 주면 주격보어, 목적어를 보충해 주면 목적격 보어가 되죠. a문장에서 to를 생략하면 '나의 꿈은 집을 **짓다이야**.'가 됩니다. 이 말을 들으면 역시 밑줄 친 부분이 어색함을 느끼고 우리는 본능적으로 동사 '짓다'를 명사 '짓기, 짓는 것'으로 바꾸게 됩니다. 영어 원어민은 build를 to build 또는 building으로 명사로 바꾸게 됩니다.

a. My dream is **to build** my own house. 나의 꿈은 나 자신의 집을 짓는 것이야.
b. My hobby is **to collect** old books. 나의 취미는 오래된 책을 수집하는 것이야.
c. His aim was **to become** president. 그의 목표는 회장이 되는 것이었어.

4 보어 자리에는 당연히 명사가 와야 함에도 불구하고 아래 문장처럼 All we have to do, The most I can do가 주어인 경우에는 to를 생략하고 동사원형을 사용합니다. 습관적으로 그렇게 쓴다고 할 뿐 원어민도 그 이유를 모른답니다. **동사 원형이 명사기능을 하고 있습니다.** 앞으로 이런 표현들이 점점 늘어날 것입니다.

a. All we have to do is **fight enemy**. 우리가 해야 하는 모든 것은 적과 싸우는 것이야.
b. The most I can do is **say nothing**. 내가 할 수 있는 최선은 아무 말도 하지 않는 것이야.

I like **watch TV**, **Watch TV** is my hobby, My hobby is **watch TV**는 모두 영어 문법으로는 틀린 문장이죠. 현대 영어는 동사 watch를 명사형인 to watch 또는 watching으로 바꾸어야 합니다. 그런데 중국어는 위와 같이 동사의 모양을 바꾸지 않고 동사원형을 주어, 목적어, 보어자리에 놓기만 하면 동사를 명사로 인식합니다. 그것이 중국어가 갖고 있는 사회적 약속이죠. 영어와 중국어는 같은 언어영역에 있고 영어가 흘러온 역사를 보면 변화가 매우 심하기 때문에 100년 후에 영어가 중국어처럼 바뀔 수도 있다는 생각을 해 봤습니다. 그렇다면 그 출발이 위의 a와 b문장이 아닐까요?

UNIT 82 진주어 가주어 구문

원어민은 진주어와 가주어, 진목적어와 가목적어를 사용한 구문을 자주 사용합니다. 이런 문법 용어들 역시 일본학자들이 만든 것이지요. 왜 원어민이 이런 구문을 자주 사용할까요?

a. To learn Chinese is easy.
   중국어 배우는 것은 쉬워.

b. **It** is easy / **to** learn Chinese.
   그것은 쉬워. / 중국어 배우는 것

c. To swim in the river is dangerous.
   강에서 수영하는 것은 위험해.

d. **It** is dangerous / **to** swim in the river.
   그것은 위험해. / 강에서 수영하는 것

a문장의 주어는 To learn Chinese이고, c문장의 주어는 To swim in the river로 주어가 상당히 길죠. 우리말, 중국어, 일본어는 주어가 아무리 길더라도 주어를 인위적으로 뒤로 돌리는 일은 없습니다. 그러나 영어는 긴 주어를 뒤로 돌려서 말을 하는데 그것은 원어민의 사고방식 때문입니다. 우리는 영어의 역사에서 영어 원어민의 조상이 농사꾼이 아니라 상인이었음을 배웠습니다. 물건을 교환하고, 물건을 사고파는 시장에선 상대방에게 말의 핵심을 빨리 전달해야 합니다. 그렇게 함으로써 신속한 거래가 이루어지고 더 많은 사람과 흥정할 수 있는 것이죠. 말의 핵심 전달은 동사가 합니다. 동사가 나올 때까지 긴 주어를 사용하면 말의 핵심전달이 더 늦어지기 때문에 가주어 it을 사용하여 '주어+동사' 형태로 말의 핵심을 먼저 전달하는 것입니다. 즉 **영어는 상업문화에서 출발한 언어로 주어 동사를 짧게 하여 말의 핵심을 빨리 전달하기 위하여 가주어 it을 사용하는 것입니다.** 가주어의 '假'는 '거짓 가'이고 진주어의 '眞'은 '진짜 진'입니다.

많은 책에서 가주어 it은 형식주어이기 때문에 절대 해석해선 안 된다고 강조 합니다. 일본영문법 설명을 그대로 따르고 있는 것이죠. b문장을 보세요. '**그것**(it)은 쉬워.'라고 말의 핵심내용을 먼저 전달하면 말을 듣는 사람은 '그것이 뭔데?'라고 되묻게 되고 그러면 to learn Chinese(중국어 배우는 것)으로 대답하게 됩니다. d문장을 보세요. '**그것**(it)은 위험해.'로 말의 핵심내용을 먼저 전달합니다.

그럼 듣는 사람은 그것이 무엇인지 되물을 것이고 그러면 to swim in the river(강에서 수영하는 것)로 그것이 무엇인지 알려주게 됩니다. it은 '그것'일 뿐입니다. 본래의 의미를 갖고 있는 it을 해석해서는 안 된다고 하는 것은 사람이 갖고 있는 본능적인 사고를 왜곡시키는 것이죠.

a. I think **to learn Chinese** easy.
나는 중국어 배우는 것을 쉽다고 생각해.

b. I think **it** easy / **to** learn Chinese.
나는 그것을 쉽다고 생각해. / 중국어 배우는 것을

c. I think **to swim in the river** dangerous.
나는 강에서 수영하는 것을 위험하다고 생각해.

d. I think **it** dangerous / **to** swim in the river.
나는 그것을 위험하다고 생각해. / 강에서 수영하는 것을

a와 c문장의 밑줄은 목적어입니다. 목적어를 길게 사용하니 역시 말의 핵심 전달이 늦어지죠. 그래서 목적어 자리에 it(그것)을 사용하는 것입니다. b문장에서 '나는 **그것**(it)을 쉽다고 생각해.'로 말의 핵심을 먼저 전달합니다. 그 다음에 **그것**(it)이 뭔지 to learn Chinese를 연결하여 알려 주는 것이지요. d문장 역시 마찬가지입니다. '나는 **그것**(it)을 위험하다고 생각해.'로 말의 핵심을 먼저 전달합니다. 그 다음에 그것(it)이 뭔지 to swim in the river를 연결하여 알려주는 것이죠. 이와 같이 **원어민이 it과 to V를 사용하는 이유는 말의 핵심 내용을 먼저, 빨리 전달하기 위함입니다.** 그런 사고는 상인이었던 조상으로부터 물려받은 것이죠. it은 해석하지 않고 넘어가야 하는 단어가 아니라 '그것'이라는 본래의 뜻일 뿐입니다.

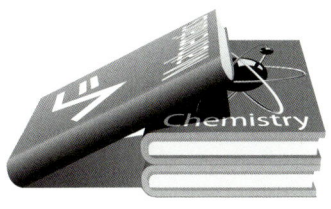

UNIT 83 to부정사의 의미상의 주어

우리는 UNIT 61 동명사의 의미상의 주어 편에서 의미상의 주어가 무엇인지 이미 배웠습니다. 동명사의 의미상의 주어는 소유격과 목적격을 사용하고, to부정사의 의미상의 주어는 '목적격, for+목적격'을 사용합니다.

 to부정사의 의미상의 주어는 목적격을 사용합니다.
타동사 뒤에 목적격이 오는 것은 너무나도 당연하기 때문입니다.

a. I want **him** to exercise everyday. 난 그가 매일 운동하기를 원해.
b. I want (**me**) to exercise everyday. 난 내가 매일 운동하기를 원해.
c. I want **my son** to be a doctor. 난 아들이 의사가 되기를 원해.
d. I want (**me**) to be a doctor. 난 내가 의사가 되기를 원해.

a문장의 him to exercise는 **'그가** 운동하기'입니다. 목적격 him이지만 to부정사 앞에 놓여서 '그가'처럼 주어로 해석되기 때문에 의미상의 주어입니다. him을 생략한 b문장은 주어인 **내가**(me) 매일 운동하기를 원하는 것이 됩니다. c문장의 my son to be a doctor는 **'나의 아들이** 의사가 되는 것'입니다. my son을 생략한 d문장은 주어인 **내가**(me) 의사가 되길 원하는 것이 되지요. **의미상의 주어를 생략하면 행위의 주체가 달라져 전혀 다른 뜻이 됩니다.** 그럼 의미상의 주어로 왜 목적격을 사용할까요? want는 'vt. ~을 원하다'는 타동사이기 때문에 **타동사 뒤에 목적격이 오는 것은 너무나도 당연**합니다. '타동사+목적격+to부정사' 어순을 알면 to부정사의 의미상의 주어가 목적격이라고 외울 필요가 없습니다. 의미상의 주어가 들어 있는 아래 문장들을 읽어보세요. 의미상의 주어를 생략하면 어떤 의미가 되는지도 파악해 보세요.

a. I expect **him to pass the exam**. 난 그가 시험에 합격할 것을 기대해.
b. He asked **her to come to the party**. 그는 그녀가 파티에 올 것을 요청했어.
c. Jack always advises **me to study harder**. 잭은 항상 내가 더 열심히 공부할 것을 충고해.
d. She forbids **her son to go out** at night. 그녀는 아들이 밤에 외출하는 것을 금지해.
e. He ordered **John to stop smoking**. 그는 존이 금연할 것을 명령했어.
f. Mom allowed **me to go to America**. 엄마는 내가 미국 가는 것을 허락했어.
g. She would like **me to be a lawyer**. 그녀는 내가 변호사가 되기를 원해.

2 to부정사의 의미상의 주어는 'for+목적격'을 사용합니다.
　　to부정사의 의미상의 주어는 목적격인데 언제 for를 붙여서 'for+목적격'으로 사용 할까요?

a. I want **him** to exercise everyday. 난 그가 매일 운동하기를 원해.
b. It is easy **for me** to learn Chinese. 내가 중국어 배우는 것은 쉬워.

a문장에서 for him을 쓰면 안 되는데 이유가 뭘까요? want는 'vt.~을 원하다'는 타동사입니다. 타동사 뒤에는 전치사를 붙이지 않기 때문에 for가 필요 없습니다. b문장의 to learn Chinese앞에는 for me로 for를 붙여야 합니다. 앞에 있는 동사 is easy는 '쉽다'로 자동사입니다. 자동사 뒤에 명사를 연결하려면 전치사를 붙여야 하지요. '타동사+목적어', '자동사+전치사+목적어'임을 UNIT 3에서 배웠습니다. **for+목적격은 to부정사 앞에 자동사가 올 때 사용합니다. for를 쓰는 이유는 for가 범위를 나타내기 때문입니다.** for가 왜 범위의 뜻을 갖고 있는지는 『전치사쇼크』 257p를 읽어보세요.

a. It is easy (**for everyone**) to learn Chinese.
　　모든 사람이 중국어 배우는 것은 쉬워. (=중국어 배우는 것은 모든 사람한테 쉬워.)
b. It is natural **for her** to say so.
　　그녀가 그렇게 말하는 것은 당연해. (=그렇게 말하는 것은 그녀한테 당연해.)
c. It is dangerous **for a beginner** to dive in the river.
　　초보자가 강에서 다이빙 하는 것은 위험해. (=강에서 다이빙하는 것은 초보자한테 위험해.)
d. It is necessary **for my son** to read lots of books.
　　나의 아들이 많은 책을 읽는 것이 필요해. (=많은 책을 읽는 것이 나의 아들한테 필요해.)
e. It is important **for students** to do their homework.
　　학생들이 숙제를 하는 것은 중요해. (=숙제를 하는 것은 학생들한테 중요해.)

a문장은 중국어 배우는 것이 **모든 사람한테** 쉽다는 것이죠. 범위가 모든 사람이니까 생략하는 것입니다. for everyone자리에 for me(나한테), for you(너한테), for them(그들한테), for Jack(잭한테)을 넣어 보세요. 그 범위가 느껴지나요? for는 우리말로 옮기면 '~한테'입니다. '중국어 배우는 것은 **나한테** 쉬워.'를 다른 말로 바꾸면 '**내가** 중국어 배우는 것은 쉬워.'가 되지요. '나한테'와 '내가'는 동의어가 되는 것입니다. 그래서 to부정사 앞에 있는 'for+목적격'이 의미상 주어가 되는 것입니다. for는 범위를 나타냅니다.

UNIT 84 엉터리 일본영문법 공식 타파하기

'to부정사'의 의미상의 주어는 'for+목적격'이다. 그러나 kind, nice, stupid, rude, polite, clever, careless등 사람의 성격인 경우에는 'for+목적격'을 사용하지 않고 'of+목적격'을 사용한다.'는 공식이 있는데 이것은 거짓말입니다.

  a. That's **kind of you**. 당신 참 친절하시군요.
  b. It's **kind of you** to help me. 나를 도운 것은 당신의 친절함이에요.

a문장은 감사인사 표현으로 회화에서 흔히 사용하지요. 해부해 보면 That(그것)+is(이다)+kind(친절함)+of(~의)+you로 '그것은 당신의 친절함이에요.'입니다. '당신의 친절함=당신이 갖고 있는 친절함'입니다. of의 뜻은 '~의, 갖고 있는(have)'입니다. b문장은 a문장에 to help me가 추가 되었습니다. It(그것)+is(이다)+kind(친절함)+of(~의)+you+to help me(나를 도운 것)로 '나를 도운 것은 당신의 친절함이에요.'입니다. 이 정도로 설명하고 넘어가면 설득력이 없나요?

  a. It's **kind (thing) of you** to help me.
     나를 도운 것은 당신의 친절한 것이에요.
  b. It's **kind (part) of you** to help me.
     나를 도운 것은 당신의 친절한 부분이에요.
  c. It's **kind of you** to help me.
     나를 도운 것은 당신의 친절함이에요.

역사를 거슬러 올라가 보니 16~17C에는 a와 b문장처럼 kind thing of, kind part of로 사용했습니다. 시간이 흘러 현대영어에 와서는 thing과 part가 생략되어 kind of가 된 것이지요. 현대영어의 큰 흐름은 축약과 생략입니다. 우리가 암기하는 숙어들은 대부분 생략으로 인해 뜻을 파악하기 힘든 경우가 많지요. 『전치사 쇼크』를 학습한 분들은 무엇이 생략되어 그런 뜻이 발생되었는지 수많은 표현들을 보았을 것입니다. kind of you 또한 kind thing of you, kind part of you에서 thing과 part가 생략된 표현일 뿐입니다. 'of+목적격'은 의미상의 주어를 나타내는 표현이 아님에도 일본학자들은 충분한 연구도 없이 의미상의 주어라고 규정해 버린 것입니다. of는 '~의, ~을 가지고 있는(have)'일 뿐입니다.

a. It is **foolish of her** to make such a mistake.
   그런 실수를 한 것은 그녀의 어리석은 부분이죠.

b. It was **cruel of him** to kill a dog like that.
   그렇게 개를 죽인 것은 그의 잔인한 부분이었죠.

c. It was **wise of Jack** not to spend money.
   돈을 쓰지 않는 것은 잭의 현명한 부분이었죠.

사람의 성격이기 때문에 to부정사의 의미상의 주어를 'of+목적격'으로 사용한다는 엉터리 공식을 이젠 폐기해야 합니다. to부정사의 의미상의 주어는 목적격입니다. 타동사 뒤에 목적격이 오는 것은 너무도 당연해서 외울 필요가 없습니다. 목적격 앞에 for를 넣는 경우는 앞에 자동사가 오기 때문입니다. 얼마나 간단한가요? 일본이 영문법을 만든 100년 전에는 영국학자, 미국학자들이 만든 영문법조차 완전하지 않았고, 일본학자들이 참고할 영문법 서적이 충분하지 않았기 때문에 엉터리 공식을 만들 수밖에 없었던 것입니다.

■ to부정사의 의미상 주어 ■
① 타동사+목적격+to부정사
② 자동사+for+목적격+to부정사

UNIT 85 to부정사의 형용사적 용법 – 미래개념

형용사란 성질이나 상태를 나타내는 말입니다. 그러나 형용사를 기억할 때는 '명사를 설명해주는 말'로 기억해야 합니다. to V를 하나의 단어로 보세요. **to부정사는 앞에 있는 명사를 뒤에서 수식하여 우리말로 옮기면 '~할'입니다.**

a. I'm thirsty. I need something **to drink**. 나 목말라. 마실 무엇이 필요해.
b. I have no friends **to help me**. 난 나를 도와줄 어떠한 친구가 없어.
c. It's time **to say good-bye**. 작별인사를 할 시간이야.
d. Do you have a friend **to turn to**? 넌 의지할 친구가 있어?
e. She has no house **to live in**. 그녀는 살 집이 없어.
f. I need true friends **to talk with**. 난 대화할 진정한 친구가 필요해.
g. There's nothing interesting **to watch** on TV. TV에 볼만한 재미있는 것이 하나도 없어.

a문장의 something to drink는 '마실 무엇', b문장의 friends to help me는 '나를 도울 친구'로 to부정사는 명사 뒤에서 앞에 있는 명사를 수식해 줍니다. 우리말, 일본어, 중국어는 아무리 긴 형용사라도 뒤에서 앞에 있는 명사를 수식하는 경우는 없습니다. 그러나 영어는 짧은 형용사는 앞에서, 긴 형용사는 뒤에서 명사를 수식해 줍니다. **to부정사의 형용사적 용법은 '~할'로 옮겨져 미래의 뜻을 갖고 있습니다.**

d문장의 turn to는 '의지하다'입니다. 『전치사 쇼크』 131p를 읽어보세요. e문장에서 주의할 것은 live in에서 in을 빠뜨려서는 안 된다는 것이죠. live **in** the house로 live는 자동사이기 때문에 명사를 연결하기 위해서는 전치사 in이 필요합니다. f문장 역시 마찬가지죠. talk는 'vi. 이야기하다'는 자동사이기 때문에 talk **with** true friends처럼 '~와'에 해당 하는 전치사 with가 필요합니다. g문장에서 nothing interesting에 주목하세요. 영어에서 형용사는 명사 앞에 위치하여 뒤에 있는 명사를 수식합니다. 그러나 nothing, anyone, somebody처럼 **-thing, -one, -body로 끝나는 단어를 수식할 때는 nothing interesting처럼 반드시 명사 뒤에서 수식합니다.** 참고로 프랑스어 형용사는 영어와 달리 명사 뒤에 위치하여 앞에 있는 명사를 수식합니다.

UNIT 86 의문사+to부정사 – 미래개념

'의문사+to부정사=의문사+주어+should+동사원형'이라는 공식이 있습니다.

a문장에서 what to do는 what(무엇)+to do(~할)의 결합으로 '해야 할 무엇'입니다. to do는 형용사적 용법으로 미래개념입니다. what I should do는 '내가 무엇을 해야 하는지'입니다. **'해야 할 무엇을 몰라.'**와 **'무엇을 해야 하는지 몰라.'**는 같은 뜻이 됩니다. 어떤 공식에 의해서 같은 뜻이 되는 것이 아니라 해석해 보니 같은 뜻이 되는 것이죠. how는 'n.방법, ad.어떻게', where는 'n.장소, ad.어디에', when은 'n.시간, ad.언제'입니다. how to do는 how(방법)+to do(~할), where to do는 where(장소)+to do(~할), when to do는 when(시간)+to do(~할)의 결합입니다. 암기할 필요가 없지요.

a. I don't know **what to do**. 나는 (앞으로) 해야 할 무엇을 몰라.
   =I don't know **what I should do**. 나는 무엇을 해야 하는지 몰라.

b. Tell me **how to use** this machine. 이 기계 사용할 방법을 알려줘.
   =Tell me **how I should use** this machine. 이 기계를 어떻게 사용해야 하는지 알려줘.

c. We've decided **where to stay**. 우리는 머무를 장소를 결정해 놓았어.
   =We've decided **where we should stay**. 우리는 어디에 머물러야 하는지 결정해 놓았어.

d. They want to know **when to start**. 그들은 출발할 시간을 알기를 원해.
   =They want to know **when they should start**. 그들은 언제 출발해야 하는지 알기를 원해.

UNIT 87 be to용법

be to는 '예정, 의무, 의도, 가능, 운명'을 나타낸다고 열심히 외웠습니다. 무작정 암기할 필요가 없습니다. 해부해 보면 그 뜻을 쉽게 파악할 수 있습니다.

1 be to는 '~할 예정이다'입니다.

be going to, be planning to는 '~할 예정이다', be supposed to, be scheduled to는 '~하기로 예정되어 있다'입니다. 이렇게 예정을 나타내는 표현이 많은데 이런 표현을 자주 사용하면 가운데 있는 단어를 생략해도 알아듣게 됩니다. 가운데 있는 단어 going, planning, supposed등이 생략되어 be to가 '~할 예정이다'란 뜻이 발생한 것입니다. 간단하게 be(있다)+to do(할 것)으로 '~할 것이 있다'로 결합해도 의미파악이 바로 됩니다. '~할 것이 있다'와 '~할 예정이다'는 같은 뜻이죠. be to는 문어체로 주로 글에서 사용합니다.

a. We **are to** eat out tonight. 우리는 오늘밤에 외식할 예정이야.
b. I **am to** buy a new car. 나는 새 차를 살 예정이야.
c. They **are to** get married next week. 그들은 다음주에 결혼할 예정이야.
d. He **is to** go to London in a year. 그는 1년 후에 런던에 갈 예정이야.

2 be to는 '~해야 한다(must, have to)'입니다.

be(있다)+to do(~할 것)의 결합에서 '~할 것이 있다'에서 '~해야 한다'는 뜻이 발생합니다. have to가 have(~을 갖고 있다)+to(~할 것)에서 '~해야 한다'는 의미가 발생하는 것과 같습니다. have와 be는 때로는 동의어입니다. She's gone의 She's는 She is 또는 She has의 줄임말로 is와 has가 같다는 것을 알 수 있지요. 또 be obliged to, be forced to, be compelled to, be impelled to는 모두 어쩔 수 없이 '~을 해야 한다'입니다. 이 표현에서 가운데 있는 단어 obliged, forced등이 생략되어 be to가 되었다고 보면 쉽게 기억됩니다.

a. She **is to** finish her work by five. 그녀는 5시까지 일을 끝내야 해.
b. I **am to** blame. I was so untrue. 난 비난받아야 해. 난 너무 진실하지 못했어.
c. You **are to** clean up your room. 너는 방 청소를 해야 해.
d. We **are to** hand in the report by tomorrow. 우리는 내일까지 과제를 제출해야 해.

3 be to는 '~을 원하다(want, wish)'입니다.

주로 if절 안에서 be to가 '~를 원하다'로 사용되고 그 외에는 거의 사용되지 않습니다. be to는 be(있다)+to do(~할 것=하고자 하는 것)의 결합으로 '~하고자 하는 것이 있다'를 줄여서 표현하면 '~을 원하다'는 뜻이 됩니다.

a. If you **are to** succeed in life, work hard.
   네가 성공하길 원하면 열심히 일해.

b. If you **are to** go abroad, you are to learn foreign language.
   네가 해외로 가길 원하면, 넌 외국어를 배워야 해.

4 be to는 '~할 수 있다'입니다.

be to가 '~할 수 있다'는 뜻으로 사용되는 경우는 대부분 수동태 문장에서입니다. be able to에서 able이 생략된 표현이라고 보면 기억하기 쉬울 것입니다.

a. Nothing **was to** be seen. 어떠한 것도 목격될 수 없었어.
b. A computer **is to** be found at every office. 컴퓨터는 모든 사무실에서 발견될 수 있어.
c. Not a sound **was to** be heard. 어떠한 소리도 들을 수 없었어.

5 be to는 '~할 운명이다'입니다.

be doomed to, be destined to는 '~할 운명이다'인데 이 표현에서 doomed, destined가 생략된 표현이라고 보면 기억하기 쉬울 것입니다. '~할 예정'과 '~할 운명'은 동의어죠. 왜냐하면 신의 예정과 신의 계획이 사람에겐 곧 운명이기 때문입니다.

a. She **was** never **to** see him again.
   그녀는 다시는 그를 못 볼 운명이었어.

b. They **were to** die on the plane.
   그들은 비행기에서 죽을 운명이었어.

c. He **was to** meet her in the end.
   그는 결국 그녀를 만날 운명이었어.

UNIT 88 to부정사의 부사적 용법 -미래개념

to부정사는 전치사 to의 '~쪽으로'에서 미래 개념이 발생하고, 전치사 to의 '이동(=도착)'에서 과거 개념이 발생합니다. to부정사는 반드시 미래개념의 to부정사와 과거개념의 to부정사로 나누어 학습해야 합니다. to를 미래로만 기억하고 있으면 많은 문장에서 예외를 만나게 되고 엉뚱한 해석을 하게 됩니다.

1 목적을 나타내는 to부정사

to부정사는 '~하기 위하여'로 목적을 나타냅니다. 미래에(=앞으로) 무엇을 하기 위하여 먼저 무엇을 한다는 것이죠.

a. I ran fast / **to catch** the bus.
   나는 빨리 달렸어. / 버스를 잡기 위하여

b. Koreans work hard / **to buy** a house.
   한국인들은 열심히 일해. / 집을 사기 위하여

c. He went to Seoul / **to see** his friend.
   그는 서울 갔어. / 친구를 만나기 위하여

d. She studied hard / **in order to pass** the exam.
   그녀는 열심히 공부했어. / 시험에 합격하기 위하여

a문장을 보세요. to catch the bus는 동사 ran을 수식하기 때문에 부사 기능을 합니다. 우리말로 옮기면 '버스를 잡기 위하여'로 목적을 나타내지요. to를 무작정 '~하기 위하여'로 암기하지 말고 단어의 배열 순서를 보세요. ran이 먼저 일어나는 동작이고 to catch는 나중에 일어나는 동작이기 때문에 to V가 미래를 나타내는 것입니다. 버스를 잡기위하여 달렸지만 버스를 잡지 못했을 수도 있지요. 그래서 **to는 미래를 나타냄과 동시에 불확실을 나타냅니다.** to는 미래를 나타냄과 동시에 불확실의 뉘앙스를 갖는다는 것을 반드시 기억해야 합니다.

b문장을 보세요. 먼저 work hard하고 그 다음에 to buy a new house를 하지요. 미래에 새집을 사기위하여 지금 열심히 일한다는 것이죠. '~하기 위하여'는 '앞으로, 미래에 무엇을 하기 위하여'입니다. d문장의 in order to역시 '~하기 위하여'인데 과거엔 '~하기 위하여'를 in order to, so as to로 사용했는데 지금은 격식을 갖추어야 하는 글에서 사용하고 회화에선 in order, so as를 생략하고 to만 사용합니다.

2 조건을 나타내는 to부정사

to부정사가 will, would와 결합하여 '~한다면'의 뜻이 발생합니다. 앞으로 '~한다면'이기 때문에 미래를 나타냅니다. a문장의 to cheat others again은 '다른 사람들을 속인다면'으로 앞으로, 미래에 일어날 일이죠. if you cheat others again과 같은 뜻입니다. b문장의 to hear the news는 '그 소식을 듣는다면'으로 역시 앞으로, 미래에 일어날 일입니다. if you hear the news와 같습니다. c문장의 to win the lottery는 '로또에 당첨된다면'으로 역시 앞으로, 미래에 일어날 일이지요.

a. You **will** be punished / **to cheat** others again.
   너는 처벌받을 거야. / 다시 다른 사람들을 속인다면

b. You **may** be surprised / **to hear** the news.
   너는 놀랄지도 몰라. / 그 소식을 듣는다면

c. What **would** you do / **to win** the lottery?
   넌 뭐 할 거야? / 로또에 당첨된다면

3 형용사를 수식하는 to부정사

to부정사는 우리말로 '~하기에'로 형용사를 수식합니다. a문장의 to explain은 '설명하기에'로 형용사 hard를 수식합니다. b문장의 to read는 '읽기에'로 형용사 easy를 수식합니다. 이제 어감을 느껴보세요. a문장은 나의 감정을 설명 한다면 설명하기 어렵다는 것이고, b문장은 이 책을 읽는다면 읽기가 쉽지 않다는 것이죠. to V에서 미래의 어감이 느껴지나요? c문장은 이 박스를 든다면 들기가 무겁다는 것이고, d문장은 외출한다면 외출하기에 매우 따뜻하다는 것이지요. 형용사를 수식하는 to부정사는 미래어감을 갖고 있습니다.

a. My feeling is hard / **to explain**.
   나의 감정은 어려워. / 설명하기에

b. This book is not easy / **to read**.
   이 책은 쉽지 않아. / 읽기에

c. This box is too heavy / **to lift**.
   이 박스는 너무나 무거워. / 들기에

d. It is warm enough / **to go out**.
   날씨가 충분히 따뜻해. / 외출하기에

4 too ~to 구문

too~to구문을 '너무도 ~해서 ~할 수 없다'는 공식으로 외우지 마세요. too는 우리말로 옮겨 '너무'인데 so(너무)의 동의어가 아닙니다. too는 부정어로 '너무(지나치게)'입니다. a문장을 있는 그대로 해석하면 '그는 집을 사기에 **지나치게(=너무)** 가난해.'입니다. '그는 너무 가난해서 집을 살 수 없어.'와 같은 뜻이 되어 b문장으로 바꿀 수 있는 것이죠. too가 '너무(지나치게)'라는 부정어임을 알면 일본학자들이 만든 해석 공식을 무작정 암기할 필요가 없습니다. a와 b, c와 d문장이 같은 뜻이 되는 것은 공식에 의해서 같은 뜻이 되는 것이 아니라 해석해서 의미가 같은 것입니다. b와 d문장의 접속사 that은 생략하는 추세에 있습니다.

a. He is **too** poor / **to** buy a house.
   그는 너무(지나치게) 가난해. / 집을 사기에

b. He is **so** poor / that he **can't** buy a house.
   그는 너무 가난해. / 그래서 집을 살 수 없어.

c. The movie is **too** scary / **to** see.
   그 영화는 너무(지나치게) 무서워. / 보기에

d. The movie is **so** scary / that I **can't** see it.
   그 영화는 너무 무서워. / 그래서 난 그것을 볼 수 없어.

UNIT 89 부사적 용법의 to부정사 – 과거개념

Welcome to my house는 '나의 집에 온 것을 환영합니다.'로 to my house는 이미 나의 집에 도착했음을 알려주는 과거표현입니다. 전치사 to가 갖고 있는 과거개념이 to부정사에 그대로 도입되었기 때문에 to부정사가 과거개념을 갖고 있음을 잊어서는 안 됩니다.

1 감정의 원인, 판단의 근거를 나타내는 to부정사

to부정사를 우리말로 '~해서, ~하니'라고 외우는 것은 독해 기술을 익히는 것이죠. '**~해서, ~하니**'는 이미 무엇을 했다는 과거동작입니다.

a. Nice / **to meet** you. 좋아요. / 당신을 만나서
b. I felt sad / **to see** the movie. 난 슬픔을 느꼈어. / 그 영화를 보고서
c. I was surprised / **to hear** his death. 난 놀랐어. / 그의 죽음을 듣고서
d. He can't be a fool / **to solve** it. 그는 바보일리가 없어. / 그것을 해결하다니
e. She must be a fool / **to say** so. 그녀는 바보임에 틀림없어. / 그렇게 말하다니
f. He is foolish / **to make** such a mistake. 그는 어리석군요. / 그런 실수를 하다니
g. He was cruel / **to kill** a dog like that. 그는 잔인했어. / 개를 그렇게 죽이다니

a문장은 사람을 처음 만났을 때 흔히 하는 인사말이죠. to meet you은 '당신을 만나서'인데 to meet은 이미 사람을 만난 과거동작입니다. b문장의 to see the movie는 '영화를 보고서'인데 to see는 이미 영화를 본 과거동작입니다. c문장의 to hear his death는 '그의 죽음을 듣고서'인데 to hear는 이미 소식을 들은 과거동작입니다. to부정사가 감정을 나타내는 형용사들을 수식하면 '~해서'로 옮겨지기 때문에 감정의 원인 용법이라고 일본학자들이 이름을 붙인 것입니다.

d문장의 to solve it은 '그것을 해결하다니'인데 to solve는 이미 해결한 과거동작입니다. e문장의 to say so는 '그렇게 말하다니'인데 to say는 이미 말을 한 과거동작입니다. f문장의 to make such a mistake는 '그런 실수를 하다니'로 to make는 이미 실수를 저지른 과거동작입니다. g문장의 to kill a dog은 '개를 죽이다니'로 to kill은 이미 개를 죽인 과거동작입니다. **to를 감정의 원인, 이유 판단의 근거 용법으로 무작정 암기하지 말고 to가 갖고 있는 과거개념을 알아야 정확한 뜻을 알 수 있습니다.**

2 결과의 to부정사

결과의 to부정사는 우리말로 '~했다, 그 결과 했다'로 옮겨지기 때문에 결과용법이라고 합니다. 결과의 to부정사는 과거개념을 갖고 있습니다.

a. She lived / **to be** ninety. 그녀는 살았어. / 90살이 되었어.
b. He grew up / **to be** a lawyer. 그는 성장했어. / 변호사가 되었어.
c. I awoke / **to find** a robber beside me. 나는 깨어났어. / 곁에 있는 도둑을 발견했어.

a문장을 '90살이 되기 위하여 살았어.'라고 옮기면 황당한 말이 되지요. **to be** ninety는 '90살이 **되었어.**'로 과거개념입니다. b문장의 **to be** a lawyer는 '변호사가 **되었어.**'로 역시 과거개념입니다. '변호사가 되기 위하여 성장했어.'로 옮기면 황당한 말이 됩니다. c문장을 '도둑을 발견하기 위하여 깨어났어.'로 옮기면 역시 이상한 말이 됩니다. **to find** a robber는 '도둑을 **발견했어.**'로 이미 발견한 과거동작입니다.

3 과거개념을 갖고 있는 to부정사 표현이 적지 않습니다.

to를 미래개념으로만 기억하고 있으면 아래 문장들은 정확한 의미를 파악할 수 없습니다.

a. He worked hard / only **to fail**. 그는 열심히 공부했어. / 다만 실패했어.
b. He left korea / never **to return**. 그는 한국을 떠났어. / 결코 돌아오지 못했어.
c. I had **to do** it alone. 나는 그것을 혼자 해야만 했어. (그래서 혼자 했어.)
d. She was able **to win** the race. 그녀는 경주에서 이길 수 있었어. (그래서 이겼어.)
e. **To make** matters worse, he was fired. 설상가상으로, 그는 해고되었어.

a문장의 only to fail은 하나의 숙어처럼 '다만 실패했어.'입니다. to fail은 '실패했어.'로 과거개념이죠. b문장의 never to return은 '결코 돌아오지 못했어.'로 역시 to return은 과거개념입니다. c문장의 had to를 우리말로 옮기면 '~을 해야만 했어'인데 뒤에 숨어 있는 뜻은 '실제로 했어.'로 to do는 실제로 했다는 과거개념입니다. d문장의 was able to는 '~을 할 수 있었어.'인데 숨어 있는 뜻은 '실제로 했어.'로 to win은 실제로 이겼다는 과거개념입니다. e문장의 **To make** matters worse는 '일들을 더 나쁘게 **만들었는데**'인데 우리말로 바꾸니 '설상가상으로'라는 뜻이 됩니다. 내린 눈 위에 서리를 더해 놓았으니 설상가상이죠. 과거개념의 to부정사는 UNIT 98에 다시 등장합니다.

UNIT 90 독립부정사 – 미래개념

아래 표현들은 하나의 숙어처럼 굳어진 표현들로 to부정사가 하나의 문장처럼 독립되어 있다고 독립부정사란 명칭을 붙인 것이죠. 중요한 것은 to가 미래느낌을 갖고 있다는 것입니다.

> strange to say 이상한 얘기지만
> to be honest 솔직히 말하자면
> to begin with 우선, 먼저
> not to mention(=not to speak of) ~은 말할 것도 없이
> to make a long story short 요약하면
> to tell (you) the truth 사실을 말하자면
> to be frank (with you) 솔직히 말하자면
> to be sure 확실히

a. Strange to say, I often eat locusts. 이상한 얘기지만, 나 메뚜기를 자주 먹어.
b. To tell the truth, I don't love her. 진실을 말하면, 난 그녀를 사랑하지 않아.
c. To be honest, he doesn't believe you. 솔직히 말해서, 그는 널 믿지 않아.
d. To begin with, I don't like his looks. 우선, 난 그의 외모를 좋아하지 않아.
e. To be sure, she sings well. 확실히, 그녀는 노래를 잘 불러.
f. I speak Chinese, not to mention English. 영어는 말할 것도 없고, 난 중국어를 구사해.
g. To make a long story short, I need your help. 요약하면, 너의 도움이 필요해.

strange **to say**는 '이상한 것을 말하**겠**는데'로 줄여서 표현하면 '이상한 얘기지만'입니다. **to tell the truth**는 '진실을 말하**겠**는데'로 줄여서 표현하면 '진실을 말하면'이 되지요. 즉 to는 곧, 앞으로 무엇을 하겠다는 미래를 뜻하는 것입니다. **to** be honest, **to** be frank는 '솔직하게 말하**겠**는데'에서 '솔직히 말하면'이 됩니다. 그런데 이 표현을 대화에서 자주 사용하면 평상시에는 거짓말을 많이 하는데 지금 당신에게는 솔직하게 말하겠다는 느낌을 주기 때문에 대화에서 자주 사용하지 않는 것이 좋습니다. **to** begin with는 '~로 시작하**겠**는데'를 줄여서 표현하니 '우선, 첫째로'가 됩니다. **not to mention**은 '~은 언급 안하**겠**는데'로 다른 말로 표현하면 '~은 말할 것도 없고'입니다. **to make** a long story short는 '긴 이야기를 짧게 만들**겠**는데'로 줄여서 표현하면 '요약하면'이 됩니다. **to는 앞으로, 곧 무엇을 하겠다는 미래를 나타냅니다.** 독립부정사라는 용어 따윈 기억할 필요가 없습니다. to가 갖고 있는 미래 어감을 살리면 숙어처럼 굳어져있는 표현들을 기억하기 쉬울 것입니다.

UNIT 91 to부정사의 부정과 동명사의 부정

to부정사의 부정은 to앞에 부정어를 놓습니다. 동명사의 부정 또한 동명사 앞에 부정어를 놓습니다. 우리말 '하기'의 부정을 '안 하기'로 만드는 것과 같습니다. d문장의 pick on은 '~을 괴롭히다'입니다. 『전치사 쇼크』 90p의 설명을 읽어보세요.

a. I decided **not to** waste time any more.
   난 더 이상 시간낭비를 않기로 결심했어.

b. He warned me **not to** go out at night.
   그는 내가 밤에 외출하지 말 것을 경고했어.

c. Be careful **not to** use bad language.
   나쁜 말을 쓰지 않도록 조심해.

d. She promised **never to** pick on him.
   그녀는 절대로 그를 괴롭히지 않을 것을 약속했어.

e. I enjoy **not waking** up early on the weekends.
   난 주말에 일찍 일어나지 않는 것을 즐겨.

f. She regrets **not helping** Cristin.
   그녀는 크리스틴을 돕지 않은 것을 후회해.

g. Thank you for **not telling** this to anyone.
   이것을 다른 사람에게 말하지 않아서 고마워.

h. The only thing I want for you is **never telling** a lie.
   내가 너한테 원하는 유일한 하나는 절대로 거짓말 하지 않는 것이야.

UNIT 92　to부정사의 시제

to부정사의 시제에는 단순부정사(to V)와 완료부정사(to have pp)가 있습니다. 단순형, 완료형은 UNIT 62 동명사의 시제에서 이미 배운 것이죠. 복습차원에서 다시 설명하겠습니다.

　a. He **is** a pianist. 그는 피아니스트야.
　b. He must **be** a pianist. 그는 피아니스트임에 틀림없어.
　c. He **was** a pianist. 그는 피아니스트였어.
　d. He must **have been** a pianist. 그는 피아니스트였음에 틀림없어.

a문장과 c문장은 사실을 말하는 것이죠. 사실인지 아닌지 잘 모를 때는 추측하여 말한다고 조동사에서 배웠습니다. a문장의 is앞에 must를 넣고, c문장의 was앞에 must를 넣어 보세요. a문장은 must(현재)+is(현재)로 같은 시제이기 때문에 must be가 되고, c문장은 must(현재)+was(과거)로 시제가 다르기 때문에 시제가 차이가 남을 알려주기 위하여 was를 완료형인 have been으로 바꾸어 must have been이 됩니다.

그럼 to부정사의 시제로 넘어가 볼까요? 위의 a와 c문장의 동사 앞에 must대신 seem to을 넣어 보세요. seem은 '~처럼 보인다'로 to부정사를 사용하는 동사입니다. a문장은 seems to is가 됩니다. to뒤에는 동사원형이 오지요. seems와 is 모두 현재로 같은 시제이기 때문에 seems **to is**는 seems **to be**가 됩니다. c문장은 seems to was로 seems는 현재, was는 과거이기 때문에 시제가 다르죠. 그래서 was를 완료형인 have been으로 바꾸어 seems to have been이 됩니다.

　a. He seems **to be** a pianist. 그는 피아니스트인 것처럼 보여.
　b. He seems **to have been** a pianist. 그는 피아니스트였던 것처럼 보여.

시제가 결합되었을 때 같은 시제일 때는 단순형을, 다른 시제일 때는 완료형을 사용하는 것이 원어민의 시제변환 규칙입니다. 이것은 조동사, 동명사, 분사, 부정사 모두 같습니다. seem to have been이 seem to+was의 결합에서 나온 것임을 알면 의미파악이 쉬워집니다.

UNIT 93   to부정사의 문장전환 1

UNIT 63, UNIT 64에서 이미 학습했습니다. 아래의 a, c, e문장처럼 that절은 영국인이 처음부터, 전통적으로 사용하던 표현방식입니다. to부정사가 출현하고 동명사가 발달함에 따라 영국인들은 that절을 파괴하고 to부정사와 동명사를 사용하는 표현을 폭발적으로 사용하게 됩니다. 신식 표현이 유행하면 구식 표현이 촌스러워지는 것은 당연하죠. that절을 파괴하면서 어떤 동사는 to부정사를, 어떤 동사는 동명사를 사용했는데 미래의미를 나타내는 동사, 불확실을 의미하는 동사는 to부정사를 붙여 사용했습니다.

a. I promise that I will call you later.
b. I promise to call you later. 너에게 나중에 전화할 것을 약속할게.

c. I expect that he will win the game.
d. I expect him to win the game. 나는 그가 게임에 이길 것을 기대해.

e. He advised that I should lose weight.
f. He advised me to lose weight. 그는 나에게 살을 뺄 것을 충고했어.

a문장의 **that** I will call you later는 '내가 나중에 전화 하겠다**는 것**'으로 that은 명사를 만들기 위한 접속사입니다. a문장을 b문장으로 전환해 보겠습니다. 먼저 that을 없애고, 주어 I는 앞에 있는 주어 I와 같기 때문에 생략합니다. promise는 'vt. ~을 약속하다'로 앞으로(=미래) 무엇을 하기로 약속하는 것이기 때문에 미래개념의 to부정사를 사용하는 동사죠. 그래서 to를 붙여 promise to call로 만드는 것입니다. 조동사에 to를 붙이는 to will이런 것은 없지요. 또 will이 앞으로 '~하겠다'로 미래의미를 나타내기 때문에 to와 같은 개념이라 자연스럽게 생략됩니다.

c문장의 expect는 'vt. ~을 기대하다'로 앞으로(=미래) 무엇이 일어나길 기대하는 것이기 때문에 미래개념의 to부정사를 사용하는 동사입니다. 접속사 that을 생략하고 주어 he는 목적격 him으로 바꿔줍니다. to부정사의 의미상의 주어라서 목적격 him으로 바꾸는 것이 아니라 expect는 타동사이고 타동사 뒤에 목적격이 오는 것은 당연하기 때문입니다. I love her라고 하지 I love she라고 하지 않는 것과 같습니다. 그 다음에 to를 붙여 expect him to win~이 됩니다.

e문장의 advise는 'vt.~을 충고하다'로 앞으로(=미래) 무엇을 하라고 충고하는 것이기 때문에 미래개념의 to부정사를 사용하는 동사입니다. e문장에서 왜 should가 사용되었는지는 UNIT 40을 읽어보세요. to should 이런 것은 없습니다. to는 조동사와 결합하지 않기 때문에 should는 생략합니다.

that절 표현은 영국인들이 처음부터, 전통적으로 사용하던 표현방식입니다. that절을 파괴하고 to부정사나, 동명사를 붙여 사용하는 표현방식은 중세영어시기(1066~1500)에 나타난 새로운 표현방식이죠. 현재 원어민은 복문 표현 방식보다는 to부정사나, 동명사를 사용하는 단문 표현방식을 더 선호합니다. 이렇게 영어가 흘러온 역사를 알면 수학 문제 풀듯이 무작정 문장 전환하는 그런 무의미한 학습은 하지 않을 것입니다.

UNIT 94 to부정사의 문장전환 2

대부분의 that절은 that을 생략하고 동명사나 to부정사를 붙이는 방식으로 that절을 파괴했습니다. 그런데 가주어(it), 진주어(that)를 사용한 문장들은 that 뒤에 있는 주어를 문장 앞으로 이동시켜 that절을 파괴하고 to부정사를 붙였습니다.

a. It seems that **he** is a movie star.
b. **He** seems to be a movie star. 그는 영화배우인 것처럼 보여.

c. It seems that **he** was a movie star.
d. **He** seems to have been a movie star. 그는 영화배우였던 것처럼 보여.

a문장에서 he를 문장 앞으로 이동시키면 필요 없는 It과 that은 사라지게 됩니다. that절을 파괴하기 위하여 뒤에 있는 주어를 앞으로 이동시키는 것이지요. He를 문장 앞으로 이동시켜 It과 that이 사라지면 He **seems is** a movie star가 남게 됩니다. seems와 is가 같은 시제이기 때문에 seems **to is**는 seems **to be**가 됩니다. seem은 '~처럼 보인다'로 불확실을 의미하는 단어이기 때문에 동명사를 붙이지 않고 to를 붙이지요. 미래와 불확실을 의미하는 단어는 to부정사를 사용한다고 앞에서 설명했습니다. c문장에서 d문장으로의 전환은 seems to was에서 seems(현재)+was(과거)로 시제가 서로 다르기 때문에 was를 완료형인 have been으로 바꾸어 seems to have been이 된 것입니다. It seems that he is~를 He seems to be~처럼 문장 전환하여 사용하는 동사들은 아래와 같습니다. **아래 동사들의 특징은 모두 불확실을 의미하는 단어이기 때문에 불확실을 의미하는 to부정사와 어울리는 것**이죠. 과거 영국인들이 일관성 없이 무작정 to부정사를 붙여서 사용한 것이 아닙니다.

said, believed, considered, thought, reported, known, expected, understood

a. It is said that **he** is 99 years old.
b. **He** is said **to be** 99 years old. 그는 99세인 것으로 이야기 된다.

a문장에서 It is said(그것은 이야기된다.)라고 말해보세요. 그러면 듣는 사람은 그것(it)이 뭐냐고 되물을 것이고, 그러면 **that** he is 99 years old(그가 99세라는 것)라고 궁금증을 해소해 주게 됩니다. 진주어, 가주어를 사용하는 것은 말의 핵심을 빨리 전달하기 위함임을 앞에서 배웠습니다. 이제 구식 a문장을 신식 b문장으로 바꾸어 볼까요? 먼저 he를 문장 앞으로 이동시키면 불필요한 it과 that은 사라지고 He **is** said **is** 99 years old가 남습니다. 두 동사의 시제가 같기 때문에 뒤에 있는 is가 to be가 되는 것이죠. 왜 to부정사를 붙였을까요? 수동형 be said는 '이야기된다'로 불확실한 내용을 전달하는 표현이기 때문에 불확실의 의미를 갖고 있는 to부정사를 붙이는 것입니다. be said to는 하나의 숙어처럼 굳어져 '~인 것으로 이야기된다'입니다.

a. It is believed that **he** died last year.
b. **He** is believed to have died last year. 그는 지난해 죽은 것으로 생각(판단)돼.

c. It is expected that **the strike** will end soon.
d. **The strike** is expected to end soon. 파업은 곧 끝날 것으로 예상돼.

e. It is reported that **they** were arrested in China.
f. **They** are reported to have been arrested in China. 그들은 중국에서 체포되었다고 보고되어 있어.

a문장에서 he를 문장 앞으로 이동시키면 불필요한 it과 that은 사라집니다. 그러면 He **is** believed **died** last year가 남습니다. 하나는 현재(is), 하나는 과거(died)로 시제가 서로 다르기 때문에 더 오래된 시제 died를 완료형인 to have died로 바꾸어 줍니다. 수동형 be believed는 '생각된다, 판단된다'로 불확실하다는 뜻을 갖고 있기 때문에 to부정사와 어울리죠. be believed to는 '~인 것으로 생각된다, ~인 것으로 판단된다'로 하나의 숙어처럼 굳어져 있는 표현입니다. c문장의 수동형 be expected는 '예상된다'로 미래와 불확실을 내포하고 있기 때문에 to부정사를 붙입니다. be expected to는 '~할 것으로 예상된다'로 숙어처럼 굳어져 있는 표현입니다. f문장의 수동형 be reported는 '보고되어 있다'로 역시 불확실한 뜻을 갖고 있기 때문에 to부정사를 붙입니다. be reported to는 '~인 것으로 보고되어 있다'로 역시 숙어처럼 굳어져 있는 표현입니다.

UNIT 95 to부정사만을 목적어로 취하는 동사 1

우리는 UNIT 58에서 동명사만을 목적어로 취하는 동사를 배웠습니다. 동명사는 과거의미를 갖고 있기 때문에 동명사를 목적어로 취하는 동사들은 과거의미를 갖고 있는 동사들이지요. **to부정사를 목적어로 취하는 동사들은 대부분 미래의미를 갖고 있고, 불확실을 의미하는 단어들입니다.** 미래는 불확실하죠. 아래의 동사들은 to부정사를 목적어로 취하는 동사들입니다. 무작정 암기하지 말고 단어에서 미래의 어감과 불확실의 어감을 느껴보세요.

> want, hope, wish, would like(=would love, would care, would prefer), plan
> promise, decide(=arrange, determine, choose), learn, agree, prepare, offer,
> mean(=intend), need, try(=attempt), refuse, threaten, deserve, lead, afford,
> fail, seem(=appear), pretend, tend

a. I **want to buy** a villa at the seaside. 나는 해변에 있는 별장 살 것을 원해.
b. I **regret cheating** on the test. 나는 시험에서 부정행위한 것을 후회해.

a문장에서 to앞에 있는 want와 to뒤에 있는 buy를 보세요. 동사 두 개가 연결되어 있지요. want는 'vt.~을 원하다'로 **지금** 원하는 것이고, **to buy** a villa는 '별장 **살 것**'으로 **나중에**(=미래에) 일어날 일이죠. want는 앞으로(=미래) 무엇인가 하기를 원하는 미래의미를 갖고 있는 동사이기 때문에 미래의미의 to부정사를 붙입니다. b문장에서 regret는 'vt.~을 후회하다'로 후회는 이미 일어난 과거 일을 후회하는 것이기 때문에 과거 의미를 갖고 있는 동명사 cheating을 붙입니다. 이와 같이 원어민은 '미래의미 동사+to부정사, 과거의미 동사+동명사'로 구분하여 일관성 있게 사용하고 있습니다. 아래 문장들의 동사에서 미래어감을 느껴보세요. to V는 '~할 것, ~하기'로 해석되어 미래어감을 바로 느낄 수 있습니다.

a. I **hope to** see you tomorrow. 내일 당신 만나기를 희망해요.
b. I **would love to** walk for a while. 나 잠시 동안 걷고 싶어.
c. Nick **plans to** go to college next year. 닉은 내년에 대학에 진학할 계획이야.
d. I **promise to** wear it very carefully. 그것을 매우 조심해서 입을 것을 약속할게.
e. They **decided to** live in China. 그들은 중국에서 살기로 결정했어.
f. He **chose to** major in English in college. 그는 대학에서 영어 전공 할 것을 결정했어.

g. I have to **learn to** relax. 난 긴장 푸는 것을 배워야 해.
h. She **agreed to** accept the offer. 그녀는 그 제의를 받아들이는 것에 동의했어.
i. **Prepare to** get mud on your face. 망신당할 준비를 해.
j. I **need to** visit my home country. 나 고국에 다녀올 필요가 있어.
k. Jack **means to** stay here for a week. 잭은 일주일간 여기에 머무를 작정이야.
l. Don't **attempt to** cook too many at a time. 한 번에 많은 것을 요리하려고 하지 마.
m. I **refused to** go out with him. 난 그와 데이트하는 것을 거절했어.
n. North Korea **threatened to** fire a missile. 북한은 미사일을 발사하겠다고 협박했어.
o. You **deserve to** take a day off. 너는 하루 휴가를 가질 자격이 있어.
p. He can't **afford to** buy a car. 그는 차를 살 여유가 없어.
q. People **tend to** overuse credit cards. 사람들은 신용카드를 남용하는 경향이 있어.
r. You **seem to** know a lot about economy. 너는 경제에 대해 많이 아는 것 같아.
s. Tom always **pretends to** be a gentleman. 톰은 항상 신사인 척 해.

● want to, would like to, hope to, wish to는 '~하기를 원하다, 희망하다, 바라다'로 앞으로(=미래) 무언가 하기를 원하고, 희망하고, 바라는 것이기 때문에 미래 어감을 바로 느낄 수 있습니다.

● plan to는 '~할 계획이다', promise to는 '~할 것을 약속하다'입니다. 계획이란 앞으로(=미래) 할 일이고, 약속은 앞으로(=미래) 지켜야 할 일이기 때문에 계획과 약속이란 단어에는 미래의 뜻이 포함되어 있습니다.

● decide to는 '~하기로 결정하다'로 앞으로(=미래) 무엇을 하겠다고 지금 결정하는 것이죠. 동의어 determine to, arrange to, choose to도 기억해 두세요.

● learn to는 '~할 것을 배우다'로 앞으로(=미래) 무엇을 하기 위하여 지금 배우는 것이죠. agree to는 '~할 것을 동의하다'입니다. 동의(同意)란 앞으로(=미래) 할 일에 대해 해도 좋다고 지금 동의하는 것입니다.

● prepare to는 '~할 것을 준비하다'입니다. 준비는 당연히 앞으로(=미래) 할 일을 준비하는 것이죠. need to는 '~할 필요가 있다'입니다. 지금 판단해 보니 앞으로(=미래) 무엇인가 해야 할 필요가 있다는 것입니다.

● mean to, intend to는 '~할 작정이다'입니다. 앞으로(=미래) 무엇을 하겠다고 지금 마음의 결정을 내리는 것입니다.

● attempt to, try to는 '~할 것을 시도하다'입니다. 앞으로(=미래) 원하는 무엇을 갖거나 이루기 위하여 지금 어떤 시도(노력)를 하는 것이죠.

- refuse to는 '~**할 것**을 거절하다'입니다. 무엇을 하자는 제안을 받았는데 앞으로(=미래) 그것을 **하지 않겠다고 거절**하는 것이죠.
- threaten to는 '~**하겠다**고 협박하다'입니다. 협박은 나의 요구를 들어주지 않으면 앞으로(=미래) 무엇을 하겠다고 협박하는 것입니다.
- deserve to는 '~할 자격이 있다'입니다. 사장이 나에게 하루 휴가를 가질 자격이 있다고 말한다면 나는 앞으로(=미래) 하루 휴가를 갖게 되지요.
- afford to는 '~할 여유가 있다'입니다. 지금 차를 살 여유가 있다는 것은 앞으로(=미래) 차를 살 수 있다는 것이죠. 주로 부정형 can't afford to로 '~할 여유가 없다'로 자주 사용합니다.
- tend to는 '~하는 경향이 있다'입니다. 경향이란 앞으로(=미래)의 흐름과 추세를 말하는 것이기 때문에 경향이란 단어는 미래어감을 갖고 있습니다.
- seem to, appear to는 '~인 것처럼 보인다'입니다. 그가 부자인 것처럼 보인다는 것은 실제 그는 부자일 수도 있고, 부자가 아닐 수도 있는 불확실한 것이죠. to는 미래를 의미하는데 미래는 불확실하지요. seem, appear는 불확실을 의미하는 단어이기 때문에 불확실의 to부정사를 사용합니다.
- pretend to는 '~인 척하다'입니다. 누군가 신사인 척 행동하면 그가 신사인지 아닌지는 알 수 없는 불확실한 것이죠. pretend는 불확실을 의미하는 단어이기 때문에 불확실의 to부정사를 사용합니다.

UNIT 96 to부정사만을 목적어로 취하는 동사 2

advise, allow(=permit), invite, teach, order, tell, encourage, warn
recommend, forbid, remind, would like, require(=request), enable

위의 동사들 역시 미래의미를 가진 동사들로 to부정사를 목적어로 사용합니다. 그런데 위의 동사들은 '동사+**목적어**+to부정사'로 목적어를 넣어서 사용합니다. 그 이유는 무엇일까요? 아래 문장을 보세요.

a. I want **you** to learn Chinese. 나는 네가 중국어 배우기를 원해.
b. I advised **him** to learn Chinese. 나는 그에게 중국어 배울 것을 충고했어.

a문장에서 you를 생략하면 '나는 (**내가**) 중국어 배우기를 원해.'로 행동의 주체가 달라질 뿐 들어서 이상한 말이 되지는 않습니다. 그런데 b문장에서 목적어 him을 생략하면 '나는 중국어 배울 것을 충고했어.'로 누구에게 충고 했는지 알 수 없는 이상한 말이 됩니다. '동사+**목적어**+to부정사'에서 목적어가 필요한 동사인지, 목적어가 필요 없는 동사인지는 목적어를 생략하고 해석해 보세요. 그럼 바로 알 수 있습니다. 어떤 동사는 목적어가 없어야 말이 되고, 어떤 동사는 목적어가 반드시 있어야 말이 되고, 어떤 동사는 목적어가 있어도 되고 없어도 말이 됩니다. 위의 단어들을 무작정 외우지 마세요. 아래 문장들은 목적어를 생략하면 어색하고 황당한 말이 됩니다. 목적어를 생략했을 때 어떤 황당한 말이 되는지 직접 확인해 보세요. 그리고 동사들이 미래어감을 갖고 있음도 확인하세요.

a. Mom allowed **me** to go to America. 엄마는 내가 미국 가는 것을 허락했어.
b. Jack invited **me** to come to the party. 잭은 내가 파티에 오도록 초대했어.
c. I taught my son **my son** to speak Chinese. 나는 아들에게 중국어 말하는 것을 가르쳤어.
d. He ordered **us** to attack the enemy. 그는 우리에게 적을 공격할 것을 명령했어.
e. She told **him** to calm down. 그녀는 그에게 진정하라고 말했어.
f. I encouraged **him** to continue his research. 나는 그가 연구를 계속 하도록 격려했어.
g. We warned **him** to stay away from alcohol. 우리는 그에게 술을 멀리하라고 경고했어.
h. She recommends **us** to read lots of books. 그녀는 우리에게 많은 책을 읽을 것을 권해.
i. He forbids **anyone** to touch his things. 그는 누군가 그의 물건에 손대는 것을 금지해.
j. Remind **me** to call Ann before I go out. 외출 전에 내가 앤에게 전화할 것을 상기시켜 줘.

k. His job requires **him** to travel a lot. 그의 직업은 그가 많이 여행할 것을 요구해.

l. Mom enabled **me** to pay my debts. 엄마는 내가 나의 빚 갚는 것을 가능하게 했어.

- a문장의 allow 〔목〕 to는 '~할 것을 허락하다'입니다. 허락은 미래에 할 일을 지금 허락하는 것이죠. a문장에서 목적어 me를 생략하면 '엄마는 (**자신이**) 미국 갈 것을 허락했어.'로 이상한 말이 됩니다. 허락은 타인의 행위를 허락하는 것이기 때문에 반드시 목적어가 있어야 말이 됩니다.

- b문장의 invite 〔목〕 to는 '~올 것을 초대하다'입니다. 누군가를 집에 초대하는 것은 나중에(미래) 집에 오라고 초대하는 것이죠. b문장에서 목적어를 생략하면 '잭은 (**자신이**) 파티에 오도록 초대했어.'라는 이상한 말이 됩니다. 초대는 타인을 초대하는 것이기 때문에 반드시 목적어가 있어야 말이 됩니다.

- c문장의 teach 〔목〕 to는 '~할 것을 가르치다'입니다. 나는 아들에게 중국어를 가르치고 있는데 미래에 중국어를 사용하라고 가르치는 것이지요. c문장에서 목적어를 생략하면 나 자신에게 중국어를 가르친다는 이상한 말이 됩니다. 가르치는 것은 타인을 가르치는 것이기 때문에 목적어가 있어야 말이 되지요.

- d문장의 order 〔목〕 to는 '~할 것을 명령하다'입니다. 명령은 지금 내가 하는 말을 나중에(미래)에 행동으로 옮기라는 것입니다. d문장에서 목적어를 생략하면 자신에게 명령한다는 이상한 말이 됩니다. 명령은 타인에게 명령하는 것이기 때문에 목적어가 있어야 말이 됩니다.

- e문장의 tell 〔목〕 to는 '~할 것을 말하다'입니다. e문장에서 목적어를 생략하면 자기 자신에게 말한다는 이상한 말이 됩니다. 말은 타인에게 하는 것이기 때문에 목적어가 있어야 말이 됩니다. 자신에게 말하는 '혼잣말을 하다'는 say(talk) to oneself입니다.

- f문장의 encourage 〔목〕 to는 '~할 것을 격려하다'입니다. 격려는 앞으로 무언가를 잘 하라고 타인에게 격려하는 것이기 때문에 목적어가 있어야 말이 됩니다. f문장에서 목적어를 생략하면 자기 자신을 격려한다는 이상한 말이 됩니다.

- g문장의 warn 〔목〕 to는 '~할 것을 경고하다'입니다. 경고는 앞으로 무엇을 하거나 또는 하지 말라고 타인에게 경고하는 것이기 때문에 목적어가 있어야 말이 됩니다. g문장에서 목적어를 생략하면 자신에게 경고한다는 이상한 말이 됩니다.

- h문장의 recommend 〔목〕 to는 '~할 것을 권고하다'입니다. 권고는 앞으로 무엇을 하는 것이 좋겠다고 타인에게 권고하는 것이기 때문에 목적어가 있어야 말이 됩니다. h문장에서 목적어를 생략하면 자기 자신에게 권고한다는 이상한 말이 됩니다.

- i문장의 forbid 목 to는 '~할 것을 금지하다'입니다. 금지란 다른 사람에게 무엇을 하지 말라고 금지하는 것이기 때문에 목적어가 있어야 말이 됩니다. i문장에서 목적어를 생략하면 자신에게 금지한다는 이상한 말이 됩니다.
- j문장의 remind 목 to는 '~할 것을 상기시키다'입니다. 상기란 기억을 떠올리는 것이죠. 상기시키는 것은 다른 사람이 해야 할 일을 잊어버리지 않도록 말해주는 것이기 때문에 목적어가 있어야 말이 됩니다. j문장에서 목적어를 생략하면 자기 자신에게 무엇을 상기시킨다는 이상한 말이 됩니다.
- k문장의 require 목 to는 '~할 것을 요구하다'입니다. 요구란 앞으로 무엇을 해줄 것을 다른 사람에게 요구하는 것이기 때문에 목적어가 있어야 말이 됩니다. k문장에서 목적어를 생략하면 자기 자신에게 무엇을 요구한다는 이상한 말이 됩니다.
- l문장의 enable 목 to는 '~할 것을 가능하게하다'입니다. 가능하게 한다는 것은 다른 사람이 앞으로 무엇을 할 수 있도록 여건을 만들어 준다는 것이죠. l문장에서 목적어를 생략하면 자기 자신을 가능하게 만든다는 이상한 말이 되기 때문에 목적어가 있어야 말이 됩니다.

to부정사 앞에 목적어가 필요한지, 필요 없는지는 목적어를 넣어 해석해 보면 바로 알 수 있습니다. I decided to learn golf는 '나는 골프 배울 것을 결정했어.'인데 to앞에 you를 넣어 I decided **you** to learn golf를 보세요. '나는 **네가** 골프 배울 것을 결정했어.'로 네가 할 행위를 내가 결정했다는 황당한 말이 됩니다. 언어는 이해이지 암기가 아닙니다. 또 암기에는 한계가 있어 돌아서면 잊어버리게 되지요. 위의 단어들을 한 번에 외우려고 해서는 안 됩니다. 자주 읽어보면 자연스럽게 기억됩니다.

UNIT 97 과거개념의 to부정사

get, persuade, force, compel, impel, oblige

to부정사는 **대부분** 미래를 의미하지만 위의 동사들과 결합된 to부정사는 동작이 끝난 과거개념으로 사용한다는 것을 반드시 기억해야 합니다.

a. He lived / **to be** ninety. 그는 살았어. / 90살이 되었어.
b. He grew up / **to be** a lawyer. 그는 성장했어. / 변호사가 되었어.
c. He awoke / **to find** a robber beside him. 그는 깨어났어. / 곁에 있는 도둑을 발견했어.

위의 a~c문장은 UNIT 91에서 배운 과거개념의 to부정사 문장들입니다. to부정사의 과거개념을 기억하고 아래 문장들도 위와 같은 방식으로 해석해 보세요.

a. I got him / **to give up** the plan.
   나는 그를 만들었어. / 그는 그 계획을 포기했어. (=나는 그가 그 계획을 포기하도록 만들었어.)

b. I persuaded him / **to give up** the plan.
   나는 그를 설득했어. / 그는 그 계획을 포기했어. (=나는 그가 그 계획을 포기하도록 설득했어.)

c. I forced him / **to give up** the plan.
   나는 그에게 강요했어. / 그는 그 계획을 포기했어. (=나는 그가 그 계획을 포기하도록 강요했어.)

d. He was persuaded / **to give up** the plan.
   그는 설득당했어. / 그 계획을 포기했어.

e. He was forced / **to give up** the plan.
   그는 강요당했어. / 그 계획을 포기했어.

f. He was obliged / **to give up** the plan.
   그는 강요당했어. / 그 계획을 포기했어.

a문장처럼 get+목적어+to부정사 어순으로 사용하는 경우 to V는 과거개념입니다. get은 'vt.~을 만들다'로 강제로 만드는 것이 아니라 설득하여 만드는 것으로 get의 동의어는 persuade입니다. a문장은 그가 그 계획을 포기하도록 설득하여 **그가 그 계획을 포기했다는 내용까지 포함**되어 있습니다.

b문장의 persuade(=get)는 'vt.~을 설득하다'입니다. persuade+목적어+to부정사 어순으로 사용하는 경우 to는 과거개념입니다. b문장은 그가 그 계획을 포기하도록 설득해서 그가 그 계획을 포기했다는 내용까지 들어 있습니다.

c문장의 force, compel, impel은 동의어로 'vt.~을 강요하다'입니다. force+목적어+to부정사 어순으로 사용하는 경우 to는 과거개념입니다. c문장은 그가 그 계획을 포기하도록 강요해서 그가 그 계획을 포기했다는 내용까지 들어 있습니다. 우리말 '포기하도록 설득했어, 포기하도록 강요했어.'는 설득했지만 실패했고, 강요했지만 실패했다고 말 할 수 있습니다. 그러나 영어는 '설득해서 포기시켰어, 강요해서 포기시켰어.'란 뜻이기 때문에 우리말과는 전혀 다르죠.

d~f문장은 수동태로 바꾼 표현입니다. He lived / **to be** ninety(그는 살았어.+ 90살이 **되었어**.)와 같은 방식으로 해석해야 합니다. 아래는 미래개념의 to부정사입니다. 과거개념의 to부정사와 무엇이 다른지 비교해 보세요.

a. I advised him **to give up** the plan. 나는 그에게 그 계획을 포기할 것을 충고했어.
b. I asked him **to give up** the plan. 나는 그에게 그 계획을 포기할 것을 요청했어.

c. He was advised / **to give up** the plan. 그는 충고 받았어. / 그 계획을 포기할 것을
d. He was asked / **to give up** the plan. 그는 요청 받았어. / 그 계획을 포기할 것을

a~b문장은 나는 그에게 그 계획을 **포기할 것**을 충고하고, 요청했습니다. 충고하고 요청했다는 것만 알 수 있을 뿐 그가 그 계획을 포기했는지 안했는지는 알 수 없습니다. c~d문장은 수동태 표현으로 그는 그 계획을 **포기할 것**을 충고 받고 요청 받았다는 것만 알 수 있을 뿐 그가 그 계획을 포기했는지 안했는지는 알 수 없습니다. 왜 to부정사를 미래 개념과 과거개념으로 구분하여 학습해야 하는지 아시겠지요.

UNIT 98 to부정사 vs 동명사

1 동명사와 to부정사를 모두 사용하는 동사

과거지향적인 동사는 동명사를 목적어로 사용하고, 미래 지향적인 동사는 to부정사를 목적어로 사용합니다. 그런데 동명사와 to부정사 모두를 목적어로 사용하는 동사가 있습니다.

hate, like, love, prefer, begin, start, continue

'싫은(hate)것은 하지 말고 좋아하는(like, love, prefer) 것을 시작해서(begin, start) 계속(continue)하라.'고 기억하면 쉽게 기억되겠군요.

a. I hate swimming. 나는 수영을 싫어해.
   =I hate to swim.
b. Sam prefers walking in the rain. 샘은 빗속에서 걷는 것을 좋아해.
   =Sam prefers to walk in the rain.
c. He started jogging from last week. 그는 지난 주부터 조깅을 시작했어.
   =He started to jog from last week.
d. Continue cooking until vegetables are tender. 채소가 부드러울 때까지 계속 요리해.
   =Continue to cook until vegetables are tender.

2 동명사와 to부정사를 모두 사용하지만 뜻이 달라지는 동사

아래의 동사들은 동명사를 목적어로 사용할 때와, to부정사를 목적어로 사용할 때 그 뜻이 전혀 달라집니다. 동명사를 사용하면 과거의미를, to부정사를 사용하면 미래의미를 나타냅니다.

remember V-ing ~했던 것을 기억하다	remember to V ~할 것을 기억하다
forget V-ing ~했던 것을 잊어버리다	forget to V ~할 것을 잊어버리다
regret V-ing ~했던 것을 후회하다	regret to V ~하게 되어 유감이다
stop V-ing ~하는 것을 멈추다	stop to V ~하기 위하여 멈추다
try V-ing 한번 ~해보다	try to V ~하려고 노력하다

a. I remember **sending** the email to you. 너에게 메일 보냈던 것을 기억하고 있어.
b. I remember **to send** the email to you. 너에게 메일 보낼 것을 기억하고 있어.

c. I'll never forget **meeting** her. 그녀 만났던 것을 결코 잊지 않을 거야.
d. Don't forget **to meet** her tonight. 오늘 밤에 그녀 만날 것을 잊지 마.

e. I regret **telling** her a lie. 난 그녀에게 거짓말 했던 것을 후회해.
f. I regret **to say**, the food and service were disappointing.
   말하게 되어 유감인데, 음식과 서비스는 실망스러웠어.

g. I stopped **smoking**. 난 흡연을 중단했어.
h. I stopped **to smoke**. 난 담배를 피우기 위해서 걸음을 멈추었어.

i. He tried **pushing** the red button. 그는 시험 삼아 적색 버튼을 눌러봤어.
j. I tried **to move** the table, but it was too heavy.
   난 테이블을 옮기려고 노력 했지만, 그것은 너무 무거웠어.

- a문장의 remember sending the email은 예전에(=과거) 메일 보냈던 것을 기억하고 있는 것이고, b문장의 remember to send the email은 나중에(=미래) 메일 보내야 할 것을 기억하고 있는 것이죠. 동명사는 과거, to부정사는 미래입니다.

- c문장의 forget meeting her는 예전에(=과거) 그녀 만났던 것을 잊어버리는 것이고, d문장의 forget to meet her는 나중에(=미래) 그녀 만날 것을 잊어버리는 것입니다. 동명사는 과거, to부정사는 미래입니다.

- e문장의 regret telling her a lie는 이전에(=과거) 그녀에게 거짓말 했던 것을 후회하는 것이죠. f문장의 regret to say는 곧(=미래) 어떤 말을 하게 되어 유감이라는 것입니다. 동명사는 과거, to부정사는 미래입니다.

- g문장은 담배를 계속 피우고 있던 것을 끊은 것이죠. smoking은 명사로 '흡연'입니다. No Smoking이란 문구를 실내에서 자주 보았을 것입니다. h문장은 담배를 피우기 위하여 걸어가다가 발걸음을 멈춘 것입니다. 담배 피우는 것은 걸음을 멈춘 뒤에, 나중에(=미래)에 일어날 일이죠.

- try는 'vt.~을 시험 삼아 해보다, ~을 시도하다'입니다. i문장의 try V-ing은 어떻게 되는지 궁금해서 '시험 삼아 ~해보다'입니다. j문장의 try to V는 '~하려고 노력하다'로 to는 미래를 나타냅니다.

UNIT 99 지각동사+목적어+동사원형

1 '지각동사+목적어+동사원형(=원형부정사)'이란 공식이 있습니다.

지각동사이기 때문에 to부정사를 사용하지 않고 동사원형을 사용해야 한다는 것은 황당한 공식입니다. 지각(知覺)동사란 시각, 청각, 후각, 미각, 촉각 등 사람이 느끼는 감각을 나타내는 동사로 see, look at, hear, listen to, smell, taste, feel, notice, observe가 지각동사입니다.

a. I saw that he **entered** the bank. 나는 그가 은행에 들어가는 것을 목격했어.
b. I saw him **enter** the bank.

a와 b문장은 같은 뜻입니다. a문장을 b문장으로 전환해 보세요. a문장에서 that을 버리면 he를 him으로 바꾸어야 합니다. saw는 'vt.~을 목격하다'는 타동사이기 때문에 I saw him이 됩니다. 타동사 뒤에는 명사가 와야 하기 때문에 I saw him to enter로 사용하는 것이 문법적으로는 맞겠지만 to를 붙이지 않습니다. 그 이유는 to는 미래를 나타내기 때문입니다. saw는 이미 발생한 동작을 본 것으로 발생하지도 않은 미래 동작을 보았다는 것은 상식적으로 말이 되지 않지요. I saw him **to enter** the bank는 '나는 그가 은행 **들어 갈 것**을 보았어.'로 환상을 보았다는 말이 되기 때문에 to를 붙이지 않는 것입니다. a문장의 과거 entered를 미래를 뜻하는 to enter로 바꿀 수는 없습니다. **지각동사는 이미 발생한 것을 보고, 듣고, 느끼는 것이기 때문에 발생하지 않은 미래 동작의 to부정사를 사용할 수 없는 것입니다.** 현재시제(UNIT 9)에서 학습한 바와 같이 동작동사의 현재시제(=동사원형)는 과거, 현재, 미래를 모두 포함하는 개념이기 때문에 동사원형으로 과거시제를 대신할 수 있는 것이죠.

a. I saw that he **was entering** the bank. 나는 그가 은행에 들어가고 있는 것을 목격했어.
b. I saw him **entering** the bank.

a문장은 '나는 그가 은행에 **들어가고 있는** 것을 목격했어.'입니다. that을 버리면 saw he가 saw him이 됩니다. 그리고 **him was** entering은 문법적으로 틀린 말이 되기 때문에 was를 생략하여 entering만 남는 것이죠. I saw that he **entered** the bank는 '나는 목격했어.+그는 은행에 **들어갔어.**'로 그가 은행에 들어간 것을 전체 다 봤다는 것입니다. 내가 서 있는 상태에서 그가 은행에

들어갔다면 전체를 다 볼 수 있는 것이죠. I saw that he **was entering** the bank는 '나는 목격했어.+그는 은행에 **들어가고 있는 중이었어.**'로 그가 은행에 들어가고 있는 일부 모습을 봤다는 것입니다. 내가 은행을 지나가는데 그가 은행에 들어가고 있었다면 일부만 보게 되겠죠. I saw him enter~와 I saw him entering~의 차이는 that절 뒤의 entered와 was entering의 차이입니다. 원래 문장을 보면 어떤 차이가 있는지 바로 알 수 있지요. 아래 문장들도 비교해 보세요.

a. He watched her **cross** the street. 그는 그녀가 거리를 건너는 것을 봤어.
b. He looked at her **crossing** the street. 그는 그녀가 거리를 건너가고 있는 것을 봤어.

c. She heard him **play** the piano. 그녀는 그가 피아노 치는 것을 들었어.
d. She heard him **playing** the piano. 그녀는 그가 피아노 치고 있는 것을 들었어.

지각동사는 이미 발생한(=과거) 것과 동작 중(-ing)인 것을 보고, 듣고, 느끼는 것이기 때문에 발생하지 않은 미래 동작을 나타내는 to부정사와 함께 사용하지 않습니다. 이제 아래 문장을 보세요.

a. I **heard** my name **called**. 나는 내 이름이 호명되는(=불리는) 것을 들었어.
b. I heard that my name was called.

a문장은 '지각동사+목적어+동사원형 또는 -ing'라는 공식과 달리 과거분사 called가 왔습니다. 하나의 공식을 암기하면 그 공식에 벗어나는 예외 문장들이 계속 나오기 때문에 무작정 공식으로 암기해서는 안 되는 것입니다. a문장은 b문장에서 a문장이 되었다는 것을 알면 바로 이해가 됩니다. b문장은 I heard(나는 들었어.)+my name **was called**(나의 이름이 호명되었어.)의 결합입니다. my name was called는 '나의 이름이 **호명 되었어**(=불렸어).'로 수동태 문장입니다. 선생님 입에서 '김 개똥'이란 소리가 나왔고 그것을 내가 듣는 것이죠. that를 없애면 my name was called가 남는데 was를 생략하여 I heard my name called가 된 것입니다. **과거분사 앞에는 be동사가 생략되어 있기 때문에 생략된 be동사를 채워보면 문장 전체를 쉽게 이해 할 수 있지요.**

2 지각동사 문장의 수동태

to부정사는 대부분 미래를 나타내지만 과거개념으로 사용되는 경우도 많다는 것을 앞에서 배웠습니다. 지각동사 문장을 수동태로 사용하면 to부정사를 사용하고, to는 동작이 끝난 과거개념입니다.

a. I saw him **enter** the bank.
   나는 그가 은행 들어간 것을 목격했어.

b. He was seen / **to enter** the bank.
   그는 목격 되었어. / 그는 은행에 들어갔어. (=그가 은행 들어간 것이 목격되었어.)

a문장은 능동태 문장으로 동사원형 enter입니다. b문장은 a문장을 수동태로 바꾼 것이죠. He(그는)+was seen(~을 목격 당했어)+**to** enter the bank(은행 들어 간 것)의 결합으로 to부정사는 동작이 끝난 과거개념입니다.

a. I heard her **rush** downstairs.
   난 그녀가 아래층으로 달리는 것을 들었어.

b. She was heard / **to rush** downstairs.
   그녀는 (다른 사람에게) 들렸어. / 그녀는 아래층으로 달렸어. (=그녀가 아래층으로 달리는 것이 들렸어.)

a문장은 능동태 문장으로 동사원형 rush입니다. b문장은 a문장을 수동태로 바꾼 것입니다. She(그녀)+was heard(~이 들렸어)+**to** rush downstairs(아래층으로 달린 것)의 결합으로 to부정사는 동작이 끝난 과거개념입니다. 이렇게 **원어민은 지각동사를 사용함에 있어서 능동태에선 동사원형을, 수동태에선 과거개념의 to부정사를 사용합니다.**

UNIT 100 사역동사+목적어+동사원형

'make, have, let은 사역동사이기 때문에 목적어 다음에 동사원형(=원형부정사)을 사용하고, get은 준사역동사이기 때문에 to부정사를 사용한다.'는 엉터리 공식이 있습니다. 사역(使役)이란 '부릴 사, 부릴 역'으로 자신이 하지 않고 다른 사람을 부리고 시킨다는 것이죠. make, get은 '~을 만들다', have는 '~을 가지다', let은 '~을 허락하다'일 뿐 사역동사가 아닙니다.

1 make+목적어+동사원형

make는 'vt.~을 만들다'일 뿐 사역동사가 아닙니다. 그럼 왜 원어민은 'make+사람+동사원형'처럼 동사원형을 사용할까요?

a. I made a cake. 나는 케이크를 만들었어.
b. She **made** me **go** alone. 그녀는 내가 혼자 가도록 만들었어. (그래서 혼자 갔어.)
c. Mom **made** me **do** the dishes. 엄마는 내가 설거지 하도록 만들었어. (그래서 설거지 했어.)

a문장은 밀가루의 의지는 조금도 반영되지 않고 주어인 내(I) 마음대로, 일방적으로, 강제로 케이크를 만든 것입니다. make는 'vt.~을 만들다'일 뿐이죠. b문장은 She **made**+I **went** alone로 '그녀는 **만들었어**.+나는 혼자 **갔어**.'입니다. 나의 의지와는 상관없이 그녀가 나를 혼자 가도록 만들어 내가 혼자 갔다는 것입니다. make는 주어의 의지대로, 강제로 만드는 것입니다. She **made**+I **went** alone를 그대로 결합한 She made I went alone은 틀린 문장이 됩니다. 한 문장에서 접속사 없이 동사 두 개를 사용할 수 없기 때문이죠. 타동사 뒤에는 목적격이 문법 규칙이기 때문에 made I를 made me로 바꾸어야 합니다. 그리고 me went역시 문법적으로 맞지 않기 때문에 me go로 바꾸는 것이죠. 왜 to를 붙이지 않을까요? **to go는 '갈 것'으로 발생하지 않은 미래 동작이기 때문에 to를 붙이지 않는 것입니다.** 과거형 went를 미래형 to go로 바꿀 수 없기 때문에 to를 붙이면 안 되는 것이죠. 지각동사에서 발생하지 않은 미래 동작에는 to를 붙이지 않는다고 설명했습니다. She made me go에서 현재시제 go는 동작이 끝난 과거를 나타낼 수 있습니다. b문장을 대부분의 책에선 '그녀는 내가 혼자 가도록 **시켰어**.'로 해석하고 있습니다. 혼자 가도록 시켜서 내가 갔다는 것인지 안 갔다는 것인지 알 수 없는 모호한 해석이 되어버립니다.

have+목적어+동사원형

have는 'vt. ~을 가지다'일 뿐 '~을 시키다'는 사역동사가 아닙니다.

a. She **had** me **clean** the house. 그녀는 나로부터 집 청소해 받았어.
b. I **had** my son **do** the dishes. 나는 아들로부터 설거지 해 받았어.
c. I **asked** my son **to do** the dishes. 나는 아들에게 설거지 할 것을 부탁했어.

a문장은 She had+I cleaned the house가 결합된 문장으로 '그녀는 **가졌어**.+나는 **청소했어**.'입니다. 즉 내가 청소 끝마친 것을 그녀가 가졌다는 것으로 그녀가 직접 청소하지 않고 나에게 부탁해서 청소했다는 것입니다. have는 다른 사람이 한 것을 가지는 것으로 우리말로 옮기면 '~을 해 받다'가 됩니다. 두 문장 She had+I cleaned the house가 결합하여 She **had** me **clean** the house가 되는 것은 앞 페이지에서 배운 make와 같은 원리입니다. to clean으로 바꾸면 '청소 할 것'으로 청소 하지 않은 집 상태를 가졌다는 황당한 말이 되기 때문에 to를 붙이지 않는 것이죠. a문장을 '그녀는 내가 집 청소하도록 **시켰어**.'라고 해석하면 내가 청소를 했다는 것인지 안했다는 것인지 알 수 없습니다. c문장은 내가 아들에게 설거지 하라고 부탁한 것입니다. to do the dishes는 나중에 '설거지 할 것'으로 발생하지 않은 미래의 동작이기 때문에 to를 붙이는 것입니다.

a. She **had** me **clean** the house. 그녀는 나로부터 집 청소를 해 받았어.
b. She **had** the house **cleaned**. 그녀는 집을 청소해 받았어.

a와 b문장은 같은 뜻입니다. 'have+사람+동사원형'인데 순서를 바꾸면 'have+사물+과거분사'가 됩니다. b문장은 She had+the house **was cleaned** by me의 결합으로 '그녀는 가졌어.+방은 나에 의해 **청소되었어**.'입니다. '그녀는 나에 의해 청소된 방을 가졌어.'입니다. was cleaned에서 was가 생략된 것이죠. 과거분사 앞에는 be동사가 생략되어 있기 때문에 생략된 be동사를 채워 보면 문장 전체 구조를 바로 알 수 있습니다.

3   have+목적어+과거분사

'have+사람+동사원형'인데 'have+사물+과거분사'로 목적어가 사물인 경우에는 동사원형이 아니라 과거분사를 사용합니다.

a. I repaired my car. 나는 차를 직접 수리했어.
b. I **had** my car **repaired**. 나는 차를 수리 받았어.
c. We painted the house. 우리는 집을 직접 도색했어.
d. We **had** the house **painted**. 우리는 집을 도색 받았어.
e. I cut my hair. 난 머리를 직접 깎았어.
f. I **had** my hair **cut**. 나는 머리를 이발 받았어.

a문장은 나의 차를 직접 수리한 것이고, b문장은 정비공장에 가서 정비공에게 수리를 맡겨서 수리를 받은 것입니다. **원어민은 자신이 직접한 동작과 다른 사람을 시켜서(=부탁해서) 한 동작을 구분하여 말합니다.**

b문장은 I had+my car (was) repaired (by a car mechanic)의 결합에서 괄호가 생략된 표현입니다. 과거분사가 나오면 무조건 과거분사 앞에 be동사를 채워 넣으세요. 이제 두 문장을 결합해 보세요. I had+my car **was** repaired **by a car mechanic**은 '나는 가졌어.+내 차는 정비공에 의해 수리되었어.'로 '나는 정비공에 의해 수리된 자동차를 가졌어.'입니다. 더 줄여서 표현하면 '나는 자동차를 수리해 받았어.'가 되지요. have는 '~을 시키다'가 아니라 부탁해서, 요청해서 해 받는 것으로 '~해 받다'입니다.

d문장은 We had+the house **(was)** painted **(by a painter)**에서 괄호가 생략된 표현으로 '우리는 가졌어.+집은 페인트공에 의해 도색되었어.'입니다. We **had** the house **was** painted처럼 한 문장에서 접속사 없이 동사를 두 개 사용할 수 없기 때문에 was를 생략해야하고, 또 과거분사 앞에 be동사가 있다는 것은 누구나 다 알기 때문에 was를 생략하는 것입니다. 페인트칠은 페인트칠하는 사람에 의해서 작업된다는 것을 누구나 다 알기 때문에 by a painter도 생략하는 것입니다.

f문장은 I had+my hair **(was)** cut **(by a hairdresser)**에서 괄호가 모두 생략된 것입니다. I cut my hair라고 하면 내가 내 머리를 직접 깎았다는 것입니다. 이제 위의 b, d, f문장에 have의 동의어 get을 넣어 보세요. get 또한 '~을 가지다'는 뜻이 있기 때문에 같은 표현이 됩니다. 이렇게 문장을 해부해서 결합해 보니 공식으로 암기할 필요도 없고 바로 이해가 되지 않나요?

4 'have+사물+과거분사'는 바로 앞에서 배운 '~을 해 받다'는 뜻이 아닌 경우도 있습니다. 무작정 공식으로 외우면 예외 표현이 계속 나오기 때문에 단어와 단어의 결합으로 그 뜻을 파악하는 습관을 들여야 합니다.

a. I **had** a car accident this morning. 난 아침에 자동차 사고를 겪었어.
b. He **had** his nose **broken** in a fight. 그는 싸움에서 코가 골절된 것을 겪었어.
c. I **had** my purse **stolen** on the bus. 나는 버스에서 지갑이 도난된 것을 겪었어.
d. She **had** her car **towed**. 그녀는 자동차가 견인당한 것을 겪었어.

a문장의 have는 'vt.~을 겪다, 경험하다'입니다. a문장은 '나는 자동차 사고를 가졌어.'로 옮겨도 됩니다. 과거분사 앞에는 be동사가 생략되어 있음을 기억하고 b~d문장을 분해해 보세요. b문장은 He had+his nose **was broken**입니다. '그는 겪었어(=가졌어).+그의 코가 **골절되었어**.'로 '그는 코가 골절 되는 것을 겪었어(=가졌어).'입니다. c문장은 I had+my purse **was stolen**으로 '나는 겪었어(=가졌어).+나의 지갑은 **도난당했어**.'입니다. d문장은 She had+her car **was towed**로 '그녀는 겪었어(=가졌어).+그녀의 차는 **견인되었어**.'입니다. 과거분사 앞에 생략된 be동사를 채워보니 바로 이해가 되지 않나요? have는 'vt.~을 가지다, 겪다'일 뿐이죠. 우리는 일본학자들이 만들어 놓은 너무나도 많은 쓰레기 공식들을 암기하고 그 공식들을 문장에 적용하려고 하기 때문에 영어가 더 어려운 것입니다. 그래서 공식 암기가 아니라 단어 간의 결합원리를 익혀야 한다고 강조하는 것입니다.

5 let+목적어+동사원형

let은 'vt.~을 허락하다, 놔두다'입니다. let에는 '~을 시키다'는 사역의 뜻이 전혀 없음에도 왜 사역동사라고 하는지 알 수 없습니다.

a. Mom **let** me **go** out. 엄마는 내가 외출하는 것을 허락했어. (그래서 나는 외출했어.)
b. Mom **allowed** me **to go** out. 엄마는 내가 외출할 것을 허락했어.
c. I **was allowed to go** out by Mom. 난 엄마한테 외출할 것을 허락받았어.

d. Let me **pass** by. 지나가게 해 주세요.
e. Let me **introduce** myself. 저를 소개하겠습니다.

a문장은 She let+I **went out**로 '그녀는 허락했어(=놔뒀어).+나는 **외출했어**.'로 '그녀가 허락해서(=놔둬서) 나는 외출했어.'입니다. 두 문장을 결합하면 She let me go out가 됩니다. go out은 외출했다는 과거 동작이기 때문에 일어나지 않은 미래 동작을 뜻하는 to를 붙이지 않는 것입니다. 과거형 went out을 미래형 to go out으로 바꿀 수 없는 것은 당연하죠.

b문장은 내가 외출해도 좋다고 엄마가 허락한 것입니다. 내가 외출 했는지 안했는지는 알 수 없지요. 수동태로 바꾼 be allowed to는 '~할 것을 허락받다'로 허락 받았다는 것만 알 수 있고, 허락 받아서 외출 했는지 안했는지는 알 수 없습니다. a문장과 b~c문장은 같은 뜻이 아닙니다. 발생한 과거 동작은 현재시제인 동사원형을, 발생하지 않은 미래 동작은 to를 붙이는 것입니다. let이 사역동사라서 동사원형을 붙여야 한다는 것은 너무나도 황당한 설명입니다.

d문장은 사람이 많은 곳에서 지나갈 때 하는 말이죠. pass by는 실제로 발생하는 동작이기 때문에 to를 붙이지 않는 것입니다. e문장은 자신을 소개할 때 자주 사용하는 말이죠. 소개는 실제로 일어나는 동작이기 때문에 to를 붙이지 않는 것입니다. 발생한 동작에는 미발생 동작을 의미하는 to를 붙이지 않습니다.

make, have, let은 사역동사이기 때문에 동사원형을 사용하는 것이 아닙니다. 이미 발생한 과거 동작이거나, 실제로 발생하는 동작에는 미발생 동작을 의미하는 to를 붙이지 않습니다. 또 동작동사의 동사원형(현재시제)은 과거, 현재, 미래를 모두 포함하는 개념이기 때문에 현재시제는 과거시제를 대신할 수 있습니다. 이해가 부족하면 UNIT 9 현재시제를 복습하세요.

6 get+목적어+to부정사

get은 'vt.~을 가지다, ~을 만들다'입니다. get은 have의 동의어인데 have는 사역동사이기 때문에 목적어 뒤에 동사원형을 사용하고 get은 준사역동사이기 때문에 목적어로 to부정사를 사용한다는 공식은 엉터리입니다.

a. They **got** him **to leave** Korea. 그들은 그를 설득해서 한국에서 떠나게 만들었어.
b. They **persuaded** him **to leave** Korea. 그들은 그를 설득해서 한국에서 떠나게 만들었어.
c. They **forced** him **to leave** Korea. 그들은 그를 강요해서 한국에서 떠나게 만들었어.
d. They **impelled** him **to leave** Korea. 그들은 그를 강요해서 한국에서 떠나게 만들었어.
e. They **compelled** him **to leave** Korea. 그들은 그를 강요해서 한국에서 떠나게 만들었어.

a~e문장의 to leave는 모두 '떠났어.'로 동작이 끝난 과거개념입니다. get과 persuade는 설득해서 떠나게 한 것이고, force, impel, compel은 강요해서 억지로 떠나게 한 것이죠. force, impel, compel은 모두 동의어로 'vt.~을 강요하다, 억지로 시키다'입니다. to부정사는 대부분 미발생 미래 동작을 나타내지만 일부 동사는 과거 동작을 나타냅니다. 위의 다섯 단어들은 공통점이 있는데 모두 13C이후 영어에 유입된 외래어 단어로 순수 영어 단어가 아니라는 것입니다. get은 노르웨이에서 유입된 단어이고, 나머지 단어는 프랑스어에서 유입된 프랑스어 단어들입니다. get은 외래어이기 때문에 순수 영어 단어인 make, have, let과 같은 용법으로 사용하지 않고 persuade, force, compel, impel과 같은 용법으로 사용했다고 판단됩니다. 예를 들어 apple은 원래 영어 단어로 '과일'이란 뜻이었는데 fruit라는 프랑스어가 들어와 '과일'로 사용되니 영국인들은 apple이란 단어를 포기하지 않고 그 뜻을 '사과'로 바꾸어 버렸습니다. 이런 방법으로 영국인들은 영어단어들을 지키려고 많은 노력을 했습니다. 이런 사례는 매우 많습니다. 이러한 저항정신의 일환으로 외래어 get을 순수 영어 단어인 make, have, let과 달리 persuade, force, compel, impel처럼 과거개념의 to를 붙여서 사용했다고 판단됩니다.

위의 a와 b문장은 They **had** him **leave** Korea와 같은 표현이고, c~e문장은 They **made** him **leave** Korea과 같은 표현입니다. force, compel, impel은 'vt.~을 억지로 시키다'이기 때문에 확실한 사역동사입니다. 사역동사라서 동사원형을 사용해야 한다면 이 단어들 역시 to부정사를 사용하지 않고 동사원형을 사용해야 하지 않을까요? 사역동사라서 동사원형을 사용해야한다는 공식은 엉터리일 수밖에 없습니다. to부정사의 과거개념을 재확인하기 위의 문장들을 수동태로 만들어 보겠습니다.

a. He was persuaded / **to leave** Korea. 그는 설득 당했어. / 한국을 떠났어.
b. He was forced / **to leave** Korea. 그는 강요당했어. / 한국을 떠났어.
c. He was impelled / **to leave** Korea. 그는 강요당했어. / 한국을 떠났어.
d. He was compelled / **to leave** Korea. 그는 강요당했어. / 한국을 떠났어.
e. He was made / **to leave** Korea. 그는 강요당했어. / 한국을 떠났어.

get과 have는 수동태가 없습니다. a~e문장을 보면 동작이 끝난 to부정사의 과거개념을 바로 확인할 수 있지요. make는 능동태에선 동사원형을 사용하지만 수동태에선 과거개념의 to부정사를 사용합니다. 이것은 지각동사가 능동태에서 동사원형을 사용하지만 수동태에서 과거개념의 to부정사를 사용하는 것과 같습니다. 동작이 끝난 과거개념의 to부정사 표현은 별도로 기억해야 합니다. 위의 표현을 제외한 대부분의 표현들은 미래개념의 to부정사입니다. 아래 문장들과 비교해 보세요.

a. He was ordered **to leave** Korea. 그는 한국을 떠날 것을 명령받았어.
b. He was allowed **to leave** Korea. 그는 한국을 떠날 것을 허락받았어.
c. He was advised **to leave** Korea. 그는 한국을 떠날 것을 충고받았어.
d. He was asked **to leave** Korea. 그는 한국을 떠날 것을 요청받았어.

위의 a~d문장은 미래개념의 to부정사입니다. a문장은 떠날 것을 명령을 받았다는 것만 알 수 있을 뿐 명령을 받아 떠났다는 것이 아닙니다. b문장은 떠날 것을 허락받았다는 것만 알 수 있을 뿐 허락 받아 떠났다는 것이 아니죠. to부정사를 과거개념과 미래개념으로 구분하여 학습하지 않으면 엉터리 영어를 배우게 됩니다.

이상으로 『영문법 쇼크』 제 1권을 마치겠습니다.
역사적인 진격(historic run)은 2권에서도 계속됩니다.
감사드립니다.